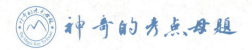

神奇的考点母题

U0633091

神奇母题® 1

2023年 初级会计专业技术资格考试

初级会计实务

应试指导及母题精讲

编著◎杨克智 鄢翔

团结出版社
UNITY PRESS

图书在版编目（CIP）数据

初级会计实务应试指导及母题精讲 / 杨克智，鄢翔

编著 . —— 北京：团结出版社，2023.2

ISBN 978-7-5126-9887-1

Ⅰ.①初… Ⅱ.①杨… ②鄢… Ⅲ.①会计实务—资

格考试—自学参考资料 Ⅳ.① F233

中国版本图书馆 CIP 数据核字 (2022) 第 219519 号

出　　版：团结出版社

　　　　　（北京市东城区东皇城根南街 84 号 邮编：100006）

电　　话：（010）65228880　65244790

网　　址：http://www.tjpress.com

E-mail：65244790@163.com

经　　销：全国新华书店

印　　刷：三河市鑫鑫科达彩色印刷包装有限公司

装　　订：三河市鑫鑫科达彩色印刷包装有限公司

开　　本：185mm×260mm　16 开

印　　张：20

字　　数：157 千字

版　　次：2023 年 2 月　第 1 版

印　　次：2023 年 2 月　第 1 次印刷

书　　号：978-7-5126-9887-1

定　　价：59.00 元

目 录

第1章

概　述

（★★☆）

本章主题

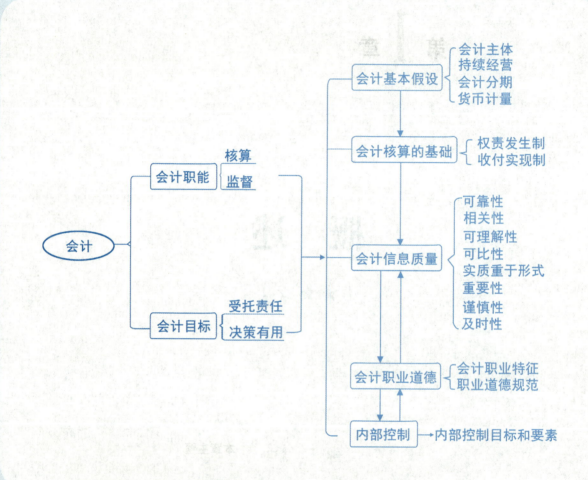

会计 ── 会计职能 ── 核算 / 监督

会计 ── 会计目标 ── 受托责任 / 决策有用

会计基本假设 ── 会计主体 / 持续经营 / 会计分期 / 货币计量

会计核算的基础 ── 权责发生制 / 收付实现制

会计信息质量 ── 可靠性 / 相关性 / 可理解性 / 可比性 / 实质重于形式 / 重要性 / 谨慎性 / 及时性

会计职业道德 ── 会计职业特征 / 职业道德规范

内部控制 ── 内部控制目标和要素

第一节　会计概念、职能和目标

考点 1-1：会计概念（★☆☆）

　　会计是以货币为主要计量单位，采用专门方法和程序，对企业和行政事业单位的经济活动过程及其结果进行准确完整、连续系统的核算和监督，以如实反映受托责任履行情况和提供有用经济信息为主要目的的经济管理活动。

考点 1-2：会计职能（★★☆）

　　会计职能就是会计所具有的功能。

核算　　　　　　　　　　　　　　　　　　　　　　　　监督

◆【考点母题——万变不离其宗】会计职能

会计基本职能	（1）下列各项中，属于会计基本职能的有（　　）。	
	A. 核算	（2）下列属于会计核算的主要内容有（　　）。
		A. 款项和有价证券的收付 B. 财务的收发、增减和使用 C. 债权、债务的发生和结算 D. 资本、基金的增减 E. 收入、支出、费用、成本的计算 F. 财务成果的计算和处理
	B. 监督	（3）下列属于会计监督的主要内容有（　　）。
		A. 对原始凭证进行审核和监督 B. 制止和纠正伪造、变造、故意毁灭会计账簿或者账外设账行为 C. 对实物、款项进行监督，督促建立并严格执行财产清查制度 D. 对指令、强令编造、篡改财务报告行为，应当制止和纠正 E. 对财务收支进行监督 F. 对违反单位内部会计管理制度的经济活动，应当制止和纠正
	【判断金句】（4）会计核算职能是监督职能的基础，监督职能是核算职能的保障。（　　）	
会计拓展职能	（5）下列各项中，属于会计拓展职能的有（　　）。	
	A. 预测经济前景　　　B. 参与经济决策　　　C. 评价经营业绩	

☙【考点子题——真枪实练，有的放矢】

1.（历年真题·单选题）下列各项中，属于会计基本职能的是（　　）。

　　A. 预测经济前景　　　B. 参与经济决策　　　C. 核算和监督　　　D. 评价经营业绩

2.（历年真题·多选题）根据会计法律制度的规定，下列各项中，属于会计核算内容的有（　　）。

　　A. 资本、基金的增减　　　　　　　　B. 财务成果的计算和处理

　　C. 款项和有价证券的收付　　　　　　D. 债权、债务的发生和结算

3.（历年真题·单选题）下列各项中，关于会计监督职能表述正确的是（　　）。

　　A. 会计监督是利用财务报告信息对经济决策备选方案进行的可行性分析

　　B. 会计监督是对经济业务和会计核算的真实性、完整性、合法性和合理性的审查

　　C. 会计监督是会计核算的基础

　　D. 会计监督是会计的拓展职能

4.（判断题）会计监督职能是核算职能的基础，核算职能是监督职能的保障。（　　）

考点 1-3：会计目标（★☆☆）

会计的基本目标是提供反映企业管理层受托责任履行情况和有助于财务报告使用者作出经济决策的信息。

①反映受托责任履行情况

②提供决策有用信息

【神奇母题提示】财务报告使用者

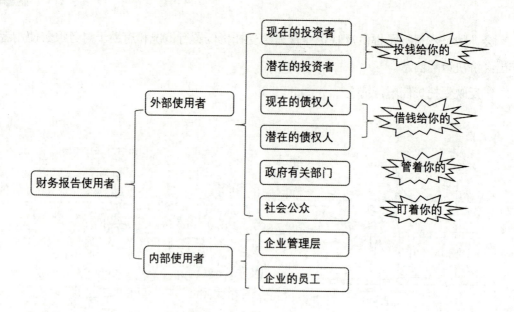

👣【考点子题——真枪实练，有的放矢】

5.（多选题）下列关于会计目标的表述中，正确的有（   ）。

A. 推动单位实现战略规划

B. 有助于财务报告使用者做出经济决策

C. 反映企业管理层受托责任履行情况

D. 促进政府财务管理水平的提高

6.（单选题）下列各项中，属于企业财务报告内部使用者的是（   ）。

A. 投资者   B. 企业管理层   C. 债权人   D. 社会公众

7.（多选题）下列各项中，属于企业财务报告外部使用者的有（   ）。

A. 政府及有关部门   B. 企业管理层   C. 潜在债权人   D. 企业的员工

8.（判断题）潜在投资者不是企业财务报表的使用者。（   ）

第二节 会计基本假设和会计核算的基础

考点 1-4：会计基本假设（★☆☆）

①会计主体：会计主体（会计工作服务的特定对象）反映企业会计确认、计量、记录和报告的空间范围。

【神奇母题提示】法律主体一定是会计主体，会计主体不一定是法律主体。

②持续经营：持续经营反映企业会计确认、计量、记录和报告的时间范围。

③会计分期：会计分期指在持续经营假设下，将企业经营期间分成若干连续、长短相同的期间。

④货币计量：货币计量指用货币来统一量化企业所有的交易和事项，更好地提供决策有用信息。

◆◆【考点母题——万变不离其宗】会计基本假设

下列关于会计基本假设的表述中，正确的有（　　）。

A. 会计主体反映企业会计确认、计量、记录和报告的空间范围
B. 持续经营反映企业会计确认、计量、记录和报告的时间范围
C. 会计分期的目的是结算盈亏，按期编报财务报告
D. 货币计量能够全面、综合反映企业的生产经营情况

🌸【考点子题——真枪实练，有的放矢】

1.（多选题）下列关于会计主体的表述中，正确的有（ ）。

    A. 会计主体反映企业会计确认、计量、记录和报告的空间范围

    B. 在会计主体假设下，企业应对其本身发生的交易或事项进行会计确认、计量、记录和报告

    C. 会计主体一定是法律主体

    D. 企业各内部部门可以作为会计主体

2.（判断题）企业所有者发生的与企业无关的经济交易或事项，不应纳入企业会计核算的范围。（ ）

3.（历年真题·判断题）企业集团既是会计主体又是法律主体。（ ）

4.（多选题）下列关于持续经营的表述中，正确的有（ ）。

    A. 持续经营反映企业会计确认、计量、记录和报告的时间范围

    B. 持续经营假定企业按当前的规模和状态继续经营下去

    C. 持续经营反映企业会计确认、计量、记录和报告的空间范围

    D. 持续经营的目的是结算盈亏，按期编报财务报告

5.（单选题）企业固定资产按期计提折旧体现的会计基本假设是（ ）。

    A. 会计主体   B. 持续经营   C. 会计分期   D. 货币计量

6.（单选题）下列各项中，能够全面、综合反映企业的生产经营情况的基本假设是（ ）。

    A. 会计主体   B. 持续经营   C. 会计分期   D. 货币计量

考点 1-5：会计核算的基础（★☆☆）

🔷 【考点母题——万变不离其宗】会计核算的基础

（1）下列各项中，属于会计核算基础的有（　）。	
A.权责发生制	（2）下列关于权责发生制的表述中，正确的有（　）。 A.凡是当期已经实现的收入，不论款项是否收到，都应当作为当期的收入处理 B.凡是不属于当期的收入，即使款项已在当期收到，也不作为当期的收入处理 C.凡是不属于当期的费用，即使款项已在当期支付，也不作为当期的费用处理 D.凡是当期已经发生或应当负担的费用，不论款项是否支付，都应当作为当期的费用处理
B.收付实现制	【判断金句】（3）收付实现制以实际收到或支付现金作为确认收入和费用的标准。（　）

🍀 【考点子题——真枪实练，有的放矢】

7.（多选题）下列关于权责发生制的表述中，正确的有（　）。

　　A. 凡是当期已经实现的收入，不论款项是否收到，都应当作为当期的收入处理

　　B. 凡不属于当期的收入，但款项已在当期收到，也应当作为当期的收入处理

　　C. 凡不属于当期的费用，即使款项已在当期支付，也不作为当期的费用处理

　　D. 凡是当期已经发生或应当负担的费用，款项没有支付的不应当作为当期的费用处理

8.（多选题）长城公司2022年7月1日支付下半年的财产保险费12 000元。下列说法中，表述正确的有（　）。

　　A. 在权责发生制下，长城公司确认2022年7月费用2 000元

　　B. 在权责发生制下，长城公司确认2022年7月费用0元

　　C. 在收付实现制下，长城公司确认2022年7月费用12 000元

　　D. 在收付实现制下，长城公司确认2022年7月费用0元

9.（判断题）企业应当以收付实现制为基础编制现金流量表。（　）

第三节 会计信息质量要求

考点 1-6：会计信息质量要求（★★★）

◆可靠性

◆相关性

◆可理解性

◆可比性

◆ **实质重于形式** ◆ **重要性**

◆ **谨慎性** ◆ **及时性**

◆【考点题源】会计信息质量要求

会计信息质量要求	内　　容
可靠性	以实际发生的交易或者事项为依据进行确认、计量、记录和报告，如实反映，保证会计信息真实可靠、内容完整
相关性	会计信息应当与财务报告使用者的经济决策需要相关，相关的会计信息应当具有反馈价值和预测价值
可理解性	要求提供的会计信息清晰明了，便于理解和使用
可比性	1.同一企业不同时期发生的相同或相似交易或事项，采用一致的会计政策，不得随意变更 2.不同企业同一会计期间发生的相同或相似交易或事项，采用同一会计政策
实质重于形式	按照交易或者事项的经济实质进行会计确认、计量、记录和报告，而不应仅以交易或者事项的法律形式为依据
重要性	提供的会计信息应当反映与企业财务状况、经营成果和现金流量有关的所有重要交易或者事项
谨慎性	既不高估资产或收益，也不低估负债或费用
及时性	企业对于已经发生的交易或事项，及时进行确认、计量、记录和报告，不得提前或者延后（及时收集、处理、传递会计信息）

♣【考点子题——真枪实练，有的放矢】

1.（历年真题·单选题）符合可靠性信息质量要求的是（　　）。

   A．同一企业不同时期发生的相同事项，采用一致的会计政策

   B．在财务报表中对收入和利得、费用和损失进行分类列报

   C．金额较小的低值易耗品采用一次摊销法摊销

   D．以实际发生的交易事项为依据进行确认、计量、记录和报告

2.（多选题）衡量一项会计信息是否具有相关性的要素有（　　）。

   A．预测价值　　　　B．易于理解　　　　C．如实反映　　　　D．反馈价值

3.（单选题）一个企业所使用的会计程序和方法，前后各期应当尽可能地保持一致、不得随意变更。此要求体现的会计信息质量要求是（　　）。

   A．相关性　　　　B．可靠性　　　　C．可理解性　　　　D．可比性

4.（判断题）不同企业同一会计期间发生的相同或者相似的交易或事项，不用采用相同的会计政策。（　　）

5.（单选题）企业将租入的使用权资产视为自有资产进行会计核算，体现的会计信息质量要求是（　　）。

   A．相关性　　　　B．可理解性　　　　C．实质重于形式　　　　D．重要性

6.（单选题）企业对售出商品很可能发生的保修义务确认预计负债，体现的会计信息质量要求是（　　）。

   A．相关性　　　　B．可靠性　　　　C．重要性　　　　D．谨慎性

7.（判断题）及时性会计信息质量要求是及时收集会计信息，及时处理会计信息，及时传递会计信息。（　　）

8.（单选题）要求企业提供的会计信息应当清晰明了，体现的会计信息质量要求是（　　）。

   A．相关性　　　　B．可靠性　　　　C．重要性　　　　D．可理解性

9.（多选题）下列关于会计信息质量要求的表述中，正确的有（　　）。

   A．重要性要求反映与企业财务状况、经营成果和现金流量有关的所有重要交易或事项

   B．可理解性要求提供的会计信息清晰明了，便于理解和使用

   C．可比性不要求不同企业相同会计期间提供的会计信息可比

   D．谨慎性要求不高估负债或者费用，不低估资产或者收益

10.（判断题）在实务中，如果某项会计信息的省略或者错报会影响投资者等财务报告使用者据此作出决策，该信息就具有重要性。（　　）

第四节　会计职业道德

考点 1-7：会计职业道德概述（★★★）

◆【考点母题——万变不离其宗】会计职业道德概述

会计职业道德的概念	【判断金句】（1）会计职业道德的核心是诚信。（　　）
会计职业道德内容	（2）下列各项中，属于会计职业道德内容的有（　　）。 A. 爱岗敬业　　B. 诚实守信　　C. 廉洁自律　　D. 客观公正 E. 坚持准则　　F. 提高技能　　G. 参与管理　　H. 强化服务
会计职业道德与会计法律制度的联系与区别	（3）会计职业道德与会计法律制度的联系体现在（　　）。
	A. 会计职业道德是会计法律制度的重要补充 B. 会计法律制度是会计职业道德的基本制度保障
	（4）会计职业道德与会计法律制度的区别体现在（　　）。
	A. 性质不同　　　　B. 作用范围不同　　　　C. 表现形式不同 D. 实施保障机制不同　　　　　　　　　　E. 评价标准不同
会计职业道德管理	（5）下列各项中，属于会计职业道德管理的有（　　）。
	A. 增强会计人员诚信意识　　　　　　　B. 建设会计人员信用档案 C. 会计职业道德管理的组织实施　　　　D. 建立健全会计职业联合惩戒机制

🌸【考点子题——真枪实练，有的放矢】

1.（判断题）会计职业道德的核心是诚信。（ ）

2.（多选题）下列关于会计职业道德与会计法律制度的表述中，正确的有（ ）。

  A. 会计职业道德是会计法律制度的重要补充

  B. 会计法律制度是会计职业道德的基本制度保障

  C. 会计职业道德与会计法律制度的表现形式相同

  D. 会计职业道德与会计法律制度的评价标准不同

3.（判断题）会计法律制度是会计职业道德的重要补充，会计职业道德是会计法律制度的最低要求。（ ）

4.（单选题）下列各项企业会计人员行为中，违反会计职业道德的是（ ）。

  A. 公正处理企业利益相关者和社会公众的利益关系

  B. 不私自向外界提供或者泄露单位的会计信息

  C. 为减少企业本年度亏损调减计提资产减值准备的金额

  D. 坚持以合法有效的原始凭证为依据进行会计处理

5.（单选题）热爱会计工作，安心本职岗位，忠于职守，尽职尽责，体现的会计职业道德是（ ）。

  A. 爱岗敬业　　B. 诚实守信　　C. 廉洁自律　　D. 客观公正

6.（单选题）下列企业会计人员行为中，属于遵守客观公正会计职业道德的是（ ）。

  A. 保守商业秘密，不私自泄露本单位会计信息

  B. 正确认知会计职业，树立职业荣誉感

  C. 处理社会公众的利益关系时保持应有的独立性

  D. 努力钻研业务，不断提高会计专业技能

7.（多选题）下列各项中，属于会计职业道德管理内容的有（ ）。

  A. 加强会计诚信教育　　　　B. 建立会计人员信用信息管理制度

  C. 褒奖守信会计人员　　　　D. 建立健全会计职业联合惩戒机制

第五节　内部控制基础

考点 1-8：内部控制概述（★☆☆）

◆【考点母题——万变不离其宗】内部控制概述

内部控制概念	（1）下列各项中，关于内部控制的表述，正确的有（　　）。 A.内部控制的实施主体由企业董事会、监事会、经理层和全体员工所构成 B.各控制主体在职务职权、业务岗位、控制范围及内容体系中互为分工、互为控制，共同构成企业内部控制的主体 C.控制的过程涵盖三个方面：一是企业生产经营管理活动全过程的控制；二是企业风险控制的全过程；三是信息收集、整理、传递与运用的全过程
内部控制作用	（2）下列各项中，属于内部控制作用的有（　　）。 A.有利于提高会计信息质量 B.有利于合理保证企业合法合规经营管理 C.有助于提高企业生产经营效率和经济效益
内部控制目标	（3）下列各项中，属于内部控制目标的有（　　）。 A.合理保证企业经营管理合法合规 B.资产安全完整 C.财务报告及相关信息真实完整 D.提高经营效率和效果 E.促进企业实现发展战略

【考点子题——真枪实练，有的放矢】

1. （多选题）下列各项中，构成内部控制实施主体的有（　　）。

　　A. 董事会　　　B. 监事会　　　C. 经理层　　　D. 全体员工

2. （判断题）各控制主体在职务职权、业务岗位、控制范围及内容体系中互为分工、互为控制，共同构成企业内部控制的主体。（　　）

3. （判断题）保证企业合法合规经营管理既是内部控制的目标，也是内部控制应发挥的作用。（　　）

考点 1-9：内部控制要素（★★☆）

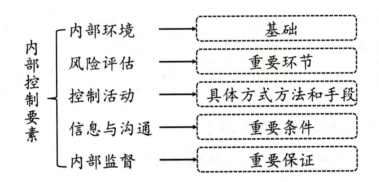

◆【考点母题——万变不离其宗】内部控制要素

内部控制要素	（1）下列各项中，属于内部控制五要素的有（　　）。	
	A. 内部环境	内部环境是实施内部控制的基础 内部环境主要包括：治理结构、组织机构设置与权责分配、企业文化、人力资源政策、内部审计机构设置、反舞弊机制等
	B. 风险评估	风险评估是实施内部控制的重要环节 风险评估主要包括：风险目标设定、风险识别、风险分析和风险应对
	C. 控制活动	控制活动是实施内部控制的具体方式方法和手段 控制措施主要包括：职责分工控制、授权控制、审核批准控制、预算控制、财产保护控制、会计系统控制、内部报告控制、经济活动分析控制、绩效考评控制、信息技术控制等
	D. 信息与沟通	信息与沟通是实施内部控制的重要条件 信息与沟通主要包括：信息的收集机制和沟通机制等

续表

内部控制要素	E. 内部监督	内部监督是实施内部控制的重要保证 内部监督主要包括：对建立健全并执行内部控制的整体情况进行持续性监督检查，对内部控制的某一方面或者某些方面进行专项监督检查 企业内部控制自我评价是内部控制监督检查的一项重要内容
内部控制要素间的关系	（2）下列关于内部控制要素关系的表述中，正确的有（　　）。	
	A. 内部环境是整个内部控制体系的基础和环境条件 B. 风险评估是实施内部控制的重要环节，是实施控制的对象内容 C. 控制活动是实施内部控制的具体方式方法和手段 D. 信息与沟通是实施内部控制的重要条件，贯穿于风险评估、控制活动和内部监督各要素之间 E. 内部监督是实施内部控制的重要保证	
内部控制缺陷	（3）内部控制缺陷按其成因可分为（　　）。	
	A. 设计缺陷　　　B. 运行缺陷	
	（4）内部控制缺陷按其影响程度可分为（　　）。	
	A. 重大缺陷　　　B. 重要缺陷　　　C. 一般缺陷	

【考点子题——真枪实练，有的放矢】

4.（多选题）下列各项中，构成内部控制五要素的有（　　）。

　　A. 内部环境　　　B. 风险评估　　　C. 控制活动　　　D. 外部监督

5.（单选题）下列各项内部控制要素中，属于内部控制的基础和环境条件的是（　　）。

　　A. 内部监督　　　B. 内部环境　　　C. 控制活动　　　D. 风险评估

6.（多选题）下列关于内部控制五要素关系的表述中，正确的有（　　）。

　　A. 内部环境是整个内部控制体系的基础

　　B. 信息与沟通贯穿于风险评估、控制活动和内部监督各要素之间

　　C. 控制活动是实施内部控制的重要保证

　　D. 内部监督是实施内部控制的重要环节

7.（单选题）下列内部控制缺陷中，由于内部控制设计存在漏洞，不能有效防范错误与舞弊属于（　　）。

　　A. 设计缺陷　　　B. 重大缺陷　　　C. 运行缺陷　　　D. 一般缺陷

本章答案与解析

〔第一节考点子题答案与解析〕

1. 【答案】C

   【解析】会计基本职能是核算和监督，ABD三项是会计的拓展职能。

2. 【答案】ABCD

3. 【答案】B

   【解析】会计的监督职能，是指对特定主体经济活动和相关会计核算的真实性、完整性、合法性和合理性进行审查，是会计核算职能的保障，是会计的基本职能。

4. 【答案】×

   【解析】会计核算职能是监督职能的基础，监督职能是核算职能的保障。

5. 【答案】BC

   【解析】会计的目标是既要反映企业管理层受托责任履行情况，还要有助于财务报告使用者做出经济决策。

6. 【答案】B

   【解析】投资者、债权人和社会公众均属于企业财务报告外部使用者。

7. 【答案】AC

   【解析】政府及其有关部门、潜在债权人属于企业财务报告外部使用者，企业管理层和企业的员工属于企业财务报告内部使用者。

8. 【答案】×

   【解析】潜在投资者是企业财务报告外部使用者。

〔第二节考点子题答案与解析〕

1. 【答案】ABD

   【解析】法律主体一定是会计主体，但会计主体不一定是法律主体，企业各内部部门也可以作为会计主体。

2. 【答案】√

3. 【答案】×

   【解析】企业集团只能作为会计主体，但不能作为法律主体。

4. 【答案】AB

   【解析】持续经营是假定企业按当前的规模和状态继续经营下去，反映的是企业会计确认、计量、记录和报告的时间范围。会计分期的目的是结算盈亏，按期编报财务报告。

5. 【答案】C

   【解析】企业固定资产按期计提折旧是为了结算盈亏，按期编报财务报告，因此其体现的会计基本假设是会计分期。

6. 【答案】D

【解析】只有货币计量才能全面、综合反映企业的生产经营情况。

7. 【答案】AC

【解析】权责发生制要求凡是当期已经实现的收入，或已经发生或应当负担的费用，不论款项是否收付，都应当作为当期的收入和费用处理；凡是不属于当期的收入和费用，即使款项已在当期收到或支付，也不作为当期的收入和费用处理。

8. 【答案】AC

【解析】长城公司 2022 年 7 月 1 日支付下半年的财产保险费 12 000 元，在权责发生制下，属于 2022 年 7 月的费用仅为 2 000 元；在收付实现制下，2022 年 7 月的费用为 12 000 元。

9. 【答案】√

〔第三节考点子题答案与解析〕

1. 【答案】D

【解析】会计信息可靠性是指要求企业应当以实际发生的交易或事项为依据进行确认、计量和报告。

2. 【答案】AD

【解析】衡量一项会计信息是否具有相关性，应看其是否具有反馈价值和预测价值。

3. 【答案】D

【解析】可比性要求一个企业所使用的会计程序和方法，前后各期应当尽可能地保持一致、不得随意变更。

4. 【答案】×

【解析】可比性要求不同企业同一会计期间发生的相同或者相似的交易或事项，应采用相同的会计政策。

5. 【答案】C

【解析】企业租入的使用权资产，虽然从法律形式上并不拥有其所有权，但从其经济实质来看，企业能够控制租入资产所创造的未来经济利益，所以将其视为企业的自有资产进行会计核算，这体现的是实质重于形式的会计信息质量要求。

6. 【答案】D

【解析】企业对售出商品很可能发生的保修义务确认预计负债，体现的是谨慎性会计信息质量要求。

7. 【答案】√

8. 【答案】D

【解析】可理解性要求企业提供的会计信息应当清晰明了，便于理解和使用。

9. 【答案】AB

【解析】可比性要求不同企业相同会计期间提供的会计信息可比；谨慎性要求既不高估资产或收益，也不低估负债或者费用。

10. 【答案】√

〔第四节考点子题答案与解析〕

1. 【答案】√

2. 【答案】ABD

   【解析】会计职业道德是会计法律制度的重要补充，会计法律制度是会计职业道德的基本制度保障；会计职业道德与会计法律制度的表现形式和评价标准均不同。

3. 【答案】×

   【解析】会计职业道德是会计法律制度的重要补充，会计法律制度是会计职业道德的基本制度保障。

4. 【答案】C

   【解析】公正处理企业利益相关者和社会公众的利益关系，体现了会计职业道德的客观公正；不私自向外界提供或者泄露单位的会计信息，体现了会计职业道德的诚实守信；为减少企业本年度亏损调减计提资产减值准备的金额，违反了会计职业道德的坚持准则；坚持以合法有效的原始凭证为依据进行会计处理，体现了会计职业道德的客观公正。

5. 【答案】A

   【解析】热爱会计工作，安心本职岗位，忠于职守，尽职尽责，体现的会计职业道德是爱岗敬业。

6. 【答案】C

   【解析】独立性体现了客观公正的会计职业道德，选项C正确。

7. 【答案】ABCD

〔第五节考点子题答案与解析〕

1. 【答案】ABCD

2. 【答案】√

3. 【答案】√

4. 【答案】ABC

5. 【答案】B

   【解析】内部环境是实施内部控制的基础和环境条件，选项B正确。

6. 【答案】AB

   【解析】控制活动是实施内部控制的具体方式方法和手段；内部监督是实施内部控制的重要保证。

7. 【答案】A

   【解析】设计缺陷是指内部控制的设计存在漏洞，不能有效防范错误与舞弊。

第2章

会计基础

（★★☆）

会计基础
├ 财务会计
│ ├ 基础工作
│ │ ├ 会计科目
│ │ ├ 复式记账
│ │ ├ 会计凭证、账簿
│ │ ├ 成本计算
│ │ ├ 财产清查
│ │ └ 会计报表
│ └ 会计主体
│   ├ 企业会计
│   └ 政府及非营利组织会计
└ 成本、管理会计
   ├ 成本会计基础
   └ 管理会计基础

第一节 会计要素及其确认与计量

考点 2-1： 会计要素及其确认条件（ ★ ☆ ☆ ）

①资产是指企业过去的交易或者事项形成的，由企业拥有或者控制的，预期会给企业带来经济利益的资源。

◆ 【考点母题——万变不离其宗】资产的特征、确认条件、分类和内容

资产特征	（1）下列各项中，属于资产特征的有（ ）。
	A.资产预期会给企业带来经济利益 B.资产应为企业拥有或者控制的资源 C.资产是由企业过去的交易或者事项形成的
资产确认条件	（2）下列各项中，属于资产确认条件的有（ ）。
	A.该资源有关的经济利益很可能流入企业 B.该资源的成本或者价值能够可靠地计量
资产的分类和内容	（3）下列各项中，属于流动资产的有（ ）。
	A.货币资金 B.交易性金融资产 C.衍生金融资产 D.应收票据 E.应收账款 F.应收款项融资 G.预付款项 H.其他应收款 I.存货 J.合同资产 K.持有待售资产 L.一年内到期的非流动资产 M.其他流动资产

续表

资产的分类和内容	（4）下列各项中，属于非流动资产的有（　　）。 A. 债权投资　　　　　　B. 其他债权投资　　　　C. 长期应收款 D. 长期股权投资　　　　E. 其他权益工具投资　　F. 其他非流动金融资产 G. 投资性房地产　　　　H. 固定资产　　　　　　I. 在建工程 J. 生产性生物资产　　　K. 油气资产　　　　　　L. 使用权资产 M. 无形资产　　　　　　N. 开发支出　　　　　　O. 商誉 P. 长期待摊费用　　　　Q. 递延所得税资产　　　R. 其他非流动资产

🍀【考点子题——真枪实练，有的放矢】

1.（多选题）下列各项中，属于资产必须具备的基本特征有（　　）。

   A. 预期会给企业带来经济利益　　　　　B. 被企业拥有或控制

   C. 由过去的交易或事项形成　　　　　　D. 具有可辨认性

2.（单选题）下列各项中，不属于资产确认条件的是（　　）。

   A. 符合资产的定义

   B. 该资源有关的经济利益很可能流入企业

   C. 该资源的成本或者价值能够可靠地计量

   D. 该资源预期会给企业带来经济利益

3.（单选题）下列各项中，属于企业非流动资产的是（　　）。

   A. 存货　　　　B. 交易性金融资产　　　C. 其他应收款　　　D. 递延所得税资产

4.（多选题）下列各项中，属于企业流动资产的有（　　）。

   A. 使用权资产　　B. 持有待售资产　　　C. 衍生金融资产　　D. 债权投资

5.（历年真题·单选题）下列各项中，应确认为企业资产的是（　　）。

   A. 赊购的生产设备　　　　　　　　　B. 临时借入的生产设备

   C. 已签订采购合同尚未购入的生产设备　D. 经批准处置已核销的生产设备

②负债是指企业过去的交易或者事项形成的，预期会导致经济利益流出企业的现时义务。

【考点母题——万变不离其宗】负债的特征、确认条件、分类和内容

负债特征	（1）下列各项中，属于负债特征的有（　　）。
	A．负债是企业承担的现时义务 B．负债预期会导致经济利益流出企业 C．负债是由过去的交易或事项形成的
负债确认条件	（2）下列各项中，属于负债确认条件的有（　　）。
	A．与该义务有关的经济利益很可能流出企业 B．未来流出的经济利益的金额能够可靠地计量
负债的分类和内容	（3）下列各项中，属于流动负债的有（　　）。
	A．短期借款　　　　　B．交易性金融负债　　　C．衍生金融负债 D．应付票据　　　　　E．应付账款　　　　　F．预收款项 J．合同负债　　　　　H．应付职工薪酬　　　I．应交税费 J．其他应付款　　　　K．持有待售负债 L．一年内到期的非流动负债　　　　　　　　M．其他流动负债
	（4）下列各项中，属于非流动负债的有（　　）。
	A．长期借款　　　　　B．应付债券　　　　　C．租赁负债 D．长期应付款　　　　E．预计负债　　　　　F．递延收益 G．递延所得税负债　　H．其他非流动负债

【考点子题——真枪实练，有的放矢】

6.（历年真题·判断题）负债是指过去的交易、事项形成的现时义务，履行该义务预期会导致经济利益流出企业。（　　）

7.（历年真题·多选题）下列各项中，属于负债特征的有（　　）。

　　A．负债的清偿预期会导致经济利益流出企业

　　B．负债是企业承担的现时义务

　　C．未来流出的经济利益的金额能够可靠地计量

　　D．负债是由过去的交易或事项形成的

8.（单选题）下列各项中，属于企业流动负债的是（　　）。

　　A．应收款项　　　B．预收款项　　　C．预计负债　　　D．预付款项

9.（多选题）下列各项中，属于企业非流动负债的有（　　）。

　　A．合同负债　　　B．租赁负债　　　C．预计负债　　　D．递延收益

10.（判断题）如果与某些现时义务有关的经济利益很可能流出企业，就应作为一项负债确认。（　　）

③所有者权益是指企业资产扣除负债后，由所有者享有的剩余权益。

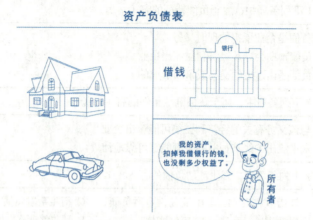

◆【考点母题——万变不离其宗】所有者权益的内容及其确认条件

所有者权益内容	（1）下列各项中，属于所有者权益内容的有（　　）。
	A.实收资本（或股本）　　B.其他权益工具　　C.资本公积 D.其他综合收益　　　　　E.盈余公积　　　　　F.未分配利润
所有者权益确认条件	（2）下列各项中，属于所有者权益确认条件的是（　　）。
	A.主要依赖于资产和负债的确认和计量

【考点子题——真枪实练，有的放矢】

11.（单选题）下列各项中，不属于所有者权益的是（　　）。

　　A. 资本公积　　　B. 留存收益　　　C. 其他权益工具　　　D. 应付股利

12.（判断题）企业在一定期间发生亏损，则企业在这一会计期间的所有者权益一定减少。（　　）

　　④收入是指企业在日常活动中形成的、会导致所有者权益增加的、与所有者投入资本无关的经济利益的总流入。

◆【考点母题——万变不离其宗】收入的特征及其确认条件

收入的基本特征	下列各项中，属于收入特征的有（　　）。
	A. 收入是企业在日常活动中形成的（包括主营业务收入和其他业务收入） B. 收入是与所有者投入资本无关的经济利益的总流入 C. 收入会导致企业所有者权益的增加（不包括为第三方或客户代收的款项）

♧【考点子题——真枪实练，有的放矢】

13.（多选题）下列关于收入的表述中，正确的有（　　）。

　　A. 收入不会导致所有者权益的增加

　　B. 收入可能表现为企业资产的增加或负债的减少

　　C. 收入与所有者投入资本无关

　　D. 所有使企业利润增加的经济利益流入均属于企业的收入

14.（判断题）收入既包括本企业经济利益的流入，也包括为第三方或客户代收的款项。（　　）

15.（判断题）收入是从企业日常活动中产生，而不是从偶发事项中产生。（　　）

　　⑤费用是指企业在日常活动中发生的、会导致所有者权益减少的、与向所有者分配利润无关的经济利益的总流出。

◆【考点母题——万变不离其宗】费用的特征及其确认条件

费用特征	（1）下列各项中，属于费用特征的有（　　）。
	A. 费用是企业在日常活动中形成的 B. 费用会导致所有者权益的减少 C. 费用是与向所有者分配利润无关的经济利益的总流出

续表

费用确认条件	（2）下列各项中，属于费用确认条件的有（　　）。 A. 与费用相关的经济利益应当很可能流出企业 B. 经济利益流出企业的结果会导致资产的减少或者负债的增加 C. 经济利益的流出能够可靠计量

【考点子题——真枪实练，有的放矢】

16.（判断题）费用是指企业发生的、会导致所有者权益减少的、与向所有者分配利润无关的经济利益的总流出。（　　）

17.（判断题）营业外支出虽然会导致经济利益的流出，且会引起所有者权益的减少，但它不属于费用。（　　）

⑥利润是指企业在一定会计期间的经营成果。

【考点母题——万变不离其宗】利润的内容及其确认条件

利润内容	（1）下列各项中，属于利润内容的有（　　）。 A. 收入减去费用后的净额　　B. 直接计入当期利润的利得 C. 直接计入当期利润的损失 （2）下列各项中，不属于利润内容的有（　　）。 A. 计入所有者权益的利得　　B. 计入所有者权益的损失
确认条件	【判断金句】（3）利润主要依赖于收入和费用，以及利得和损失的确认和计量。（　　）

【考点子题——真枪实练，有的放矢】

18. （历年真题·判断题）利润反映的是企业在一定会计期间的经营成果，包括收入减去
费用后的净额、直接计入当期利润的利得和损失等。（ ）

考点 2-2 ： 会计要素计量属性及其应用原则（★☆☆）

◆ **【考点题源】会计要素计量属性**

会计要素计量属性	内　容
历史成本	历史成本又称实际成本，是指取得或制造某项财产物资时所实际支付的现金或者现金等价物
重置成本	重置成本又称现行成本，是指按照当前市场条件，重新取得同样一项资产所需支付的现金或现金等价物金额
可变现净值	可变现净值是指在正常生产经营过程中，以预计售价减去进一步加工成本和销售所必需的预计税金、费用后的净值
现　值	现值是指对未来现金流量以恰当的折现率进行折现后的价值，是考虑货币时间价值因素等的一种计量属性
公允价值	公允价值是指市场参与者在计量日发生的有序交易中，出售一项资产所能收到或者转移一项负债所需支付的价格

【考点子题——真枪实练，有的放矢】

19. (多选题) 下列各项中，关于会计计量属性表述正确的有（　　）。

A. 历史成本是指取得或制造某项财产物资时所支付的现金或现金等价物

B. 重置成本是指按照当前市场条件，重新取得同样一项资产所需支付的现金或现金等价物金额

C. 现值是指对未来现金流量以恰当的折现率进行折现后的价值

D. 公允价值是指市场参与者在计量日发生的有序交易中，出售一项资产所能收到或者转移一项负债所需支付的价格

20. (单选题) 按照取得或制造某项财产物资时所实际支付的现金或者现金等价物进行计量，体现的会计计量属性是（　　）。

A. 现值　　B. 公允价值　　C. 重置成本　　D. 历史成本

21. (历年真题·单选题) 下列各项中，按照当前市场条件重新取得同样一项资产所需支付的金额进行计量的会计计量属性是（　　）。

A. 现值　　B. 公允价值　　C. 重置成本　　D. 历史成本

22. (历年真题·判断题) 可变现净值是指在生产经营过程中，以预计售价减去进一步加工成本和销售所必需的预计税金、费用后的净值。（　　）

考点2-3：会计等式（★★☆）

【考点母题——万变不离其宗】会计等式

会计基本等式	（1）下列关于会计基本等式的表述中，正确的有（　　）。
	A. 会计基本等式：资产 = 负债 + 所有者权益 B. 会计基本等式是复式记账法的理论基础 C. 会计基本等式是编制资产负债表的依据
利润等式	（2）下列关于"收入 - 费用 = 利润"等式的表述中，正确的有（　　）。
	A. 此等式是反映经营成果等式或动态会计等式 B. 此等式是编制利润表的依据
不会对会计等式产生影响的交易或事项	（3）下列交易或事项中，符合会计等式变化的有（　　）。
	A. 资产和负债同增、减　　　　　B. 资产和所有者权益同增、减 C. 资产内部一增一减　　　　　　D. 负债内部一增一减 E. 所有者权益内部一增一减　　　F. 负债和所有者权益一增一减

【考点子题——真枪实练，有的放矢】

23.（单选题）下列各项中，引起负债和所有者权益发生增减变化的经济业务是（　　）。

　A. 收回应收账款 2 万元存入银行

　B. 以银行存款 200 万元偿还前欠货款

　C. 收到投资者投入的价值 500 万元的机器一台

　D. 宣告向投资者分配现金股利 100 万元

24.（历年真题·多选题）下列各项中，引起企业资产和负债要素同时发生增减变动的经济业务有（　　）。

　A. 从银行借入短期借款　　　　　B. 收到股东投资款

　C. 以银行存款归还前欠货款　　　D. 将盈余公积转增股本

25.（历年真题·单选题）下列各项交易或事项中，引起企业资产和负债同时减少的是（　　）。

　A. 计提坏账准备　　　　　　　　B. 计提行政大楼折旧

　C. 支付已宣告发放的现金股利　　D. 将现金支票送存银行

第二节　会计科目和借贷记账法

考点 2-4：会计科目和账户（★☆☆）

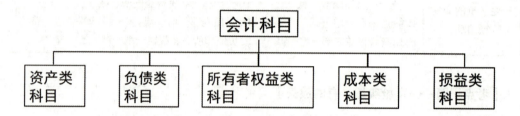

◆【考点母题——万变不离其宗】会计科目和账户的分类

资产类会计科目	（1）下列各项中，属于资产类会计科目的有（　　）。 A. 库存现金　　　B. 银行存款　　　C. 应收账款　　　D. 原材料 E. 库存商品　　　F. 预付账款　　　G. 固定资产　　　H. 在建工程等
负债类会计科目	（2）下列各项中，属于负债类会计科目的有（　　）。 A. 短期借款　　　B. 应付账款　　　C. 应付职工薪酬　　D. 应交税费 E. 预收账款　　　F. 长期借款　　　G. 应付债券　　　H. 递延收益等
所有者权益类会计科目	（3）下列各项中，属于所有者权益类会计科目的有（　　）。 A. 实收资本　　　B. 资本公积　　　C. 盈余公积　　　D. 其他综合收益 E. 本年利润　　　F. 利润分配　　　G. 库存股　　　　H. 其他权益工具等
成本类会计科目	（4）下列各项中，属于成本类会计科目的有（　　）。 A. 生产成本　　　B. 制造费用　　　C. 劳务成本　　　D. 研发支出等
损益类会计科目	（5）下列各项中，属于收入类会计科目的有（　　）。 A. 主营业务收入　　B. 其他业务收入等
	（6）下列各项中，属于费用类会计科目的有（　　）。 A. 主营业务成本　　B. 其他业务成本　　C. 销售费用 D. 管理费用　　　　E. 财务费用等

【考点子题——真枪实练，有的放矢】

1.（单选题）下列各项中，不属于负债类会计科目的是（　　）。

　　A．短期借款　　　　B．应付账款　　　　C．预付账款　　　　D．应交税费

2.（多选题）下列各项中，属于损益类会计科目的有（　　）。

　　A．资产处置损益　　B．主营业务成本　　C．待处理财产损溢　　D．其他权益工具

3.（历年真题·多选题）下列各项中，按照反映的经济内容分类，属于企业所有者权益类会计科目的有（　　）。

　　A．实收资本　　　　B．递延收益　　　　C．其他综合收益　　　　D．本年利润

考点 2-5：借贷记账法（★★☆）

借贷记账法，是以"借"和"贷"作为记账符号的一种复式记账法。

◆【考点母题——万变不离其宗】借贷记账法

借贷记账法的账户结构	（1）下列各项中，关于借贷记账法下资产和成本类账户表述正确的有（　　）。
	A.借方登记增加额　　B.贷方登记减少额　　C.期末余额在借方
	（2）下列各项中，关于借贷记账法下负债和所有者权益类账户表述正确的有（　　）。
	A.借方登记减少额　　B.贷方登记增加额　　C.期末余额在贷方
	（3）下列各项中，关于借贷记账法下收入类账户表述正确的有（　　）。
	A.借方登记减少额 B.贷方登记增加额 C.本期收入净额在期末转入"本年利润"账户，结转后无余额

借贷记账法的账户结构	（4）下列各项中，关于借贷记账法下费用类账户表述正确的有（　　）。
	A. 借方登记增加额
	B. 贷方登记减少额
	C. 本期费用净额在期末转入"本年利润"账户，结转后无余额
借贷记账法的记账规则	【判断金句】（5）借贷记账法的记账规则是：有借必有贷，借贷必相等。（　　）
借贷记账法下的试算平衡	（6）下列各项中，关于借贷记账法下试算平衡表述正确的有（　　）。
	A. 全部账户本期借方发生额合计与全部账户本期贷方发生额合计保持平衡
	B. 全部账户借方期末余额合计与全部账户贷方期末余额合计保持平衡
	C. 全部账户借方期初余额合计与全部账户贷方期初余额合计保持平衡
	D. 试算平衡表是检查账户记录是否正确的一种方法
	E. 发生额试算平衡的理论依据是借贷记账法的记账规则
	F. 余额试算平衡的理论依据是会计基本等式，即：资产＝负债＋所有者权益
不影响借贷双方平衡关系的错误	（7）下列各项中，通过编制试算平衡表无法发现的记账错误有（　　）。
	A. 漏记某项经济业务
	B. 重记某项经济业务
	C. 某项经济业务记录的应借、应贷科目正确，但借贷双方的金额同时多记或少记
	D. 某项经济业务记错有关账户
	E. 某项经济业务在账户记录中，颠倒了记账方向
	F. 某借方或贷方发生额中，偶尔发生多记和少记并相互抵销
【判断金句】（8）试算不平衡，表示记账一定有错误，但试算平衡时，不能表明记账一定正确。（　　）	

🔖【考点子题——真枪实练，有的放矢】

4.（多选题）下列各项中，关于借贷记账法下借方登记增加额的账户有（　　）。

　　A. 资产类账户　　　B. 负债类账户　　　C. 收入类账户　　　D. 费用类账户

5.（历年真题·单选题）在借贷记账法下，账户的贷方一般用来登记（　　）。

　　A. 资产类账户的增加额　　　　　　　B. 所有者权益类账户的增加额

　　C. 负债类账户的减少额　　　　　　　D. 成本类账户的增加额

6.（多选题）下列各项中，关于借贷记账法表述正确的有（　　）。

　　A. 借贷记账法是一种复式记账

　　B. 资产类账户的借方登记增加额

　　C. 收入类账户期末结转后无余额

　　D. 借贷记账法的记账规则是"有借必有贷，借贷必相等"

7. （多选题）下列各项中，属于借贷记账法下试算平衡理论依据的有（   ）。

    A. 资产＝负债＋所有者权益   B. 收入－费用＝利润

    C. 预算收入－预算支出＝预算结余   D. 借贷记账法的记账规则

8. （多选题）下列各项中，通过试算平衡无法发现的记账错误有（   ）。

    A. 漏记某项经济业务   B. 重记某项经济业务

    C. 记录某项经济业务的借、贷方向颠倒   D. 某项经济业务记错有关账户

9. （历年真题·判断题）通过试算平衡检查账户记录是否正确时，如果借贷双方发生额或余额相等，表明账户记录一定是正确的。（   ）

10. （历年真题·判断题）会计人员误将财务费用确认为制造费用，通过试算平衡表无法查出该差错。（   ）

第三节　会计凭证和会计账簿

考点 2-6：会计凭证（★☆☆）

💠【考点母题——万变不离其宗】原始凭证的种类

按取得来源分类	（1）下列各项中，属于自制原始凭证的有（　　）。		
	A. 领料单　　　B. 产品入库单 C. 借款单　　　D. 固定资产折旧计算表　　　E. 工资计算单等		
	（2）下列各项中，属于外来原始凭证的有（　　）。		
	A. 增值税专用发票　　　B. 飞机票 C. 火车票　　　D. 餐饮费发票等		
按格式分类	（3）下列各项中，属于通用凭证的有（　　）。		
	A. 通用发票　　B. 通用收据　　　C. 银行转账结算凭证　　D. 增值税专用发票等		
	（4）下列各项中，属于专用凭证的有（　　）。		
	A. 领料单　　B. 差旅费报销单　　　C. 折旧计算表　　　D. 工资费用分配表等		

续表

按填制的手续和内容分类	（5）下列各项中，属于一次凭证的有（ ）。
	A. 收据　　 B. 收料单　　 C. 发货票　　　 D. 银行结算凭证等
	（6）下列各项中，属于累计凭证的是（ ）。
	A. 限额领料单
	（7）下列各项中，属于汇总凭证的是（ ）。
	A. 发料汇总凭证等

【考点子题——真枪实练，有的放矢】

1. （单选题）下列各项中，属于自制原始凭证的是（ ）。

A. 增值税专用发票　　　　　　B. 职工出差报销的火车票

C. 发料凭证汇总表　　　　　　D. 银行转账结算凭证

2. （历年真题·多选题）下列各项中，属于外来原始凭证的有（ ）。

A. 购买原材料取得的增值税专用发票　B. 职工出差报销的住宿费发票

C. 外购原材料的入库验收单　　　　　D. 银行存款余额调节表

3. （单选题）下列各项中，属于专用原始凭证的是（ ）。

A. 银行转账结算凭证　　　　　B. 增值税专用发票

C. 折旧计算表　　　　　　　　D. 职工出差报销的飞机票

4. （判断题）所有外来的原始凭证均属于一次凭证。（ ）

【考点母题——万变不离其宗】原始凭证的基本内容、填制要求和审核

原始凭证的基本内容（原始凭证要素）	（1）下列各项中，属于原始凭证基本内容的有（ ）。
	A. 凭证的名称　　　　　　　　　　B. 填制凭证的日期 C. 填制凭证单位名称和填制人姓名　D. 经办人员的签名或盖章 E. 接受凭证单位名称　　　　　　　F. 经济业务内容 G. 数量、单价和金额
原始凭证填制的基本要求	（2）下列各项中，属于原始凭证填制要求的有（ ）。
	A. 记录真实　 B. 内容完整　 C. 手续完备　 D. 书写清楚 E. 编号连续　 F. 不得涂改、刮擦、挖补　 G. 填制及时
自制原始凭证填制的基本要求	（3）下列关于自制原始凭证填制要求的说法中，正确的有（ ）。
	A. 一次凭证：一次填制完成　 B. 累计凭证：多次重复填制完成 C. 汇总凭证：定期汇总同类业务填制完成

续表

原始凭证的审核	（4）下列各项中，属于原始凭证审核内容的有（　　）。 A. 审核原始凭证的真实性　　　　B. 审核原始凭证的合法性、合理性 C. 审核原始凭证的完整性　　　　D. 审核原始凭证的正确性

【考点子题——真枪实练，有的放矢】

5.（多选题）下列各项中，属于原始凭证基本内容的有（　　）。

　　A. 会计科目　　B. 填制凭证的日期　　C. 经济业务内容　　D. 数量、单价和金额

6.（判断题）对外开出或从外取得的电子形式的原始凭证必须附有符合《电子签名法》的电子签名。（　　）

7.（单选题）累计凭证是在每次经济业务完成后，由相关人员在同一张凭证上反复填制完成。企业中典型的累计凭证是（　　）。

　　A. 增值税专用发票　　　　　　　　B. 限额领料单

　　C. 发料凭证汇总表　　　　　　　　D. 银行转账结算凭证

8.（多选题）下列各项中，属于原始凭证审核内容的有（　　）。

　　A. 会计科目使用是否正确　　　　　　B. 凭证所列事项是否符合国家法规

　　C. 凭证各项基本要素是否齐全　　　　D. 业务内容和数据是否真实

◆【考点母题——万变不离其宗】记账凭证的种类

收款凭证	（1）下列各项中，应编制收款凭证进行会计处理的有（　　）。		
	A. 收到销货款	B. 收回应收账款	C. 收到零星现金收款等
付款凭证	（2）下列各项中，应编制付款凭证进行会计处理的有（　　）。		
	A. 支付材料货款	B. 支付职工薪酬	C. 支付水电费等
转账凭证	（3）下列各项中，应编制转账凭证进行会计处理的有（　　）。		
	A. 确认赊销收入　　　　B. 结转售出商品销售成本　　　　C. 计提固定资产折旧 D. 计提无形资产摊销　　E. 长期待摊费用摊销　　　　　　F. 计提职工薪酬		
【判断金句】（4）采用收付转记账凭证的企业，对于涉及"库存现金"和"银行存款"之间的相互划转业务，只填制付款凭证，不再填制收款凭证。（　　）			

【考点子题——真枪实练，有的放矢】

9.（判断题）收款凭证借方登记库存现金或银行存款的增加。（　　）

10.（判断题）采用收付转凭证的企业，对于涉及"库存现金"和"银行存款"之间的相

互划转业务，只填制付款凭证，不再填制收款凭证。（ ）

11.（历年真题·多选题）下列各项中，应编制转账凭证进行会计处理的有（ ）。

    A. 结转售出商品销售成本   B. 以银行存款购入设备

    C. 将现金送存银行   D. 计提固定资产折旧

◆【考点母题——万变不离其宗】记账凭证的基本内容、填制要求和审核

记账凭证的基本内容	（1）下列各项中，属于记账凭证基本内容的有（ ）。
	A. 填制凭证日期　　B. 凭证编号　　C. 经济业务摘要 D. 应借应贷会计科目　E. 金额　　F. 所附原始凭证张数 G. 填制凭证人员、稽核人员、记账人员、会计机构负责人、会计主管人员签名或盖章 H. 收款和付款记账凭证出纳人员签名或盖章
记账凭证填制的基本要求	（2）下列各项中，属于记账凭证填制要求的有（ ）。
	A. 除结账和更正错账外，其他记账凭证必须附原始凭证 B. 记账凭证可以根据每张原始凭证，或若干张同类原始凭证汇总填制，或原始凭证汇总表填制 C. 记账凭证应连续编号 D. 填制记账凭证时若发生错误，应当重新填制 E. 记账凭证填制完成后，如有空行应划线注销
	【判断金句】（3）出纳人员在办理收款或付款业务后，应在原始凭证上加盖"收讫"或"付讫"的戳记，以免重收重付。（ ）
记账凭证的审核	（4）下列各项中，属于记账凭证审核内容的有（ ）。
	A. 应借应贷科目是否正确，金额是否正确 B. 凭证要素是否齐全 C. 记账凭证是否有原始凭证作为依据 D. 是否已在原始凭证上加盖"收讫"或"付讫"的戳记 E. 文字工整、数字清晰，是否按照规定进行更正

♣【考点子题——真枪实练，有的放矢】

12.（单选题）下列各项中，不属于记账凭证填制要求的是（ ）。

    A. 除结账和更正错账外，其他记账凭证必须附原始凭证

    B. 记账凭证可以根据每张原始凭证，或若干张同类原始凭证汇总填制，或原始凭证汇总表填制

    C. 记账凭证应连续编号

    D. 必须用黑色笔填写

13. （多选题）按照记账凭证的审核要求，下列内容中属于记账凭证审核内容的有（   ）。

    A. 凭证使用是否正确

    B. 凭证使用会计科目是否正确

    C. 凭证的金额与所附原始凭证的金额是否一致

    D. 凭证项目是否填写齐全

14. （判断题）企业的会计凭证，无论是原始凭证还是记账凭证，都必须连续编号。（   ）

15. （历年真题·多选题）下列各项中，属于记账凭证填制要求的内容有（   ）。

    A. 记账凭证应连续编号

    B. 填制记账凭证时若发现错误，应当重新填制

    C. 所有记账凭证都必须附有原始凭证

    D. 记账凭证要内容完整、书写清楚和规范

◆【考点母题——万变不离其宗】会计凭证的保管

会计凭证的保管	（1）下列各项中，属于会计凭证保管要求的有（ ）。
	A. 定期分类整理连同所附原始凭证一起装订成册，并加贴封条防止抽换凭证 B. 原始凭证较多时，可单独装订，重要的凭证单独保管 C. 满足条件的电子会计资料，可仅以电子形式归档保存，无须打印电子会计资料纸质件 D. 当年形成的会计档案，可由会计机构保管 1 年，特殊情况最长不超过 3 年，出纳人员不得监管会计档案 E. 会计档案一般不得外借，其他单位如有特殊原因确实需要使用的，经本单位会计机构负责人、会计主管人员批准，可以复制。 F. 单位应严格遵守会计档案的保管期限要求，保管期满前不得任意销毁
	【判断金句】 （2）从外单位取得的原始凭证遗失时，应取得原签发单位盖有公章的证明，并由经办单位会计机构负责人、会计主管人员和单位负责人批准后，才能代作原始凭证。（ ） （3）从外单位取得的原始凭证遗失无法取得证明的，如车票丢失，应由当事人写明详细情况，并由经办单位会计机构负责人、会计主管人员和单位负责人批准后，代作原始凭证。（ ）

◆【考点子题——真枪实练，有的放矢】

16. （单选题）下列关于会计凭证保管的表述中，不正确的是（   ）。

    A. 定期联同所附的原始凭证一起装订成册

    B. 会计凭证应加贴封条防止抽换凭证

    C. 重要的凭证应单独保管

    D. 会计档案应由出纳人员保管

17. （判断题）当年形成的会计档案，可由会计机构保管1年，特殊情况最长不超过3年。（ ）

18. （历年真题·判断题）会计档案经本单位会计机构负责人、会计主管人员批准，可以借给其他单位使用。（ ）

考点 2-7：会计账簿（★☆☆）

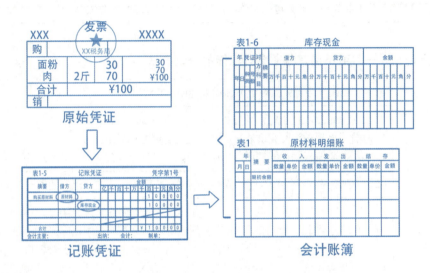

原始凭证 → 记账凭证 → 会计账簿

◆ 【考点母题——万变不离其宗】会计账簿的种类

按用途分类	（1）下列各项中，属于序时账簿（日记账）的有（ ）。
	A.库存现金日记账　　　　B.银行存款日记账
	（2）下列各项中，属于分类账簿的有（ ）。
	A.总分类账　　　　　　　B.明细分类账
	（3）下列各项中，属于备查账簿或辅助账簿的有（ ）。
	A.代管商品物资登记簿　　B.租入固定资产登记簿
按账页格式分类	（4）下列各项中，属于三栏式账簿的有（ ）。
	A.各种日记账　　　　B.各种总账　　　　C.借款明细账 D.债权明细账　　　　E.债务明细账
	（5）下列各项中，属于多栏式账簿的有（ ）。
	A.收入明细账　　　　B.成本明细账　　　　C.费用明细账
	（6）下列各项中，属于数量金额式账簿的有（ ）。
	A.原材料明细账　　　　B.库存商品明细账

按外形特征分类	（7）下列各项中，应采用订本式账簿的有（　　）。
	A. 总分类账　　B. 库存现金日记账　　C. 银行存款日记账
	（8）下列各项中，适用于活页式账簿的是（　　）。
	A. 各种明细账
	（9）下列各项中，适用于卡片式账簿的是（　　）。
	A. 固定资产卡片
【判断金句】（10）分类账簿是会计账簿的主体，也是编制财务报表的主要依据。（　　）	

◆◆◆【考点母题——万变不离其宗】会计账簿的登记方法

会计账簿的登记方法	（1）下列关于会计账簿登记方法的表述中，正确的有（　　）。
	A. 日记账根据收付款记账凭证由出纳人员逐日逐笔登记 B. 总分类账根据记账凭证逐日逐笔登记或定期汇总登记 C. 明细分类账根据记账凭证与相应的原始凭证逐笔登记
总分类账与明细分类账的平行登记 （同方向同时期同金额）	（2）下列关于总分类账与明细分类账的平行登记的表述中，正确的有（　　）。
	A. 方向相同：在总分类账户中记入借方，在其所辖的明细分类账户中也应记入借方；在总分类账户中记入贷方，在其所辖的明细分类账户中也应记入贷方 B. 期间一致：应在同一个会计期间记入总分类账户和所辖明细分类账户 C. 金额相等：记入总分类账户的金额必须与记入其所辖的一个或几个明细分类账户的金额合计数相等
	【判断金句】（3）企业发生的经济业务，记入总分类账户和所辖明细分类账户的具体时间可以有先后，但应在同一个会计期间记入总分类账户和所辖明细分类账户。（　　）

🔆【考点子题——真枪实练，有的放矢】

19. （多选题）下列各项中，适宜采用数量金额式账簿的有（　　）。

    A. 销售收入明细账　　　　　　　　　　B. 库存商品明细账

    C. 原材料明细账　　　　　　　　　　　D. 银行存款日记账

20. （历年真题·判断题）企业应当设置库存现金总账和库存现金日记账，分别进行库存现金的总分类核算和明细分类核算。（　　）

21.（多选题）下列关于库存现金日记账的格式与登记方法的表述中，正确的有（   ）。

   A. 库存现金日记账必须使用订本式账簿

   B. 库存现金日记账逐日逐笔登记

   C. 库存现金日记账采用数量金额式账簿

   D. 库存现金日记账属于序时账簿

22.（历年真题·单选题）下列各项中，出纳人员根据会计凭证登记现金日记账正确的做法是（   ）。

   A. 根据现金收付款凭证金额相抵的差额登记

   B. 将现金付款凭证汇总后再登记

   C. 根据库存现金收付业务凭证逐笔，序时登记

   D. 将现金收款凭证汇总后再登记

23.（多选题）下列关于总分类账与明细分类账的平行登记的表述中，正确的有（   ）。

   A. 总分类账户中记入借方，其所辖明细分类账中也应当记入借方

   B. 总分类账和明细分类账登记的时间应当相同

   C. 总分类账的金额必须与记入其所辖明细分类账的金额合计数相等

   D. 总分类账与明细分类账登记的人员应当相同

◆【考点母题——万变不离其宗】对账与结账

对账	（1）下列各项中，属于账证核对内容的有（ ）。
	A.核对账簿记录与原始凭证、记账凭证的时间、凭证字号、内容、金额等是否一致 B.核对账簿记录与记账凭证记账方向是否相符
	（2）下列各项中，属于账账核对内容的有（ ）。
	A.总分类账簿之间的核对 B.总分类账簿与所辖明细分类账簿之间的核对 C.总分类账簿与序时账簿之间的核对 D.明细分类账簿之间的核对
	（3）下列各项中，属于账实核对内容的有（ ）。
	A.库存现金日记账账面余额与现金实际库存数逐日核对是否相符 B.银行存款日记账账面余额与银行对账单余额定期核对是否相符 C.各项财产物资明细账账面余额与财产物资实有数额定期核对是否相符 D.有关债权债务明细账账面余额与对方单位债权债务账面记录核对是否相符

结账	（4）结账工作的内容有（　　）。	
	A.结清各种损益类账户 B.结出各资产、负债和所有者权益账户的本期发生额合计和期末余额	
	（5）下列关于结账的表述中，正确的有（　　）。	
	A.对于不需要按月结算本期发生额的账户，每次记账随时结出余额 B.库存现金、银行存款日记账和需要按月结计发生额的收入、费用等明细账，每月结出发生额、余额 C.需要结计本年累计发生额的明细账，需分别计算出本月合计和本年累计 D.总账账户平时只需结出月末余额，年终结账时再结出全年发生额和年末余额 E.年度终了结账时，有余额的账户应将其余额结转下年	

🍀【考点子题——真枪实练，有的放矢】

24.（多选题）下列各项中，属于对账中账账核对内容的有（　　）。

 A. 总分类账簿之间的核对

 B. 总分类账簿与所辖明细分类账簿之间的核对

 C. 明细分类账簿之间的核对

 D. 备查账簿之间的核对

25.（判断题）期末结账工作之一是结清各种损益类账户，据以计算确定本期利润。（　　）

26.（判断题）结账时，总账账户各月末需要分别结算出"本月合计"的发生额和期末余额，以及"本年累计"的发生额和年末余额。（　　）

27.（历年真题·单选题）根据会计法律制度的规定，下列关于结账要求的表述中，不正确的是（　　）。

 A. 年度终了，要把各账户的发生额结转到下一会计年度

 B. 年度终了结账时，所有总账账户都应当结出全年发生额和年末余额

 C. 各单位应当按照规定定期结账

 D. 结账时，应当结出每个账户的期末余额

◆【考点母题——万变不离其宗】错账更正的方法

（1）下列各项中，属于错账更正方法的有（　　）。	
A.划线更正法	（2）下列关于划线更正法的表述中，正确的有（　　）。
	A.记账凭证无错，过账时发生错误才能使用划线更正法 B.划线更正法的做法是红字划销错误的文字或数字，蓝或黑字进行更正，并由记账和主管人员盖章

续表

	（3）下列关于红字更正法的表述中，正确的有（　　）。
B.红字更正法	A.记账凭证有错，应借应贷会计科目有错可以采用红字更正法 B.记账凭证有错，应借应贷会计科目无错，只是金额多记可以采用红字更正法 C.对于应借应贷会计科目有错导致的错账，具体的更正方法是首先用红字金额填制一张与原错误记账凭证完全相同的记账凭证，并据此用红字登记入账；然后再用蓝字或黑字金额填制一张正确的记账凭证，并据此用蓝字或黑字登记入账 D.对于只是金额多记导致的错账，具体的更正方法是按多记的金额用红字填制一张与原错误记账凭证完全相同的记账凭证，并据此用红字登记入账冲销多记金额
C.补充登记法	（4）下列关于补充登记法的表述中，正确的有（　　）。 A.记账凭证有错，应借应贷会计科目无错，只是金额少记可以采用补充登记法 B.具体的更正方法是按少记的金额用蓝或黑字填制一张与原错误记账凭证完全相同的记账凭证，并据此登记入账补充少记金额

🍀【考点子题——真枪实练，有的放矢】

28.（多选题）下列各项中，关于账簿记录发生错误的更正方法表述正确的有（　　）。

  A. 记账凭证无错，过账时发生错误，采用划线更正法

  B. 记账凭证中借贷会计科目有错的，采用红字更正法

  C. 借贷记账凭证中借贷会计科目无错，金额有错的，采用红字更正法

  D. 记账凭证中借贷科目有错且金额少记的，采用补充登记法

29.（历年真题·单选题）某企业结账前发现账簿记录中有一笔金额为 3 457 元的销售业务误记为 3 475 元，相关的记账凭证没有错误。下列各项中，属于该企业应采用正确的错账更正方法的是（　　）。

  A. 红字更正法　　B. 划线更正法　　C. 补充登记法　　D. 更换账页法

30.（历年真题·判断题）会计人员记账后发现记账凭证和账簿记录中应借、应贷会计科目正确，但是所记的金额小于应记金额，应该采用红字更正法进行更正。（　　）

◆【考点母题——万变不离其宗】会计账簿的保管

会计账簿的保管	（1）下列各项中，属于会计账簿保管内容的有（　　）。 A. 各种账簿要分工明确，指定专人管理 B. 会计账簿未经领导和会计负责人或者有关人员批准，非经管人员不能随意翻阅查看会计账簿 C. 会计账簿不能随意交与其他人员管理 D. 年度终了更换并启用新账后，对更换下来的旧账要整理装订，造册归档 E. 实行会计电算化的单位，满足有关规定的，可仅以电子形式保存会计账簿，无须定期打印会计账簿；确需打印的，必须连续编号，装订成册，并由记账人员和会计机构负责人、会计主管人员签字或盖章 F. 各种账簿都是重要的经济档案，必须按照规定的保存年限妥善保管，不得丢失和任意销毁

【判断金句】（2）会计账簿除需要与外单位核对外，一般不能携带外出；对携带外出的账簿，一般应由经管人员或会计主管人员指定专人负责。（　　）

【考点子题——真枪实练，有的放矢】

31.（单选题）下列关于会计账簿保管的表述中，错误的是（　　）。

　A. 各种账簿必须按照规定的保存年限妥善保管

　B. 会计账簿非经管人员可以定期翻阅查看会计账簿

　C. 会计账簿不能随意交与其他人员管理

　D. 各种账簿要分工明确，指定专人管理

32.（判断题）会计账簿除需要与外单位核对外，一般不能携带外出；对携带外出的账簿，一般应由经管人员或会计主管人员指定专人负责。（　　）

第四节　财产清查

考点 2-8：财产清查的种类（★☆☆）

财产清查是指对货币资金、实物资产和往来款项等财产物资进行盘点和核对，确定其实存数，查明账存数与实存数是否相符的一种专门方法。

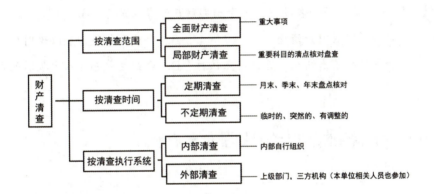

◆【考点母题——万变不离其宗】财产清查的种类

<table>
<tr><td rowspan="3">按照清查范围分类</td><td colspan="2">（1）下列各项中，属于全面财产清查的有（　　）。</td></tr>
<tr><td colspan="2">A.年终决算前　　　　　　　　　　B.在合并撤销、或改变隶属关系前
C.中外合资、国内合资前　　　　　D.股份制改造前
E.开展全面的资产评估、清产核资前　F.单位主要领导调离工作前</td></tr>
<tr><td colspan="2">（2）下列各项中，属于局部财产清查的有（　　）。</td></tr>
</table>

按照清查范围分类	A.流动性较大的财产物资　　　　　　B.贵重物资每月进行清查盘点 C.库存现金每日终了出纳人员进行清点核对　D.银行存款至少每月同银行进行核对一次 E.债权债务每年至少核对一至两次
按照清查的时间分类	（3）下列各项中，属于定期清查的有（　　）。
	A.月末的盘点和核对　　　B.季末的盘点和核对　　　C.年末的盘点和核对
	（4）下列各项中，属于不定期清查的有（　　）。
	A.财产物资、库存现金保管人员更换时 B.发生自然灾害和意外损失时 C.上级主管、财政、审计和银行等部门对本单位进行会计检查时 D.开展临时性清产核资时

续表

按照清查的执行系统分类	（5）下列各项中，属于内部清查的是（　　）。
	A. 本单位内部自行组织的清查
	（6）下列各项中，属于外部清查的是（　　）。
	A. 上级主管部门、审计机关、司法部门、注册会计师等对本单位进行的清查
	【判断金句】（7）一般来说，进行外部清查时应有本单位相关人员参加。（　　）

【考点子题——真枪实练，有的放矢】

1.（判断题）库存现金保管人员更换时对现金的清查属于不定期清查。（　　）

2.（判断题）一般来说，进行外部清查时不需要本单位人员参加。（　　）

3.（历年真题·单选题）下列各项中，属于局部财产清查的是（　　）。

　　A. 企业进行合并时的财产清查　　　　　　B. 企业进行股份制改造时的财产清查

　　C. 库存现金每日终了出纳人员进行清点核对　　D. 企业主要领导人更换时的财产清查

考点 2-9： 财产清查的方法与会计处理（★★☆）

【考点母题——万变不离其宗】财产清查的方法

库存现金的清查	（1）下列关于库存现金清查的表述中，正确的有（　　）。
	A. 出纳人员、主管会计或财务负责人均应参加
	B. 采用实地盘点法进行清查
	C. 检查账实是否相符，以及现金管理制度（库存现金超限、白条、挪用舞弊）
	D. 盘点结束应填制"库存现金盘点报告表"

续表

银行存款的清查	（2）下列关于银行存款清查的表述中，正确的有（　　）。 A. 银行存款的清查应采用与开户银行核对账目的方法 B. 应将本单位银行存款日记账与开户银行转来的对账单逐笔进行核对 C. 未达账项的存在会使企业银行存款日记账的余额与银行对账单的余额不符 D. 不能根据"银行存款余额调节表"调整账簿记录
实物资产的清查	（3）下列各项中，属于实物资产清查方法的有（　　）。 A. 实地盘点法　　B. 技术推算法
往来款项的清查	【判断金句】（4）往来款项的清查一般采用发函询证的方法进行核对。（　　）

◆【考点母题——万变不离其宗】财产清查结果的会计处理

【判断金句】
（1）财产清查产生的损溢，企业应于期末前查明原因，并根据企业的管理权限，经股东大会或类似机构批准后，在期末结账前处理完毕。（　　）
（2）如果在期末结账前尚未经批准，在对外提供财务报告时，先按相关规定进行相应账务处理，并在附注中作出说明，其后如果批准处理的金额与已处理金额不一致的，调整财务报表相关项目的期初数。（　　）

【考点子题——真枪实练，有的放矢】

4.（判断题）在对库存现金进行盘点时，出纳人员应当回避。（　　）

5.（判断题）企业应当根据编制的银行存款余额调节表中未达账项进行调账，以达到账实相符。（　　）

6.（判断题）未达账项的存在是导致企业银行存款日记账余额与银行对账单余额不符的唯一原因。（　　）

7.（判断题）往来款项的清查一般采用发函询证的方法进行核对。（　　）

8.（判断题）某股份有限公司在财产清查时发现的存货盘亏、盘盈，应当于年末结账前处理完毕，如果确实尚未报经批准的，可先保留在"待处理财产损溢"科目中，待批准后再处理。（　　）

9.（历年真题·单选题）下列关于财产清查的表述中，不正确的是（　　）。

　A. 库存现金采用实地盘点法确定其实有数额

　B. 银行存款采用技术推算法确定其实有数额

　C. 应收账款采用发函询证方法进行核对

　D. 存货采用实地盘点法或技术推算法确定其实有数量

第五节　会计账务处理程序

考点2-10：会计账务处理程序的种类（★☆☆）

◆【考点题源】会计账务处理程序

账务处理程序	主要特点	优点	缺点	适用范围
记账凭证账务处理程序	直接根据各种记账凭证逐笔登记总账	简单易理解，总账可以反映经济业务的详细情况	登记总分类账的工作量较大	规模较小、经济业务量较少的单位
汇总记账凭证账务处理程序	根据定期编制的汇总记账凭证登记总账	减轻了登记总分类账的工作量	编制汇总记账凭证的工作量大，不便于日常分工	规模较大、经济业务较多的单位
科目汇总表账务处理程序	根据定期编制的科目汇总表登记总账	减轻了登记总账的工作量，可以进行试算平衡	不能反映各账户之间的对应关系	经济业务较多的单位

【判断金句】（1）各种会计账务处理程序的主要区别是登记总分类账的依据和方法不同。（　　）

🍀【考点子题——真枪实练，有的放矢】

1.（多选题）下列各项中，关于记账凭证账务处理程序表述，正确的有（　　）。

　A. 直接根据各种记账凭证逐笔登记总账

　B. 总分类账可以反映经济业务的详细情况

　C. 登记总分类账的工作量较大

　D. 适用规模较小、经济业务量较少的单位

2.（判断题）企业各种会计账务处理程序之间的主要区别是登记总分类账的依据和方法不同。（　　）

3.（多选题）下列各项中，属于科目汇总表账务处理程序优点的有（　　）。

　A. 简单易理解　　　　　　　　　　　B. 可以进行试算平衡

　C. 可以反映账户之间的对应关系　　　D. 减轻了登记总分类账的工作量

第六节　会计信息化基础

考点 2-11　会计信息化基础

◆ **【考点母题——万变不离其宗】** 会计信息化基础

信息化环境下的会计账务处理	（1）下列各项中，会计软件一般具有的功能有（　　）。
	A. 为会计核算、财务管理直接采集数据 B. 生成会计凭证、账簿、报表等会计资料 C. 对会计资料进行转换、输出、分析、利用
	（2）下列各项中，关于会计信息系统的表述，正确的有（　　）。
	A. 会计核算信息化是逐步实现资金管理、资产管理、预算控制、成本管理等财务管理信息化 B. 决策支持信息化是逐步实现财务分析、全面预算管理、风险控制、绩效考核等决策支持信息化 C. 财务共享中心适用于分公司、子公司数量多、分布广的大型企业、企业集团利用信息技术将会计工作集中处理，实现会计核算资料和会计信息共享
财务机器人和财务大数据的应用	（3）下列各项中，属于财务机器人应用领域的有（　　）。
	A. 会计核算与会计报表列报　　　　B. 资金预算与管理优化 C. 费用报账自动化　　　　　　　　D. 采购付款业务自动化 E. 纳税申报　　　　　　　　　　　F. 全面预算 G. 优化供应商管理　　　　　　　　H. 优化应收款项管理
	（4）下列各项中，属于财务大数据应用的主要形式的有（　　）。
	A. 数据采集　　　　　　　　　　B.数据对比分析
财务共享中心	（5）下列各项中，关于财务共享中心的表述，正确的是（　　）。
	A. 财务共享中心目的在于解决大型企业或集团公司财务职能建设中重复投入和效率低下等弊端
	（6）下列各项中，关于财务共享中心的分类表述，正确的有（　　）。
	A. 集中核算型处理业务大多是交易性业务流程、生产流程等 B. 集中管控型能够及时生成各分、子公司财务信息，提高财务管控效率 C. 价值创造型实现"全面共享、智能共享、精益共享"

🔱【考点子题——真枪实练，有的放矢】

1.（多选题）下列各项中，属于会计信息系统决策支持信息化内容的有（   ）。

  A. 财务分析   B. 全面预算管理   C. 预算控制   D. 成本管理

2.（多选题）下列各项中，属于财务机器人应用领域的有（   ）。

  A. 会计核算与会计报表列报   B. 资金预算与管理优化

  C. 全面预算   D. 优化应收款项管理

3.（多选题）根据财务共享中心的功能定位，财务共享中心可以分为（   ）。

  A. 集中核算型   B. 集中管控型   C. 价值创造型   D. 决策支持型

4.（判断题）财务共享中心适用于分公司、子公司数量多、分布广的大型企业。（   ）

5.（判断题）财务共享中心的目的在于解决大型企业或集团公司财务职能建设中重复投入和效率低下等弊端。（   ）

6.（判断题）数据采集和数据对比分析是财务大数据应用的主要形式。（   ）

第七节 成本与管理会计基础

考点 2-12：成本会计基础（★☆☆）

◆【考点母题——万变不离其宗】成本会计概述

（1）下列各项中，属于产品成本核算时，正确划分各种费用支出的界限有（ ）。
A.正确划分收益性支出和资本性支出的界限
B.正确划分成本费用、期间费用和营业外支出的界限
C.正确划分本期成本费用与以后期间成本费用的界限
D.正确划分各种产品成本费用的界限
E.正确划分本期完工产品与期末在产品成本的界限
【判断金句】（2）企业应当根据生产特点和成本管理的要求确定成本核算对象。（ ）
（3）下列各项中，属于制造企业产品成本项目的有（ ）。
A.直接材料　　B.燃料及动力　　C.直接人工　　D.制造费用等
【判断金句】（4）企业不得以计划成本、标准成本和定额成本等代替实际成本。（ ）

♧【考点子题——真枪实练，有的放矢】

1.（多选题）下列各项中，属于产品成本核算时，应正确划分各种费用支出界限的有（ ）。

　　A. 正确划分收益性支出和资本性支出的界限

　　B. 正确划分已销产品成本和未销产品成本的界限

　　C. 正确划分本期成本费用与以后期间成本费用的界限

　　D. 正确划分各种产品成本费用的界限

2. （多选题）下列各项中，属于成本项目的有（   ）。

  A. 直接材料 B. 折旧费用 C. 制造费用 D. 管理费用

3. （判断题）企业应当根据其生产经营特点和成本管理要求，确定成本核算对象，选择恰当的成本计算方法。（   ）

4. （单选题）下列各项中，企业生产产品耗用的外购半成品，应计入的成本项目是（   ）。

  A. 直接材料 B. 直接人工 C. 制造费用 D. 燃料及动力

5. （判断题）企业采用计划成本、定额成本等类似成本进行直接材料日常核算的，期末，应当将耗用直接材料的计划成本或定额成本等类似成本调整为实际成本。（   ）

6. （历年真题·单选题）下列各项中，不属于制造业企业产品成本项目的是（   ）。

  A. 制造费用 B. 燃料及动力 C. 销售费用 D. 直接材料

◆◆【考点题源】产品成本计算方法概述

产品成本计算方法	成本计算对象	生产类型		成本管理
		生产组织特点	生产工艺特点	
品种法	产品品种	大量大批生产	单步骤、多步骤	不要求分步计算成本
分批法	产品批别	单件小批生产	单步骤、多步骤	不要求分步计算成本
分步法	生产步骤	大量大批生产	多步骤	要求分步计算成本
【注意】除上述方法外，产品成本计算还有分类法、定额法、标准成本法等				

◆◆【考点母题——万变不离其宗】各种产品成本计算方法的特点

（1）下列各项中，属于品种法特点的有（   ）。
A. 成本核算对象是产品品种 B. 定期（月末）计算产品成本 C. 如有在产品，要将生产成本在完工产品和在产品之间进行分配
（2）下列各项中，属于分批法特点的有（   ）。
A. 成本核算对象是产品的批别 B. 产品成本计算是不定期的 C. 成本计算期与产品生产周期基本一致，但与财务报告期不一致 D. 在计算月末在产品成本时，一般不存在在完工产品和在产品之间分配成本的问题
（3）下列各项中，属于分步法特点的有（   ）。

续表

A. 成本核算对象是各种产品的各生产步骤

B. 月末需要将生产成本在完工产品和在产品之间进行分配

C. 除了按品种计算和结转产品成本外，还需要计算和结转产品的各步骤成本

D. 成本计算期是固定的，与产品的生产周期不一致

【注意】

分步法分为逐步结转分步法（计算半成品成本）和平行结转分步法（不计算半成品成本）两种方法。

🍀【考点子题——真枪实练，有的放矢】

7. （单选题）下列各种产品成本计算方法中，适用于单件、小批生产的是（   ）。

　A. 品种法　　　　B. 分批法　　　　C. 逐步结转分步法　　　D. 平行结转分步法

8. （多选题）下列各项中，属于品种法特点的有（   ）。

　A. 成本核算对象是产品品种

　B. 品种法下一般定期计算产品成本

　C. 如果月末有在产品，要将生产成本在完工产品和在产品之间进行分配

　D. 成本计算期与产品的生产周期基本一致

9. （判断题）按照分步法计算产品成本，成本计算期是固定的，与产品的生产周期不一致。（   ）

10. （历年真题·单选题）产品成本计算的分批法，适用的生产组织形式是（   ）。

　A. 大量、成批生产　　　　　　　B. 大量、小批生产

　C. 单件、小批生产　　　　　　　D. 单件、成批生产

11. （历年真题·多选题）下列各项中，关于分批法的表述正确的有（   ）。

　A. 成本计算期与产品生产周期基本一致

　B. 一般不需要在完工产品和产成品之间分配成本

　C. 以产品的批别作为成本核算对象

　D. 需要计算和结转各步骤产品的生产成本

12. （判断题）按照分步法计算产品成本，如果企业只生产一种产品，则成本核算对象是该种产品及其所经过的各个生产步骤。（   ）

13. （判断题）根据企业生产经营特点和管理要求，大量大批的多步骤生产，如冶金、纺织、机械制造等，一般应采用分步法计算产品成本。（   ）

考点 2-13： 要素费用的归集和分配

◆ **【考点母题——万变不离其宗】材料、燃料及动力和职工薪酬的归集和分配**

下列关于要素费用归集和分配的说法中，正确的有（　　）。

A. 直接用于某种产品生产的要素费用，可以直接计入某种产品成本的相关成本项目中

B. 几种产品共同耗用的要素费用，需要分配计入各种产品成本的相关成本项目中

C. 要素费用分配计入产品成本的计算公式为：分配率 = 待分配的费用 / 分配标准之和，分配额 = 分配率 × 各自的分配标准

D. 材料、燃料及动力的分配标准，材料可选择产品重量、产品体积；燃料按照耗用的原材料；动力按照用电度数、生产工时或机器工时等。在消耗定额比较准确的情况下，原材料、燃料也可以按定额消耗量比例或材料定额费用比例进行分配

E. 职工薪酬的分配标准，可选择产品生产工时、产品产量、产值比例、产品定额工时等

☘ **【考点子题——真枪实练，有的放矢】**

14. （单选题）甲公司生产 A、B 两种产品领用某材料 4 400 公斤，每公斤 20 元。本月投产的 A 产品为 200 件，B 产品为 250 件。A 产品的材料消耗定额为 15 公斤，B 产品的材料消耗定额为 10 公斤。采用定额消耗量的比例分配材料费用，A 产品负担的材料费用为（　　）元。

   A. 40 000　　　　　B. 43 000　　　　　C. 46 000　　　　　D. 48 000

15. （历年真题·单选题）某企业生产 A、B 两种产品，A、B 两种产品的外购动力消耗定额分别为 4 工时和 6.5 工时。6 月份该企业生产 A 产品 500 件，B 产品 400 件，共支付动力费 11 040 元。该企业按定额消耗量比例分配动力费，当月 A 产品应分配的动力费为（　　）元。

   A. 3 840　　　　　B. 4 800　　　　　C. 6 133　　　　　D. 6 240

16. （历年真题·单选题）某企业期初无在产品，本月完工甲产品 600 件，乙产品 400 件，共耗用直接人工费用 12 万元，采用定额工时比例法分配甲产品和乙产品直接人工费用，甲产品每件定额工时 6 小时，乙产品每件定额工时 3 小时。甲产品应负担的直接人工费用是（　　）万元。

   A. 7.2　　　　　B. 7.3　　　　　C. 4.8　　　　　D. 9

◆ **【考点题源】各种辅助生产费用分配方法的计算要点**

分配方法	计算要点
直接分配法	A. 数量中扣除辅助生产车间的耗用，所有费用全部对外分配 B. 分配率 = 总费用 / 辅助生产车间之外的部门耗用总劳务量
交互分配法	A. 内部交互分配：分配率 = 总费用 / 总劳务量，分配额 = 分配率 × 内部各部门各自耗用的劳务量 B. 对外分配：分配率 = 对外分配总费用 / 对外分配总劳务量【对外分配总费用 = 总费用 + 用别人的 – 给别人的，对外分配总劳务量 = 总劳务量 – 已分配的劳务量】，分配额 = 分配率 × 外部各部门各自耗用的劳务量
计划成本分配法	A. 借：生产成本—基本生产成本—第一车间（计划单位成本 × 耗用量） 　　　　　　　　　　　　　　—第二车间（计划单位成本 × 耗用量） 　　　销售费用　　　　　　　　（计划单位成本 × 耗用量） 　　　管理费用——行政部门　　（计划单位成本 × 耗用量） 　　　**——其他　　　　　　（差额）** 　　贷：生产成本—辅助生产成本—供热车间（待分配费用） 　　　　　　　　　　　　　　　—供电车间（待分配费用）

【注意】对于辅助生产车间规模很小，制造费用很少且辅助生产不对外提供产品和劳务的，为了简化核算工作，辅助生产的制造费用，也可以不通过"制造费用"科目，而直接记入"生产成本——辅助生产成本"科目。

【经典例题·直接分配法】假定甲工厂设有供热和供电两个辅助生产车间。2022 年 5 月在分配辅助生产费用以前，供热车间发生生产费用 1200 万元，按供热吨数分配费用，供热合计 5000 吨，其中，供电车间耗用 200 吨，其他车间耗用吨数如表 2-1 所示；供电车间发生生产费用 2400 万元，按耗电度数分配费用，提供供电度数 2000 万度，其中，供热车间耗用 400 万度，其他车间耗电度数如表 2-1 所示。该企业辅助生产的制造费用不通过"制造费用"科目核算。

表 2-1　2022 年 5 月甲工厂辅助生产费用分配表（直接分配法）

数量单位：吨、万度
金额单位：万元

辅助生产车间名称		供热车间		供电车间		合计
		供热吨数	供热费用	供电度数	供电费用	
待分配辅助生产费用及劳务数量		4 800	1 200	1 600	2 400	3600
费用分配率			0.25		1.5	
基本生产耗用（记入"制造费用"）	第一车间	3 000	750	900	1 350	2 100
	第二车间	1 200	300	400	600	900
	小计	4 200	1 050	1 300	1 950	3 000

续表

行政管理部门耗用（记入"管理费用"）	400	100	200	300	400
销售部门耗用（记入"销售费用"）	200	50	100	150	200
合计	4 800	1 200	1 600	2 400	3 600

编制如下会计分录：

借：制造费用——第一车间　　　　　　　　21 000 000

　　　　　　——第二车间　　　　　　　　9 000 000

　　管理费用　　　　　　　　　　　　　4 000 000

　　销售费用　　　　　　　　　　　　　2 000 000

　　贷：生产成本——辅助生产成本——供热车间　　　12 000 000

　　　　　　　　　　　　　　　　——供电车间　　　24 000 000

【经典例题·交互分配法】继上例，采用交互分配法分配其辅助生产费用，其辅助生产费用分配表如表2-2所示。

表2-2　2022年5月甲工厂辅助生产费用分配表（交互分配法）

数量单位：吨、万度
金额单位：万元

辅助生产车间名称			交互分配			对外分配		
			供热	供电	合计	供热	供电	合计
待分配辅助生产费用			1 200	2 400	3 600	1 632	1968	3 600
供应劳务数量			5 000	2 000		4 800	1 600	
费用分配率			0.24	1.2		0.34	1.23	
辅助生产车间耗用（记入"生产成本——辅助生产成本"）	供热车间	耗用量		400				
		分配金额		480	480			
	供电车间	耗用量	200					
		分配金额	48		48			
	分配金额小计		48	480	528			
基本生产耗用（记入"制造费用"）	第一车间	耗用量				3 000	900	

						1 020	1 107	2127
		分配金额				1 020	1 107	2127
	第二车间	耗用量				1 200	400	
		分配金额				408	492	900
	小计					1 428	1 599	3 027
行政部门耗用（记入"管理费用"）	耗用量					400	200	
	分配金额					136	246	382
销售部门耗用（记入"销售费用"）	耗用量					200	100	
	分配金额					68	123	191
合计								3 600

其中：1200+480-48=1632（万元）

2400+48-480=1968（万元）

交互分配：

借：生产成本——辅助生产成本——供热车间　　　　4 800 000

　　　　　　　　　　　　　——供电车间　　　　480 000

　　贷：生产成本——辅助生产成本——供热车间　　　　　　480 000

　　　　　　　　　　　　　　——供电车间　　　　　　4 800 000

对外分配：

借：制造费用——第一车间　　　　21 270 000

　　　　　　——第二车间　　　　9 000 000

　　管理费用　　　　3820 000

　　销售费用　　　　1910 000

　　贷：生产成本——辅助生产成本——供热车间　　　　　　16 320 000

　　　　　　　　　　　　　　——供电车间　　　　　　19 680 000

【经典例题·计划成本分配法】继上例，采用计划成本分配法分配其辅助生产费用，其辅助生产费用分配表如表 2-3 所示。

表2-3 2022年5月甲工厂辅助生产费用分配表（计划成本分配法）

数量单位：吨、万度

金额单位：万元

辅助生产车间名称			供热车间	供电车间	合计
待分配辅助生产费用			1 200	2 400	3 600
计划单位成本（万元/吨、万元/万度）			0.25	1.18	
辅助生产车间耗用（记入"生产成本——辅助生产成本"）	供热车间	耗用量		400	
		分配金额		472	472
	供电车间	耗用量	200		
		分配金额	50		50
	分配金额小计		50	472	522
基本生产耗用（记入"制造费用"）	第一车间	耗用量	3 000	900	
		分配金额	750	1 062	1 812
	第二车间	耗用量	1 200	400	
		分配金额	300	472	772
	小计		1 050	1 534	2 584
行政部门耗用（记入"管理费用"）	耗用量		400	200	
	分配金额		100	236	336
销售部门耗用（记入"销售费用"）	耗用量		200	100	
	分配金额		50	118	168
按计划成本分配金额合计			778	2 310	3 088
辅助生产实际成本			1 200	2 400	3 600
辅助生产成本差异			+422	+90	+512

其中，1050+100+50+50-472=778（万元）

1534+236+118+472-50=2310（万元）

根据表2-3编制如下会计分录：

借：制造费用——第一车间　　　　　　　　　18 120 000

　　　　　　——第二车间　　　　　　　　　7 720 000

　　管理费用——行政部门　　　　　　　　　3 360 000

　　　　　　——其他　　　　　　　　　　　5 120 000

　　销售费用　　　　　　　　　　　　　　　1 680 000

　　贷：生产成本——辅助生产成本——供热车间　　　　　　　12 000 000

　　　　　　　　　　　　　　　——供电车间　　　　　　　24 000 000

🐾【考点子题——真枪实练，有的放矢】

17. (历年考题·单选题) 甲公司有供电车间和供水车间两个辅助生产车间，2023 年 1 月供电车间供电 80 000 度，费用 120 000 元，供水车间供水 5 000 吨，费用 36 000 元。供电车间耗用水 200 吨，供水车间耗用电 600 度。甲公司采用直接分配法进行核算，则 2023 年 1 月供水车间的分配率是（　　　）。

　　A. 7.375　　　　　　B. 7.625　　　　　　C. 7.2　　　　　　D. 7.5

18. (单选题) W 公司有甲、乙两个辅助生产车间，采用交互分配法分配辅助生产费用。交互分配前，甲、乙车间归集的辅助生产费用分别为 75 000 元和 90 000 元。经计算，甲车间向乙车间分配辅助生产费用 2 500 元，乙车间向甲车间分配辅助生产费用 3 000 元。当月甲车间向辅助生产车间以外的受益部门应分配的辅助生产费用为（　　　）元。

　　A. 75 000　　　　　B. 74 000　　　　　C. 75 500　　　　　D. 72 500

19. (历年真题·单选题) 企业采用计划成本分配法分配辅助生产费用，辅助生产车间实际发生的生产费用与按计划成本分配转出费用之间的差额，应计入的会计科目是（　　　）。

　　A. 生产成本　　　B. 制造费用　　　C. 管理费用　　　D. 销售费用

◆【考点母题——万变不离其宗】制造费用的归集和分配

（1）下列各项中，属于制造费用的有（　　　）。
A. 物料消耗　　B. 车间管理人员的薪酬　　C. 车间管理用房屋和设备的折旧费、租赁费和保险费 D. 车间管理用具摊销 E. 车间管理用的照明费、水费、取暖费、劳动保护费、设计制图费、试验检验费、差旅费、办公费 F. 季节性及修理期间停工损失

（2）下列各项中，属于制造费用分配方法的有（　　　）。	
A. 生产工人工时比例法	较为常用
B. 生产工人工资比例法	适用于各种产品生产机械化程度相差不多的企业，如果生产工人工资是按生产工时比例分配，该方法实际上等同于生产工人工时比例法
C. 机器工时比例法	适用于产品生产的机械化程度较高的车间
D. 按年度计划分配率分配法	该方法特别适用于季节性生产企业

【注意】 （1）制造费用应按照车间分别进行，不应将各车间的制造费用汇总，在企业范围内统一分配； （2）制造费用分配方法一经确定，不得随意变更。如需变更，应当在附注中予以说明。

🍀【考点子题——真枪实练，有的放矢】

20.（单选题）下列各项中，企业不应通过"制造费用"科目核算的是（   ）。

A. 生产车间耗用的电费   B. 生产车间生产工人工资

C. 生产车间管理用具摊销额   D. 生产车间管理用房屋折旧费

21.（单选题）某企业本月生产A产品耗用机器工时120小时，生产B产品耗用机器工时180小时。本月发生车间管理人员工资3万元，产品生产人员工资30万元，车间设备修理费10万元。该企业按机器工时比例分配制造费用。假设不考虑其他因素，本月B产品应分配的制造费用为（   ）万元。

A. 1.2   B. 1.32   C. 1.8   D. 1.98

22.（历年考题·多选题）下列各项中，属于制造企业制造费用分配方法的有（   ）。

A. 生产工人工时比例法   B. 交互分配法

C. 机器工时比例法   D. 生产工人工资比例法

◆【考点母题——万变不离其宗】废品损失的核算

（1）下列关于废品损失的表述中，正确的有（   ）。
A. 废品损失是指不可修复废品的生产成本，以及可修复废品的修复费用，扣除回收的废品残料价值和应收赔款以后的损失 B. 不可修复废品损失的生产成本，可按废品所耗实际费用计算，也可按废品所耗定额费用计算。按定额费用计算，不需要考虑废品实际发生的生产费用 C. 可修复废品返修以前发生的生产费用，不是废品损失，不需从"生产成本——基本生产成本"科目转出。返修发生的各种费用，应记入"废品损失"科目
（2）下列各项中，不属于废品损失的有（   ）。
A. 不需要返修可以降价出售的不合格品 B. 产品入库后由于保管不善等原因而损坏变质的产品 C. 实行"三包"企业在产品出售后发现的废品
（3）下列关于废品损失核算的说法中，表述正确的有（   ）。
A. 单独核算废品损失，企业应增设"废品损失"科目 B. 不单独核算废品损失，可在"生产成本——基本生产成本""原材料"等科目中反映 C. 辅助生产一般不单独核算废品损失

◆【考点母题——万变不离其宗】停工损失的核算

（1）下列关于停工损失的说法中，表述正确的有（   ）。
A. 停工损失是指在停工期间发生的各项生产费用，扣除应由过失单位或保险公司负担的赔款后的损失 B. 不满1个工作日的停工，一般不计算停工损失

续表

（2）企业发生的停工费用应计入的账户有（　　）。	
A. 正常停工费用应计入产品成本	正常停工包括季节性停工、正常生产周期内的修理期间的停工、计划内减产停工等
B. 非正常停工费用应计入当期损益	非正常停工包括原材料或工具等短缺停工、设备故障停工、电力中断停工、自然灾害停工等
（3）下列关于停工损失核算的说法中，表述正确的有（　　）。	
A. 单独核算停工损失，企业应增设"停工损失"账户，对于应由本月产品成本负担的部分，应在各种产品间进行分配 B. 不单独核算停工损失，可在"制造费用"、"营业外支出"等账户中反映 C. 辅助生产一般不单独核算停工损失	
【注意】季节性生产企业在停工期间发生的制造费用，应当在开工期间进行合理分摊，连同开工期间发生的制造费用，一并计入产品的生产成本。	

【考点子题——真枪实练，有的放矢】

23. （多选题）下列项目中，不包括在废品损失内的有（　　）。

 A. 经质量检验部门鉴定不需要返修可以降价出售的不合格品

 B. 产品入库后由于保管不善等原因而损坏变质的产品

 C. 实行"三包"企业在产品出售后发现的废品

 D. 经质量检验部门鉴定可以修复的废品发生的修复费用

24. （判断题）可修复废品与不可修复的废品都属于废品损失，均应计算其生产成本，并从生产成本中转出。（　　）

25. （历年真题·单选题）某企业甲产品在生产过程中发现不可修复废品一批，该批废品的成本构成为：直接材料 3 200 元，直接人工 4 000 元，制造费用 2 000 元。废品残料计价 500 元已回收入库，应收过失人赔偿款 1 000 元。假定不考虑其他因素，该批废品的净损失是（　　）元。

 A. 7 700　　　　B. 8 700　　　　C. 9 200　　　　D. 10 700

26. （单选题）某企业生产甲产品，完工后发现 10 件废品，其中：4 件为不可修复废品，6 件为可修复废品。不可修复废品成本按定额成本计价，每件 250 元，回收材料价值 300 元。修复 6 件可修复废品，共发生直接材料 100 元，直接人工 120 元，制造费用 50 元。假定废品净损失均由同种产品负担，应计入"生产成本——基本生产成本——甲产品"的金额是（　　）元。

 A. 700　　　　B. 1 000　　　　C. 970　　　　D. 270

27.（历年真题·单选题）某公司因持续暴雨导致停工 5 天，停工期间发生的原材料损耗 7 000 元，应分摊的人工费用 3 000 元，应分摊的水电费 500 元，该停工损失应由保险公司赔偿 2 000 元，假定不考虑其他因素，下列关于停工损失会计处理正确的是（　　）。

A. 净停工损失 8 500 元，计入营业外支出

B. 净停工损失 8 500 元，计入基本生产成本

C. 净停工损失 10 500 元，计入营业外支出

D. 净停工损失 10 500 元，计入基本生产成本

考点 2-14： 生产费用在完工产品和在产品之间的归集和分配

◆◆◆【考点题源】生产费用在完工产品和在产品之间的分配方法

月初在产品成本 + 本月发生生产成本 – 月末在产品成本 = 本月完工产品成本 月初在产品成本 + 本月发生生产成本 = 本月完工产品成本 + 月末在产品成本		
倒挤法	方法	完工产品成本与在产品成本的划分
	在产品按定额成本计价法	月末在产品成本 = 月末在产品数量 × 在产品定额单位成本 本月完工产品成本 = 月初在产品成本 + 本月发生生产成本 - 月末在产品成本
分配法	约当产量比例法	在产品约当产量 = 在产品数量 × 完工程度 单位成本 =（月初在产品成本 + 本月发生生产成本）/（产成品产量 + 月末在产品约当产量） 本月完工产品成本 = 单位成本（分配率）× 产成品产量 月末在产品成本 = 单位成本（分配率）× 月末在产品约当产量
	定额比例法	分配率 =（月初在产品成本 + 本月发生生产成本）/（完工产品定额 + 月末在产品定额） 本月完工产品成本 = 完工产品定额 × 分配率 月末在产品成本 = 月末在产品定额 × 分配率

◆◆◆【考点母题——万变不离其宗】各种分配方法的适用范围

下列关于各种分配方法适用范围的表述中，正确的有（　　）。	
1. 在产品数量较多，各月在产品数量变化也较大，且生产成本中直接材料成本和直接人工等加工成本的比重相差不大的产品，适用的生产费用在完工产品和在产品之间分配的方法是（　　）。	A. 约当产量比例法
2. 各项消耗定额或成本定额比较准确、稳定，而且各月末在产品数量变化不是很大的产品，适用的生产费用在完工产品和在产品之间分配的方法是（　　）。	A. 在产品按定额成本计价法
3. 各项消耗定额或成本定额比较准确、稳定，但各月末在产品数量变动较大的产品，适用的生产费用在完工产品和在产品之间分配的方法是（　　）。	A. 定额比例法

◆ 【考点题源】约当产量法中的相关要点

（1）多道工序完工程度的确定
每道工序完工程度 =（前面各道工序工时定额之和 + 本道工序工时定额 × 本道工序完工程度）/ 各道工序工时定额之和
（2）【判断金句】如果各工序在产品数量和单位工时定额都相差不多，在产品的完工程度也可按 50% 计算。（ 　）
（3）原材料的投入方式
一次投入：在产品与完工产品耗用材料相同，材料费用按完工产品数量和在产品实际数量进行分配（在产品不计算约定产量）
陆续投入：各工序耗用材料不同，材料费用按完工产品数量和在产品的约当产量进行分配

🔱 【考点子题——真枪实练，有的放矢】

28. （历年真题·单选题）某企业只生产一种产品，采用约当产量比例法将生产费用在完工产品和在产品之间进行分配，材料在产品投产时一次投入。月初在产品直接材料成本为 10 万元，当月耗用材料成本为 50 万元，当月完工产品 30 件，月末在产品 30 件，完工程度 60%，本月完工产品成本中直接材料成本为（ 　）万元。

    A. 30　　　　　　　B. 22.5　　　　　　　C. 25　　　　　　　D. 37.5

29. （历年真题·多选题）采用定额比例法分配完工产品和月末在产品费用，应具备的条件有（ 　）。

    A. 各月末在产品数量变化较大　　　　B. 各月末在产品数量变化不大

    C. 消耗定额或成本定额比较稳定　　　　D. 消耗定额或成本定额波动较大

30. （单选题）长江公司生产甲产品需经过两道工序，第一道工序工时为 30 小时，第二道工序工时为 70 小时。本月月初无在产品，本月投入生产 1 000 件产品，第一道工序在产品数量 200 件，第二道工序在产品数量 100 件。本月投入直接材料 280 万元，直接人工 85 万元，制造费用 125 万元，假定各工序在产品平均完工程度为 50%，并且材料在开始时一次投入，则本月完工产品的单位成本为（ 　）万元。（计算保留小数点后两位）

    A. 0.61　　　　　　B. 0.34　　　　　　C. 0.54　　　　　　D. 0.72

◆ 【考点母题——万变不离其宗】联产品和副产品的成本分配

（1）下列关于联产品的表述中，正确的有（ 　）。

续表

A. 联产品是指使用同种原料，经过同一生产过程同时生产出来的两种或两种以上的主要产品

B. 联产品的成本计算分两阶段：分离前发生的生产成本即联合成本，将其总额按一定分配方法，在各联产品之间进行分配；分离后按各种产品分别核算

（2）下列关于副产品的表述中，正确的有（　）。

A. 副产品是指在同一生产过程中，使用同种原料，在生产主产品的同时附带生产出来的非主要产品

B. 副产品的特点是它的产量取决于主产品的产量，随主产品产量的变动而变动

C. 主副产品的成本分配，通常先确定副产品的生产成本，然后再确定主产品的生产成本

（3）下列各项中，属于联产品成本分配方法的有（　）。

A. 相对销售价格分配法	联合成本分配率＝待分配联合成本／（A产品分离点的总售价＋B产品分离点的总售价） A产品应分配联合成本＝联合成本分配率×A产品分离点的总售价 B产品应分配联合成本＝联合成本分配率×B产品分离点的总售价 此法适用于联产品在分离点上即可供销售，且要求每种产品在分离点时的销售价格能可靠的计量
B. 实物量分配法	联合成本分配率＝待分配联合成本／（A产品实物数量＋B产品实物数量） A产品应分配联合成本＝联合成本分配率×A产品的实际数量 B产品应分配联合成本＝联合成本分配率×B产品的实际数量 此法通常适用于所生产的产品的价格很不稳定或无法直接确定

（4）下列各项中，确定副产品成本的方法有（　）。

A. 不计算副产品成本扣除法　　B. 副产品成本按固定价格或计划价格计算法
C. 副产品只负担继续加工成本法　　D. 联合成本在主副产品之间分配法
E. 副产品作价扣除法

【注意】副产品作价扣除法中，副产品扣除单价＝单位售价－（继续加工单位成本＋单位销售费用＋单位销售税金＋合理的单位利润）。此法适用于可直接对外出售的副产品。

☘【考点子题——真枪实练，有的放矢】

31.（判断题）计算联产品成本时，应按各种产品分别计算成本，然后汇总计算联合成本。（　）

32.（多选题）联产品的联合成本在分离点后，应按照一定的方法将联合成本在各产品之间分配，适用的分配方法有（　）。

A. 相对销售价格分配法　　　　B. 生产工时分配法
C. 分类法　　　　　　　　　　D. 实物量分配法

33.（单选题）某公司生产E产品和F产品，E产品和F产品为联产品。3月份发生联合加工成本12 000 000元。E产品和F产品在分离点上的销售价格总额为15 000 000

元，其中 E 产品的销售价格总额为 9 000 000 元，F 产品的销售价格总额为 6 000 000 元。采用相对销售价格分配法分配联合成本，E 产品应分配的联合成本为（ ）元。

A. 6 000 000　　　B. 7 200 000　　　C. 4 800 000　　　D. 5 600 000

34.（单选题）某公司在生产主要产品的同时，还生产了某种副产品。该种副产品可直接对外销售，公司规定的售价为每千克 100 元。某月主要产品和副产品发生的生产成本总额为 50 万元，副产品的产量为 500 千克。假定该公司按预先规定的副产品的售价确定副产品的成本。该公司主要产品应负担的成本为（ ）元。

A. 400 000　　　B. 450 000　　　C. 500 000　　　D. 50 000

考点 2-15：管理会计基础（★☆☆）

◆【考点母题——万变不离其宗】管理会计指引体系

下列各项中，属于管理会计指引体系组成部分的有（ ）。	
A. 管理会计基本指引	基本指引在管理会计指引体系中起统领作用，是制定应用指引和建设案例库的基础。并不对应用指引中未做出描述的新问题提供处理依据。
B. 管理会计应用指引	在管理会计指引体系中，应用指引居于主体地位，是对单位管理会计工作的具体指导。既考虑了企业也考虑了行政事业单位。
C. 管理会计案例库	是对如何运用管理会计应用指引的实例示范，也是管理会计体系建设区别于企业会计准则体系建设的一大特色。

♧【考点子题——真枪实练，有的放矢】

35.（多选题）下列各项中，属于管理会计指引体系组成部分的有（ ）。

A. 管理会计基本指引　　　　　　B. 管理会计应用指引

C. 管理会计案例库　　　　　　　　　D. 管理会计工具方法

36.（判断题）管理会计应用指引在管理会计指引体系中起统领作用，是制定基本指引和建设案例库的基础。（　　）

37.（单选题）在管理会计指引体系中，居于主体地位的是（　　）。

　　A. 管理会计基本指引　　　　　　　B. 管理会计应用指引

　　C. 管理会计案例库　　　　　　　　D. 管理会计工具方法

38.（判断题）管理会计基本指引对应用指引中未作出描述的新问题提供处理依据。（　　）

39.（单选题）在管理会计指引体系中，区别于企业会计准则体系建设的一大特色是（　　）。

　　A. 管理会计基本指引　　　　　　　B. 管理会计应用指引

　　C. 管理会计案例库　　　　　　　　D. 管理会计工具方法

◆【考点母题——万变不离其宗】管理会计要素

下列各项中，属于管理会计要素的有（　　）。		
A. 管理会计应用环境	外部环境	
	内部环境	
B. 管理会计活动	是单位利用管理会计信息，运用管理会计工具方法，在规划、决策、控制、评价等方面服务于单位管理需要的相关活动	
C. 管理会计工具方法	战略地图、滚动预算、作业成本法、本量利分析、平衡计分卡等	
D. 管理会计信息与报告	管理会计信息	财务信息和非财务信息 管理会计报告的基本元素
	管理会计报告	按期间可以分为定期报告和不定期报告 按内容可以分为综合性报告和专项报告

◆【考点母题——万变不离其宗】管理会计工具方法

下列关于管理会计工具方法的表述中，正确的有（　　）。	
A. 战略地图	a. 分析各维度的相互关系，绘制成战略因果关系图 b. 以财务、客户、内部业务流程、学习与成长四个维度为主
B. 滚动预算	a. 根据上一期预算执行情况对预算方案进行调整，逐期滚动，持续推进的预算编制方法 b. 中期滚动预算通常为 3 年或 5 年，短期滚动预算通常为 1 年
C. 作业成本法	a. 以"作业消耗资源、产出消耗作业"为原则 b. 按照资源动因将资源费用追溯或分配至各项作业，计算出作业成本，然后再根据作业动因，将作业成本追溯或分配至各成本对象，最终完成成本计算的过程 c. 作业成本法主要适用于作业类型较多且作业链较长，同一生产线生产多种产品，企业规模较大且管理层对产品成本准确性要求较高，以及间接或辅助资源费用所占比重较大等情况的企业

续表

D. 本量利分析	a. 以成本性态分析和变动成本法为基础,对成本、利润、业务量与单价等因素之间的依存关系进行分析 b. 主要用于企业生产决策、成本决策和定价决策,也可以用于投融资决策等
E. 平衡计分卡	a. 基于企业战略,从财务、客户、内部业务流程、学习与成长四个维度,将战略规划目标逐层分解转化为具体的、相互平衡的业绩指标体系,并据此进行绩效管理的方法 b. 适用于战略规划目标明确、管理制度比较完善、管理水平相对较高的企业

【考点子题——真枪实练,有的放矢】

40. (历年真题·多选题)下列各项中,属于管理会计要素的有（   ）。

 A. 管理会计应用环境　　　　　　　 B. 管理会计活动

 C. 管理会计工具方法　　　　　　　 D. 管理会计信息与报告

41. (单选题)下列各项中,属于管理会计应用环境要素外部环境的是（   ）。

 A. 社会因素　　　 B. 价值创造模式　　　 C. 管理模式　　　 D. 信息系统

42. (多选题)下列各项中,属于管理会计活动的有（   ）。

 A. 规划　　　　　 B. 决策　　　　　 C. 控制　　　　　　 D. 监督

43. (单选题)下列各项中,属于预算编制的管理会计工具方法是（   ）。

 A. 战略地图　　　 B. 滚动预算　　　 C. 平衡计分卡　　 D. 本量利分析

44. (多选题)下列各项中,属于平衡计分卡四个维度的有（   ）。

 A. 财务　　　　　 B. 内部业务流程　 C. 客户　　　　　　 D. 评价与控制

45. (单选题)以"作业消耗资源、产出消耗作业"为原则的成本计算方法是（   ）。

 A. 目标成本法　　 B. 标准成本法　　 C. 变动成本法　　 D. 作业成本法

46. (判断题)本量利分析主要用于企业生产决策、成本决策和定价决策,也可以用于投融资决策。(   )

47. (单选题)某企业运用本量利分析制定营运计划。该企业当期甲产品单位售价9万元,单位变动成本6万元,固定成本800万元,预计销售数量400件。企业计划期预计的营业利润为（   ）万元。

 A. 400　　　　　 B. 1 600　　　　 C. 1 200　　　　 D. 2 800

48. (历年考题·判断题)管理会计信息是管理会计报告的基本元素,既包括财务信息也包括非财务信息。(   )

第八节　政府会计基础

考点 2-16：政府会计概述（★☆☆）

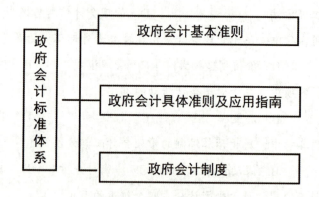

◆◆◆ 【考点母题——万变不离其宗】政府会计标准体系

（1）下列各项中，属于政府会计标准体系组成内容的有（　　）。	
A. 政府会计基本准则	指导具体准则和制度的制定，为政府会计实务问题提供处理原则
B. 政府会计具体准则及应用指南	具体准则：依据基本准则制定，用于规范政府会计主体发生的经济业务或事项的会计处理原则 应用指南：是对具体准则的实际应用作出的操作性规定
C. 政府会计制度	依据基本准则制定，主要规范政府会计科目及账务处理、报表体系及编制说明等
（2）下列各项中，属于政府会计主体的有（　　）。	
A. 各级政府	各级政府指各级政府财政部门，具体负责财政总会计的核算
B. 各部门、各单位	各部门、各单位是指与本级政府财政部门直接或者间接发生预算拨款关系的国家机关、军队、政党组织、社会团体、事业单位和其他单位
【注意】军队、已纳入企业财务管理体系的单位和执行《民间非营利组织会计制度》的社会团体，其会计核算不适用政府会计准则制度。	

【考点子题——真枪实练，有的放矢】

1. (多选题) 下列各项中，属于政府会计标准体系组成内容的有（   ）。

   A. 政府会计基本准则　　　　　B. 政府会计具体准则

   C. 政府会计制度　　　　　　　D. 政府会计应用指南

2. (判断题) 政府会计应用指南主要规范政府会计科目及账务处理、报表体系及编制说明。（   ）

3. (多选题) 下列各项中，属于政府会计主体的有（   ）。

   A. 各级政府财政部门

   B. 与财政部门直接发生预算拨款的部门和单位

   C. 与财政部门间接发生预算拨款的部门和单位

   D. 执行《民间非营利组织会计制度》的社会团体

4. (判断题) 政府会计基本准则指导具体准则和制度的制定，但并不为政府会计实务问题提供处理原则。（   ）

5. (判断题) 政府会计主体应当根据政府会计准则规定的原则和政府会计制度及解释要求对其发生的各项经济业务或事项进行会计核算。（   ）

【考点母题——万变不离其宗】政府会计的特点

下列各项中，体现政府会计特点的有（ ）。	
A. 双功能	预算会计：反映和监督政府会计主体预算收支执行情况 财务会计：反映和监督政府会计主体财务状况、运行情况和现金流量等
B. 双基础	预算会计：收付实现制 财务会计：权责发生制
C. 双要素	预算会计要素：预算收入、预算支出与预算结余 财务会计要素：资产、负债、净资产、收入和费用
D. 双报告	政府决算报告：以收付实现制为基础，以预算会计核算生成的数据为准 政府财务报告：以权责发生制为基础，以财务会计核算生成的数据为准

【考点子题——真枪实练，有的放矢】

6. (多选题) 下列各项中，体现政府会计特点的有（   ）。

   A. 双功能　　　B. 双基础　　　C. 双报告　　　D. 双主体

7. (历年真题·判断题) 政府财务报告的编制主要以权责发生制为基础，以财务会计核算生成的数据为准。（   ）

8.（单选题）政府会计特点中的"双报告"指的是（   ）。

A. 预算报告和财务报告　　　　B. 绩效报告和预算报告

C. 决算报告和财务报告　　　　D. 预算报告和决算报告

9.（历年真题·多选题）下列各项中，关于政府会计表述正确的有（   ）。

A. 政府会计由预算会计和财务会计构成

B. 政府预算会计实行收付实现制，国务院另有规定的，从其规定

C. 政府财务会计实行权责发生制

D. 政府会计主体应当编制决算报告和财务报告

10.（历年真题·判断题）政府预算会计采用权责发生制，财务会计采用收付实现制。（   ）

11.（历年真题·判断题）政府决算报告以收付实现制为基础编制，以预算会计核算生成的数据为准。（   ）

考点 2-17：政府会计实务概要（★☆☆）

◆【考点母题——万变不离其宗】政府预算会计要素及其确认和计量

下列各项中，属于政府预算会计要素的有（ ）。	
A. 预算收入	预算收入是指政府会计主体在预算年度内依法取得的并纳入预算管理的现金流入 预算收入一般在实际收到时予以确认，以实际收到的金额计量
B. 预算支出	预算支出是指政府会计主体在预算年度内依法发生的并纳入预算管理的现金流出 预算支出一般在实际支付时予以确认，以实际支付的金额计量
C. 预算结余	预算结余是指政府会计主体预算年度内预算收入扣除预算支出后的资金余额，以及历年滚存的资金余额 预算结余包括结余资金和结转资金

❖【考点母题——万变不离其宗】政府财务会计要素及其确认

（1）下列各项中，属于政府财务会计要素的有（　　）。	
A. 资产	（2）下列各项中，属于政府会计中资产特征的有（　　）。
	A. 资产预期能够产生服务潜力或者带来经济利益流入 B. 资产应为政府会计主体控制的资源 C. 资产是由政府会计主体过去的经济业务或者事项形成的
	（3）下列各项中，属于政府会计中资产的有（　　）。
	A. 流动资产：货币资金、短期投资、应收及预付款项、存货等 B. 非流动资产：固定资产、在建工程、无形资产、长期投资、公共基础设施、政府储备资产、文物文化资产、保障性住房和自然资源资产等
B. 负债	（4）下列各项中，属于政府会计中负债特征的有（　　）。
	A. 负债是政府会计主体承担的现时义务 B. 负债预期会导致经济利益流出政府会计主体 C. 负债是由过去的经济业务或事项形成的
	（5）下列各项中，属于政府会计中负债的有（　　）。
	A. 流动负债：短期借款、应付短期政府债券、应付及预收款项、应缴款项等 B. 非流动负债：长期借款、长期应付款、应付长期政府债券等
C. 净资产	政府会计主体资产扣除负债后的净额
D. 收入	（6）下列各项中，属于政府会计中收入特征的有（　　）。
	A. 含有服务潜力或者经济利益的经济资源的流入 B. 收入会导致政府会计主体净资产增加
E. 费用	（7）下列各项中，属于政府会计中费用特征的有（　　）。
	A. 含有服务潜力或者经济利益的经济资源的流出 B. 费用会导致政府会计主体净资产减少

❖【考点母题——万变不离其宗】政府财务会计要素的计量

（1）下列关于政府财务会计资产要素计量的表述中，正确的有（　　）。
A. 计量属性主要包括历史成本、重置成本、现值、公允价值和名义金额 B. 政府会计主体在对资产进行计量时，一般应当采用历史成本。采用重置成本、现值、公允价值计量的，应当保证所确定的资产金额能够持续、可靠计量 C. 无法采用历史成本、重置成本、现值、公允价值计量属性的，采用名义金额（即人民币1元）计量
（2）下列关于政府财务会计负债要素计量的表述中，正确的有（　　）。
A. 计量属性主要包括历史成本、现值、公允价值 B. 政府会计主体在对负债进行计量时，一般应当采用历史成本。采用现值、公允价值计量的，应当保证所确定的负债金额能够持续、可靠计量
【注意】政府财务会计中对净资产、收入、费用的计量取决于资产、负债的计量。

🍀【考点子题——真枪实练，有的放矢】

12. (历年真题·单选题) 下列各项中，属于政府预算会计要素的是（   ）。

    A. 负债   B. 利润   C. 预算结余   D. 净资产

13. (判断题) 预算结余是指政府会计主体预算年度内预算收入扣除预算支出后的资金余额，以及历年滚存的资金余额，预算结余不仅包括结余资金还包括结转资金。（   ）

14. (判断题) 预算支出是指政府会计主体在预算年度内依法发生的并纳入预算管理的现金流出，应在实际支付时予以确认，以实际支付的金额计量。（   ）

15. (判断题) 预算收入按照权责发生制进行确认和计量。（   ）

16. (多选题) 下列各项中，属于政府财务会计要素的有（   ）。

    A. 净资产   B. 负债   C. 利润   D. 收入

17. (单选题) 根据政府会计资产定义，下列各项中不属于资产特征的是（   ）。

    A. 资产是政府会计主体控制的经济资源

    B. 资产预期会给政府会计主体带来经济利益流入

    C. 资产是由政府会计主体过去经济业务或事项形成的

    D. 资产能够可靠地计量

18. (多选题) 下列各项中，属于政府会计中流动资产的有（   ）。

    A. 政府储备物资   B. 预付账款   C. 财政应返还额度   D. 公共基础设施

19. (判断题) 费用会导致政府会计主体净资产减少，表现为资产增加或负债减少。（   ）

20. (多选题) 下列各项中，属于政府会计中资产计量属性的有（   ）。

    A. 历史成本   B. 重置成本   C. 现值   D. 名义金额

21. (判断题) 如果与某些现时义务有关的经济利益很可能流出政府会计主体，就应作为一项负债确认。（   ）

22. (多选题) 下列各项中，属于政府会计中流动负债的有（   ）。

    A. 其他应交税费   B. 应付职工薪酬   C. 应缴财政款   D. 预计负债

23. (历年真题·多选题) 下列各项中，属于政府会计中非流动资产的有（   ）。

    A. 公共基础设施   B. 文物文化资产   C. 长期债券投资   D. 保障性住房

24. (判断题) 净资产是指政府会计主体资产扣除负债后的净额，其金额应按重置成本来计量。（   ）

25. (判断题) 政府会计主体在对负债进行计量时，采用现值、公允价值计量的，应当保证所确定的负债金额能够持续、可靠计量。（   ）

考点 2-18 : 单位会计核算概述

◆【考点母题——万变不离其宗】单位预算会计核算概述

下列关于单位预算会计处理的说法中，正确的有（　　）。

A. 对于纳入年度部门预算管理的现金收支业务，在采用财务会计核算的同时应当进行预算会计核算，对于其他业务，仅需进行财务会计核算

B. 未纳入年初批复的预算，但纳入决算报表编制范围的非财政拨款收支，也应当进行预算会计核算

C. 单位受托代理的现金，以及应上缴财政、应转拨的、应退回的现金所涉及的收支业务，仅需要进行财务会计处理

D. 预算会计中预算收入和预算支出包含了销项税额和进项税额，实际缴纳增值税时计入预算支出

♧【考点子题——真枪实练，有的放矢】

26. （判断题）对于单位受托代理的现金以及应上缴财政的现金所涉及的收支业务，仅需要进行财务会计处理，不需要进行预算会计处理。（　　）

考点 2-19 : 国库集中支付业务

◆【考点母题——万变不离其宗】财政直接支付业务的会计核算

下列有关财政直接支付业务的会计处理中，正确的有（　　）。

具体业务	财务会计	预算会计
A. 收到支用"财政直接支付入账通知书"时	借：库存物品、固定资产 　　应付职工薪酬 　　业务活动费用 　　单位管理费用等 　贷：财政拨款收入	借：行政支出 　　事业支出等 　贷：财政拨款预算收入
B. 年末，根据本年度财政直接支付预算指标数与当年财政直接支付实际支出数的差额	借：财政应返还额度——财政直接支付 　贷：财政拨款收入	借：资金结存——财政应返还额度 　贷：财政拨款预算收入 　　　（预算 - 实际）
C. 下年度恢复财政直接支付额度后，单位以财政直接支付方式发生实际支出时	借：库存物品、固定资产 　　应付职工薪酬 　　业务活动费用 　　单位管理费用等 　贷：财政应返还额度——财政直接支付	借：行政支出 　　事业支出等 　贷：资金结存——财政应返还额度 　　　（上年预算指标）

第2章

◆◆◆ 【考点母题——万变不离其宗】财政授权支付业务的会计核算

下列各项中，属于财政授权支付业务会计处理正确的有（　　）。

具体业务	财务会计	预算会计
A. 收到代理银行盖章的"授权支付到账通知书"时	借：零余额账户用款额度 　贷：财政拨款收入	借：资金结存——零余额账户用款额度 　贷：财政拨款预算收入
B. 按规定支用额度时	借：库存物品、固定资产 　　应付职工薪酬 　　业务活动费用 　　单位管理费用等 　贷：零余额账户用款额度	借：行政支出 　　事业支出等 　贷：资金结存——零余额账户用款额度
C. 年末，注销零余额账户额度	借：财政应返还额度——财政授权支付 　贷：零余额账户用款额度 　（零余额账户余额）	借：资金结存——财政应返还额度 　贷：资金结存——零余额账户用款额度
D. 年末，注销本年度财政授权支付预算指标数大于零余额账户用款额度下达数	借：财政应返还额度——财政授权支付 　贷：财政拨款收入 　（预算-零余额账户）	借：资金结存——财政应返还额度 　贷：财政拨款预算收入
E. 下年初恢复零余额账户用款额度（零余额账户余额）	借：零余额账户用款额度 　贷：财政应返还额度——财政授权支付	借：资金结存——零余额账户用款额度 　贷：资金结存——财政应返还额度
F. 下年初恢复上年未下达用款额度（预算-零余额账户）	借：零余额账户用款额度 　贷：财政应返还额度——财政授权支付	借：资金结存——零余额账户用款额度 　贷：资金结存——财政应返还额度

◆◆◆ 【考点子题——真枪实练，有的放矢】

27.（多选题）2022年12月31日，某行政单位财政直接支付预算指标数与当年财政直接支付实际支出数之间的差额为150 000元。2023年初，财政部门恢复了该单位的财政直接支付额度。该行政单位2022年底应编制的正确会计分录为（　　）。

A. 借记"财政应返还额度—财政直接支付"150 000

B. 贷记"财政拨款收入"150 000

C. 借记"资金结存"150 000

D. 贷记"财政拨款预算收入"150 000

28.（单选题）2022年12月31日，某事业单位财政授权支付预算指标数与零余额账户用款额度下达数之间的差额为 150 000 元。2023 年初，财政部门恢复了该单位的财政授权支付额度。该事业单位 2023 年初恢复额度时预算会计处理正确的是（　　）。

A. 借：资金结存——零余额账户用款额度　　　　150 000
　　贷：资金结存——财政应返还额度　　　　　　　　　150 000

B. 借：零余额账户用款额度　　　　　　　　　　150 000
　　　贷：财政应返还额度——财政授权支付　　　　　　　150 000

C. 借：资金结存——零余额账户用款额度　　　　150 000
　　贷：财政拨款预算收入　　　　　　　　　　　　　150 000

D. 借：零余额账户用款额度　　　　　　　　　　150 000
　　贷：财政拨款收入　　　　　　　　　　　　　　150 000

29.（多选题）下列关于国库集中支付业务的会计处理中，表述正确的有（　　）。

A. 财政直接支付方式下，单位应在收到"财政直接支付入账通知书"时，按通知书中直接支付的金额确认财政拨款收入

B. 国库集中支付业务应当在进行预算会计核算的同时进行财务会计核算

C. 财政授权支付方式下，单位应在收到代理银行盖章的"授权支付到账通知书"时，按通知书所列金额确认财政拨款收入

D. 财政直接支付方式下，单位应设置"零余额账户用款额度"账户

考点 2-20：非财政拨款收支业务

◆◆【考点母题——万变不离其宗】事业（预算）收入

（1）采用财政专户返还方式管理的事业（预算）收入，其会计处理正确的有（　　）。

具体业务	财务会计	预算会计
A. 实现应上缴财政专户的事业收入时	借：银行存款 　　应收账款等 　　贷：应缴财政款	
B. 向财政专户上缴款项时	借：应缴财政款 　　贷：银行存款等	
C. 收到从财政专户返还的事业收入时	借：银行存款等 　　贷：事业收入	借：资金结存——货币资金 　　贷：事业预算收入
（2）采用预收款方式确认的事业（预算）收入，其会计处理正确的有（　　）。		
具体业务	财务会计	预算会计

| A. 实际收到预收款项时 | 借：银行存款等
　　贷：预收账款 | 借：资金结存——货币资金
　　贷：事业预算收入 |
| B. 以合同完工进度确认事业收入时 | 借：预收账款
　　贷：事业收入 | |

（3）采用应收款方式确认的事业（预算）收入，其会计处理正确的有（　　）。

具体业务	财务会计	预算会计
A. 根据合同完成进度计算本期应收的款项时	借：应收账款 　　贷：事业收入	
B. 实际收到款项时	借：银行存款等 　　贷：应收账款	借：资金结存——货币资金 　　贷：事业预算收入

（4）采用其他方式下确认的事业（预算）收入，其会计处理正确的是（　　）。

具体业务	财务会计	预算会计
A. 按照实际收到的金额	借：银行存款 　　库存现金等 　　贷：事业收入	借：资金结存——货币资金 　　贷：事业预算收入

【注意】事业活动中涉及增值税业务的，事业收入按照实际收到的金额扣除增值税销项税之后的金额入账，事业预算收入按照实际收到的金额入账。

具体业务	财务会计	预算会计
A. 取得收入时	借：银行存款 　　贷：事业收入 　　　　应交增值税——应交税金（销项税额）	借：资金结存——货币资金 　　贷：事业预算收入
B. 实际缴纳增值税时	借：应交增值税——应交税金（已交税金） 　　贷：银行存款	借：事业支出 　　贷：资金结存——货币资金

◆【考点母题——万变不离其宗】非同级财政拨款（预算）收入

下列关于非同级财政拨款（预算）收入的说法中，表述正确的有（　　）。

A. 事业单位因开展专业业务活动及其辅助活动取得的非同级财政拨款收入包括两大类：一是从同级财政以外的同级政府部门取得的横向转拨财政款，二是从上级或下级政府财政部门取得的各类财政款

B. 事业单位因开展专业业务活动及其辅助活动取得的非同级财政拨款收入，应当通过"事业收入"和"事业预算收入"科目下的"非同级财政拨款"明细科目核算

C. 对于事业单位其他非同级财政拨款收入，应当通过"非同级财政拨款收入"和"非同级财政拨款预算收入"科目核算

【考点子题——真枪实练，有的放矢】

30. （单选题）某事业单位部分事业收入采用财政专户返还的方式管理。2022 年 9 月 5 日，该单位收到应上缴财政专户的事业收入 5 000 000 元。9 月 15 日，该单位将上述款项上缴财政专户。10 月 15 日，该单位收到从财政专户返还的事业收入 5 000 000 元。该单位收到应上缴财政专户的事业收入时正确的会计分录为（　　）。

　A. 借：银行存款　　　　　　　　　　　　5 000 000

　　　　贷：应缴财政款　　　　　　　　　　　　　　5 000 000

　B. 借：应缴财政款　　　　　　　　　　　　5 000 000

　　　　贷：银行存款　　　　　　　　　　　　　　　5 000 000

　C. 借：银行存款　　　　　　　　　　　　5 000 000

　　　　贷：事业收入　　　　　　　　　　　　　　　5 000 000

　D. 借：资金结存——货币资金　　　　　　　5 000 000

　　　　贷：事业预算收入　　　　　　　　　　　　　5 000 000

31. （判断题）事业活动中涉及增值税业务的，事业收入按照实际收到的金额扣除增值税销项税之后的金额入账，事业预算收入按照实际收到的金额入账。（　　）

32. （判断题）事业单位因开展科研及辅助活动从非同级政府财政部门取得的经费拨款，应当通过"非同级财政拨款收入"科目核算。（　　）

【考点母题——万变不离其宗】捐赠收入和支出

（1）下列关于捐赠收入的会计处理中，正确的有（　　）。

具体业务	财务会计	预算会计
A. 接受捐赠的货币资金	借：银行存款 　　库存现金等 　贷：捐赠收入	借：资金结存——货币资金 　贷：其他预算收入——捐赠预算收入
B. 接受捐赠的存货、固定资产等非现金资产	借：库存物品 　　固定资产等 　贷：银行存款（按照发生的相关税费、运输费等） 　　捐赠收入（借贷差额）	借：其他支出（按照发生的相关税费、运输费等） 　贷：资金结存——货币资金

（2）下列关于捐赠支出的会计处理中，正确的有（　　）。

具体业务	财务会计	预算会计
A. 对外捐赠现金资产	借：其他费用 　贷：银行存款 　　库存现金等	借：其他支出 　贷：资金结存——货币资金

续表

B. 对外捐赠库存物品、固定资产等非现金资产	借：资产处置费用 　　固定资产累计折旧 贷：固定资产 　　库存物品等 　　银行存款 　　（实际支付的相关费用）	借：其他支出 贷：资金结存——货币资金

【考点子题——真枪实练，有的放矢】

33. （多选题）2023 年 3 月 12 日，某事业单位接受甲公司捐赠的一批实验材料，甲公司所提供的凭据表明其价值为 100 000 元，该事业单位以银行存款支付运输费 1 000 元。假设不考虑其他因素，该事业单位接受此笔捐赠应作的正确会计处理有（　　）。

A. 借：库存物品　　　　　　　　　　　　101 000
　　　贷：捐赠收入　　　　　　　　　　　　　100 000
　　　　　银行存款　　　　　　　　　　　　　1 000

B. 借：库存物品　　　　　　　　　　　　99 000
　　　贷：捐赠收入　　　　　　　　　　　　　99 000

C. 借：事业支出　　　　　　　　　　　　1 000
　　　贷：资金结存——货币资金　　　　　　　1 000

D. 借：其他支出　　　　　　　　　　　　1 000
　　　贷：资金结存——货币资金　　　　　　　1 000

考点 2-21：预算结转结余及分配业务

【考点母题——万变不离其宗】财政拨款结转的会计处理

具体业务	财务会计	预算会计
下列有关财政拨款结转的会计处理中，正确的有（　　）。		
A. 年末，将财政拨款收入和对应的财政拨款支出结转转入"财政拨款结转"科目		借：财政拨款预算收入 贷：财政拨款结转——本年收支结转 借：财政拨款结转——本年收支结转 贷：行政支出/事业支出等（财政拨款支出）
B. 年末，冲销有关明细科目余额		借（贷）：财政拨款结转——累计结转 贷（借）：财政拨款结转——有关明细科目
C. 年末，按照有关规定将符合财政拨款结余性质的项目余额转入财政拨款结余		借：财政拨款结转——累计结转 贷：财政拨款结余——结转转入

♣【考点子题——真枪实练，有的放矢】

34.（多选题）2022 年 6 月，某事业单位收到同级财政部门拨付的基本支出补助 2 000 000 元，"事业支出"科目下"财政拨款支出"明细科目的当期发生额为 1 400 000 元。年末，该事业单位结转本年收入和支出的正确会计分录为（　　）。

A. 借：财政拨款预算收入　　　　　　　　　　2 000 000

　　　贷：财政拨款结转——本年收支结转　　　　　　　　2 000 000

B. 借：财政拨款结转——本年收支结转　　　　1 400 000

　　　贷：事业支出——财政拨款支出　　　　　　　　　　1 400 000

C. 借：财政拨款收入　　　　　　　　　　　　2 000 000

　　　贷：财政拨款结转——本年收支结转　　　　　　　　2 000 000

D. 借：财政拨款结余——结转转入　　　　　　1 400 000

　　　贷：事业支出——财政拨款支出　　　　　　　　　　1 400 000

35.（判断题）年末结转后，"财政拨款结转"科目除"累计结转"明细科目外，其他明细科目应无余额。（　　）

◆【考点母题——万变不离其宗】财政拨款结余的会计处理

下列有关财政拨款结余的会计处理中，正确的有（　　）。

具体业务	财务会计	预算会计
A. 年末，按照有关规定将符合财政拨款结余性质的项目余额转入财政拨款结余		借：财政拨款结转——累计结转 　　贷：财政拨款结余——结转转入
B. 年末冲销有关明细科目余额		借（贷）：财政拨款结余——累计结转 　　贷（借）：财政拨款结余——有关明细科目

♣【考点子题——真枪实练，有的放矢】

36.（多选题）2022 年末，某事业单位完成财政拨款收支结转后，对财政拨款各明细项目进行分析，按照有关规定将某项目结余资金 65 000 元转入财政拨款结余，该笔业务会计处理表述正确的有（　　）。

A. 借记财政拨款结转——累计结转 65 000

B. 贷记财政拨款结余——结转转入 65 000

C. 借记非财政拨款结转——累计结转 65 000

D. 贷记非财政拨款结余——结转转入 65 000

37.（单选题）下列财政拨款结余明细科目中，年终仍有余额的是（　　）。

　　A. 年初余额调整　　B. 累计结余　　C. 单位内部调剂　　D. 归集上缴

◆【考点母题——万变不离其宗】非财政拨款结转的会计处理

具体业务	财务会计	预算会计
下列有关非财政拨款结转的会计处理中，正确的有（　　）。		
A. 年末，将除财政拨款预算收入、经营预算收入以外的各类预算收入本年发生额中的专项资金收入转入"非财政拨款结转"科目，将行政支出、事业支出、其他支出本年发生额中的非财政拨款专项资金支出转入"非财政拨款结转"科目		借：事业预算收入／上级补助预算收入／附属单位上缴预算收入／非同级财政拨款预算收入／债务预算收入／其他预算收入 　　贷：非财政拨款结转——本年收支结转 借：非财政拨款结转——本年收支结转 　　贷：行政支出／事业支出／其他支出 　　（专项资金收支）
B. 年末冲销有关明细科目余额		借（贷）：非财政拨款结转——累计结转 　　贷（借）：非财政拨款结转——有关明细科目
C. 年末，将留归本单位使用的非财政拨款专项（项目已完成）剩余资金转入非财政拨款结余		借：非财政拨款结转——累计结转 　　贷：非财政拨款结余——结转转入

◆【考点母题——万变不离其宗】非财政拨款结余的会计处理

具体业务	财务会计	预算会计
下列有关非财政拨款结余的会计处理中，正确的有（　　）。		
A. 年末，将留归本单位使用的非财政拨款专项（项目已完成）剩余资金转入非财政拨款结余		借：非财政拨款结转——累计结转 　　贷：非财政拨款结余——结转转入
B. 年末，冲销有关明细科目余额		借（贷）：非财政拨款结余——有关明细科目 　　贷（借）：非财政拨款结余——累计结余
C. 年末，事业单位将"非财政拨款结余分配"科目余额转入非财政拨款结余		借（贷）：非财政拨款结余——累计结余 　　贷（借）：非财政拨款结余分配
D. 年末，行政单位将"其他结余"科目余额转入非财政拨款结余		借（贷）：非财政拨款结余——累计结余 　　贷（借）：其他结余

🐌【考点子题——真枪实练，有的放矢】

38.（判断题）非财政拨款结余指单位历年滚存的非限定用途的非同级财政拨款结余资

金，主要为非财政拨款结余扣除结余分配后滚存的金额。（　　）

39. （多选题）2022年1月，某事业单位启动一项科研项目。当年收到上级主管部门拨付的非财政专项资金6 000 000元，为该项目发生事业支出5 600 000元。2022年12月，项目结项，经上级主管部门批准，该项目的结余资金留归事业单位使用。不考虑其他因素，该事业单位收到上级主管部门拨付的非财政专项资金所作的正确会计处理为（　　）。

A. 借：事业支出　　　　　　　　　　　5 600 000

　　　贷：资金结存——货币资金　　　　　　　5 600 000

B. 借：业务活动费用　　　　　　　　　5 600 000

　　　贷：银行存款　　　　　　　　　　　　　5 600 000

C. 借：银行存款　　　　　　　　　　　6 000 000

　　　贷：上级补助收入　　　　　　　　　　　6 000 000

D. 借：资金结存——货币资金　　　　　6 000 000

　　　贷：上级补助预算收入　　　　　　　　　6 000 000

40. （判断题）年末，完成非财政拨款专项资金结转后，留归本单位使用的非财政拨款剩余资金应计入（　　）。

A. 本期盈余　　　B. 专用结余　　　C. 其他结余　　　D. 非财政拨款结余

◆ 【考点母题——万变不离其宗】专用结余的核算

【判断金句】
（1）专用结余是指事业单位按照规定从非财政拨款结余或经营结余中提取的具有专门用途的资金。（　　）

（2）下列有关专用结余预算会计的处理中，正确的有（　　）。

具体业务	预算会计
A. 从本年度非财政拨款结余或经营结余中提取基金	借：非财政拨款结余分配 　　贷：专用结余
B. 使用提取的专用基金	借：专用结余 　　贷：资金结存——货币资金

◆ 【考点母题——万变不离其宗】经营结余的核算

【判断金句】（1）经营结余是指事业单位在本年度经营活动收支相抵后余额弥补以前年度经营亏损后的余额。（　　）

右上角：续表

（2）下列有关经营结余预算会计的处理中，正确的有（　　）。

具体业务	预算会计
A. 期末，结转经营收支本期发生额	借：经营预算收入 　　贷：经营结余 借：经营结余 　　贷：经营支出
B. 年末，"经营结余"科目有余额	贷方余额 借：经营结余 　　贷：非财政拨款结余分配 借方余额 为经营亏损，不予结转

◆【考点母题——万变不离其宗】其他结余的核算

下列有关其他结余预算会计的处理中，正确的有（　　）。

具体业务	预算会计
A. 期末，结转各项收入	借：事业预算收入 / 上级补助预算收入 / 附属单位上缴预算收入 / 非同级财政拨款预算收入 / 债务预算收入 / 其他预算收入（非专项资金收入部分） 　　贷：其他结余
B. 期末，结转各项支出	借：其他结余 　　贷：行政支出 / 事业支出 / 其他支出（非同级财政、非专项资金支出）
C. 年末，结转"其他结余"科目余额	行政单位 借：其他结余 　　贷：非财政拨款结余——累计结余 事业单位 借：其他结余 　　贷：非财政拨款结余分配

◆【考点母题——万变不离其宗】非财政拨款结余分配的核算

下列有关非财政拨款结余分配的会计处理中，正确的有（　　）。

具体业务	财务会计	预算会计
A. 年末，将"其他结余"和"经营结余"贷方余额结转		借：其他结余 / 经营结余 　　贷：非财政拨款结余分配

续表

B. 根据有关规定提取专用基金	借：本年盈余分配 　　贷：专用基金	借：非财政拨款结余分配 　　贷：专用结余
C. 将"非财政拨款结余分配"科目余额转入非财政拨款结余		借：非财政拨款结余分配 　　贷：非财政拨款结余——累计结余

♣ 【考点子题——真枪实练，有的放矢】

41. （多选题）下列各项中，关于专用结余会计处理表述正确的有（　　）。

　　A. 提取时，借记"非财政拨款结余分配"科目，贷记"专用结余"科目

　　B. 使用时，借记"专用结余"科目，贷记"资金结存—货币资金"科目

　　C. "专用结余"科目年末无余额

　　D. 提取时，借记"财政拨款结余分配"科目，贷记"专用结余"科目

42. （判断题）年末，如"经营结余"科目为借方余额，将余额结转至"非财政拨款结余分配"科目，借记"非财政拨款结余分配"科目，贷记"经营结余"科目。（　　）

43. （判断题）年末行政单位将其他结余余额转入"非财政拨款结余分配"科目；事业单位将其他结余余额转入"非财政拨款结余—累计结余"科目。（　　）

考点 2-22：净资产业务

◆ 【考点母题——万变不离其宗】净资产概述

（1）下列各项中，属于行政事业单位净资产科目的有（　　）。
A. 累计盈余　　　　B. 专用基金　　　　C. 权益法调整　　　　D. 本期盈余 E. 本年盈余分配　　F. 无偿调拨净资产　　G. 以前年度盈余调整
【判断金句】（2）单位财务会计净资产的来源主要包括累计实现的盈余和无偿调拨的净资产。（　　）

♣ 【考点子题——真枪实练，有的放矢】

44. （判断题）无偿调拨非现金资产过程中，如果不涉及资金业务，不需要进行预算会计核算。（　　）

45. （多选题）下列各项中，属于行政事业单位净资产项目的有（　　）。

　　A. 累计盈余　　B. 无偿调拨净资产　　C. 本期盈余　　D. 财政应返还额度

46. （判断题）年末，应将本期盈余余额直接转入"累计盈余"科目。（　　）

考点 2-23：资产业务

◆**【考点母题——万变不离其宗】资产取得**

下列关于行政事业单位资产取得成本的表述中，正确的有（   ）。

A. 外购的资产，其成本通常包括购买价款、相关税费（不包括按规定可抵扣的增值税进项税额），以及使得资产达到目前场所和状态或交付使用前所发生的归属于该项资产的其他费用

B. 自行加工或自行建造的资产，其成本包括该项资产至验收入库或交付使用前所发生的全部必要支出

C. 无偿调入的资产，其成本按照调出方账面价值加上相关税费等确定，根据确定的成本减去相关税费后的金额计入无偿调拨净资产

D. 接受捐赠的非现金资产，其成本能够确定的，应当按照确定的成本减去相关税费后的净额计入捐赠收入。资产成本不能确定的，单独设置备查簿进行登记，相关税费等计入当期费用

①对于存货、固定资产、无形资产而言，其成本按照有关凭证注明的金额加上相关税费等确定【没有相关凭据，按照评估价值加上相关税费等确定；没有相关凭据、也未经资产评估的，比照同类或类似资产的市场价格加上相关税费等确定；没有相关凭据且未经资产评估、同类或类似资产的市场价格也无法可靠取得的，按照名义金额（人民币1元）入账】

②对于投资和公共基础设施、政府储备物资、保障性住房、文物文化资产等经管资产而言，其初始成本只能按照前三个层次进行计量，不能采用名义金额计量

◆**【考点母题——万变不离其宗】资产处置**

下列关于资产处置的说法中，表述正确的有（   ）。

A. 资产处置的形式包括无偿调拨、出售、出让、转让、置换、对外捐赠、报废、毁损以及货币性资产损失核销等

B. 单位应当按规定报经批准后对资产进行处置

C. 单位应当将被处置资产账面价值转销计入资产处置费用，并按照"收支两条线"将处置净收益上缴财政

D. 如果按规定将资产处置净收益纳入单位预算管理的，应将净收益计入当期收入

E. 对于资产盘盈、盘亏、报废或毁损的，应当在报经批准前将相关资产账面价值转入"待处理财产损溢"科目，待报经批准后再进行资产处置

F. 对于无偿调出的资产，单位应当在转销被处置资产账面价值时冲减无偿调拨净资产

◆**【考点母题——万变不离其宗】固定资产**

（1）下列关于固定资产的说法中，表述正确的有（   ）。

A. 单位固定资产一般分为房屋及构筑物、专用设备和通用设备、文物和陈列品、图书和档案、家具、用具、装具及动植物六类

B. 单位价值虽未达到规定标准，但使用期限超过1年（不含1年）的大批同类物资，如图书、家具、用具、装具等，应作为固定资产进行核算和管理

C. 除文物和陈列品、动植物、图书、档案、单独计价入账的土地、以名义金额计量的固定资产等固定资产外，单位应当按月对固定资产计提折旧

D. 当月增加的固定资产，当月开始计提折旧；当月减少的固定资产，当月不再计提折旧

E. 固定资产提足折旧后，无论能否继续使用，均不再计提折旧；提前报废的固定资产，也不再计提折旧

续表

具体业务	财务会计	预算会计
A. 购入固定资产	借：固定资产 　　贷：财政拨款收入 / 零余额账户用款额度 / 银行存款等	借：行政支出 / 事业支出 / 经营支出等 　　贷：财政拨款预算收入 / 资金结存等
B. 固定资产计提折旧	借：业务活动费用 / 单位管理费用 / 经营费用等 　　贷：固定资产累计折旧	

👫 【考点子题——真枪实练，有的放矢】

47. （单选题）下列关于行政事业单位计提固定资产折旧的表述中，正确的是（　　）。

　　A. 以名义金额计量的固定资产不提折旧

　　B. 当月增加的固定资产，下月开始计提折旧

　　C. 折旧计入累计折旧科目

　　D. 提前报废的固定资产需要补提折旧

48. （单选题）2022 年 9 月 18 日，某事业单位（为增值税一般纳税人）经批准购入一台不需安装就能投入使用的检测专用设备，取得的增值税专用发票上注明的设备价款为 800 000 元，增值税税额为 104 000 元，该单位以银行存款支付了相关款项。关于该笔业务预算会计所作的正确会计分录是（　　）。

　　A. 借：事业支出　　　　　　　　　　　　904 000

　　　　　　贷：资金结存——货币资金　　　　　　　　904 000

　　B. 借：固定资产　　　　　　　　　　　　800 000

　　　　　应交增值税——应交税金 (进项税额)　104 000

　　　　　　贷：银行存款　　　　　　　　　　　　　904 000

　　C. 借：事业支出　　　　　　　　　　　　904 000

　　　　　　贷：财政拨款预算收入　　　　　　　　　904 000

　　D. 借：固定资产　　　　　　　　　　　　800 000

　　　　　应交增值税——应交税金 (进项税额)　104 000

　　　　　　贷：财政拨款收入　　　　　　　　　　　904 000

考点 2-24： 负债业务

◆ 【考点母题——万变不离其宗】应缴财政款

（1）下列各项中，属于应缴财政款内容的有（ ）。	
A. 应缴国库的款项	B. 应缴财政专户的款项

（2）下列有关应缴财政款的会计处理中，正确的有（ ）。

具体业务	财务会计
A. 取得或应收按照规定应缴财政的款项时	借：银行存款 / 应收账款等 　贷：应缴财政款
B. 上缴应缴财政的款项时	借：应缴财政款 　贷：银行存款

【判断金句】
（3）单位按照国家税法等有关规定应当缴纳的各种税费，通过"应交增值税""其他应交税费"科目核算，不通过"应缴财政款"科目核算。（ ）
（4）由于应缴财政的款项不属于纳入部门预算管理的现金收支，因此不进行预算会计处理。（ ）

◆ 【考点母题——万变不离其宗】应付职工薪酬

下列有关应付职工薪酬的会计处理中，正确的有（ ）。

具体业务	财务会计	预算会计
A. 计算确认当期应付职工薪酬	借：业务活动费用 / 单位管理费用 / 在建工程 / 经营费用等 　（根据职工提供服务的受益对象） 　贷：应付职工薪酬	
B. 实际支付职工薪酬	借：应付职工薪酬 　贷：财政拨款收入 / 零余额账户用款额度 / 银行存款等	借：行政支出 / 事业支出 / 经营支出等 　贷：财政拨款预算收入 / 资金结存等
C. 从应付职工薪酬中代扣个人所得税、社会保险费和住房公积金等	借：应付职工薪酬——基本工资 　贷：其他应交税费——应交个人所得税 　　　应付职工薪酬——社会保险费 / 住房公积金	
D. 实际支付个人所得税、社会保险费和住房公积金等	借：应付职工薪酬——社会保险费 / 住房公积金 　　其他应交税费——应交个人所得税 　贷：财政拨款收入（社会保险费 / 住房公积金）/ 零余额账户用款额度 / 银行存款等	借：行政支出 / 事业支出 / 经营支出等 　贷：财政拨款预算收入 / 资金结存等

♣【考点子题——真枪实练，有的放矢】

49.（单选题）行政事业单位按照税法规定代扣个人所得税时贷记的会计科目是（　　）。

A. 应付职工薪酬　　　　　　　　　　B. 其他应交税费——应交个人所得税

C. 零余额账户用款额度　　　　　　　D. 业务活动费用

50.（多选题）2022 年 5 月，某事业单位为开展专业业务活动及其辅助活动人员发放基本工资 500 000 元，绩效工资 300 000 元，奖金 100 000 元，按规定应代扣代缴个人所得税 30 000 元，该单位以财政授权支付方式支付薪酬并上缴代扣的个人所得税。该事业单位代扣个人所得税的正确会计分录为（　　）。

A. 借记应付职工薪酬 30 000　　　　　B. 贷记其他应交税费 30 000

C. 借记业务活动费用 30 000　　　　　D. 贷记应交税费 30 000

51.（多选题）2022 年 5 月，某事业单位为开展专业业务活动及其辅助活动人员发放基本工资 500 000 元，绩效工资 300 000 元，奖金 100 000 元，按规定应代扣代缴个人所得税 30 000 元，该单位以财政直接支付方式支付薪酬并上缴代扣的个人所得税。该事业单位上缴代扣个人所得税时财务会计的正确会计处理为（　　）。

A. 借记事业支出 30 000　　　　　　　B. 贷记财政拨款预算收入 30 000

C. 借记其他应交税费 30 000　　　　　D. 贷记财政拨款收入 30 000

本章答案与解析

〔第一节考点子题答案与解析〕

1.【答案】ABC

【解析】由过去的交易或事项形成，被企业拥有或控制，预期会给企业带来经济利益是资产必须具备的基本特征。

2.【答案】D

【解析】该资源预期会给企业带来经济利益是资产的特征，不属于资产的确认条件。

3.【答案】D

【解析】存货、交易性金融资产和其他应收款均属于企业的流动资产。

4.【答案】BC

【解析】使用权资产和债权投资属于企业的非流动资产。

5.【答案】A

【解析】临时借入的生产设备，不由企业拥有或控制，不应确认为企业的资产；已签订采购合同尚未购入的生产设备，不是过去的交易或事项形成的，不应确认为企业的资产；经批准处置已核销的生产设备，预期不会给企业带来经济利益，不应确认为企业的资产。

6.【答案】√

7.【答案】ABD

【解析】负债是由过去的交易或事项形成的，负债是企业承担的现时义务，负债的清偿预期会导致经济利益流出企业是负债必须具备的基本特征。未来流出的经济利益的金额能够可靠地计量是负债确认的条件之一。

8.【答案】B

【解析】应收账款和预付账款属于企业的流动资产，预计负债属于企业的非流动负债。

9.【答案】BCD

【解析】合同负债属于企业的流动负债。

10.【答案】×

【解析】负债的确认条件是与该义务有关的经济利益很可能流出企业，且未来流出的经济利益的金额能够可靠地计量。

11.【答案】D

【解析】资本公积、留存收益和其他权益工具均属于所有者权益，应付股利属于负债。

12.【答案】×

【解析】不一定，所有者权益有些项目与盈亏无关，比如实收资本和资本公积。如果企业在一定期间发生了亏损，但这期间增加了投资（实收资本或资本公增加），并且投资额大于亏损金额，这种情况，所有者权益不会减少。

13.【答案】BC

【解析】收入会导致企业所有者权益的增加；使企业利润增加的经济利益流入既有收入也有利得，故 AD 错误。

14.【答案】×

【解析】为第三方或客户代收的款项，不会导致企业所有者权益的增加，不属于企业的收入。

15.【答案】√

16.【答案】×

【解析】费用是指企业在日常活动中发生的。

17.【答案】√

18.【答案】√

19.【答案】ABCD

20.【答案】D

【解析】历史成本是指取得或制造某项财产物资时所支付的现金或现金等价物。

21.【答案】C

【解析】重置成本是指按照当前市场条件，重新取得同样一项资产所需支付的现金或现金等价物金额。

22.【答案】√

23.【答案】D

【解析】收回应收账款 2 万元存入银行，导致银行存款增加应收账款减少，属于资产内部一增一减；以银行存款 200 万元偿还前欠货款，导致银行存款减少应付账款减少，属于资产和负债同减；收到投资者投入的价值 500 万元的机器一台，导致固定资产和实收资本都增加，属于资产和所有者权益同增；宣告向投资者分配现金股利 100 万元，导致利润减少应付股利增加，属于所有者权益减少负债增加。

24.【答案】AC

【解析】从银行借入短期借款属于资产和负债同增；收到股东投资款属于资产和所有者权益同增；以银行存款归还前欠货款属于资产和负债同减；将盈余公积转增股本属于所有者权益内部一增一减。

25.【答案】C

【解析】选项 A，权益、资产同时减少；选项 B，权益、资产同时减少；选项 D，资产内部变动。

〔第二节考点子题答案与解析〕

1.【答案】C

【解析】短期借款、应付账款和应交税费均属于负债类会计科目，预付账款属于资产类会计科目。

2.【答案】AB

【解析】待处理财产损溢属于资产类会计科目，其他权益工具属于所有者权益类会计科目。

3.【答案】ACD

【解析】递延收益属于负债类会计科目。

4.【答案】AD

【解析】资产类账户和费用类账户借方登记增加额，负债类账户和收入类账户贷方登记增加额。

5.【答案】B

【解析】账户贷方一般用来登记资产类、成本类账户的减少额，负债类、所有者权益类、收入类账户的增加额。

6.【答案】ABCD

7.【答案】AD

【解析】资产＝负债＋所有者权益是借贷记账法下余额试算平衡的理论依据；借贷记账法的记账规则是借贷记账法下发生额试算平衡的理论依据。

8.【答案】ABCD

【解析】漏记某项经济业务；重记某项经济业务；某项经济业务记录的应借、应贷科目正确，但借贷双方的金额同时多记或少记；某项经济业务记错有关账户；某项经济业务在账户记录中，颠倒了记账方向；某借方或贷方发生额中，偶尔发生多记和少记并相互抵销等错误均不影响借贷双方平衡关系，无法通过编制试算平衡发现记账错误。

9.【答案】×

【解析】出现漏记或重记某项经济业务等错误时不会影响借贷双方平衡关系。

10.【答案】√

【解析】会计人员误将财务费用确认为制造费用，属于某项经济业务记错有关账户，不影响借贷双方平衡关系，无法通过编制试算平衡表发现记账错误。

〔第三节考点子题答案与解析〕

1.【答案】C

【解析】增值税专用发票、职工出差报销的火车票、银行转账结算凭证均属于与企业外部单位发生经济业务时取得的外来原始凭证。

2.【答案】AB

【解析】购买原材料取得的增值税专用发票和职工出差报销的住宿费发票是与企业外部单位发生经济业务时取得的外来原始凭证。

3.【答案】C

【解析】银行转账结算凭证、增值税专用发票和职工出差报销的飞机票均属于通用原始凭证凭证；折旧计算表是专用原始凭证。

4.【答案】√

【解析】所有外来的原始凭证填制手续均是一次完成的，所以均属于一次凭证。

5.【答案】BCD

【解析】会计科目不属于原始凭证的基本内容，是记账凭证的基本内容。

6.【答案】√

7.【答案】B

【解析】限额领料单是典型的累计凭证。

8.【答案】BCD

【解析】会计科目使用是否正确不属于原始凭证审核内容，是记账凭证的审核内容。

9.【答案】√

【解析】收款凭证是用于记录库存现金和银行存款收款业务的记账凭证，因此借方登记库存现金或银行存款的增加。

10.【答案】√

11.【答案】AD

【解析】结转售出商品销售成本和计提固定资产折旧是不涉及现金和银行存款的业务，所以应编制转账凭证进行会计处理。

12.【答案】D

【解析】记账凭证填制要求中不包括必须用黑色笔填写。

13.【答案】ABCD

14.【答案】×

【解析】对于企业外来的原始凭证无法连续编号。

15.【答案】ABD

【解析】除结账和更正错账外,其他记账凭证必须附原始凭证。

16.【答案】D

【解析】出纳人员不得监管会计档案。

17.【答案】√

18.【答案】×

【解析】会计档案一般不得外借,其他单位如有特殊原因确实需要使用的,经本单位会计机构负责人、会计主管人员批准,可以复制。

19.【答案】BC

【解析】原材料明细账和库存商品明细账适用于数量金额式会计账簿,收入明细账适用于多栏式会计账簿,债权明细账适用于三栏式会计账簿。

20.【答案】√

21.【答案】ABD

【解析】库存现金日记账不应采用数量金额式账簿,应采用三栏式会计账簿。

22.【答案】C

【解析】库存现金日记账是由出纳人员根据库存现金收款凭证、库存现金付款凭证以及银行存款的付款凭证,按照库存现金收、付款业务和银行存款付款业务发生时间的先后顺序逐日逐笔登记。

23.【答案】AC

【解析】总分类账与明细分类账应由不同的人员来进行登记,因此总分类账与明细分类账登记的时间也不一定相同。

24.【答案】ABC

【解析】备查账簿与企业编制财务报表没有直接关系,是一种表外账簿。因此账账核对的内容中不包括备查账簿之间的核对。

25.【答案】√

【解析】期末结账包括两项内容,一是结清各种损益类账户,据以计算确定本期利润;二是结出各资产、负债和所有者权益账户的本期发生额合计和期末余额。

26.【答案】×

【解析】总账账户平时只需结出月末余额,年终结账时结出"本年合计"。

27.【答案】A

【解析】年度终了,要把各个帐户的余额结转到下一会计年度。

28.【答案】AB

【解析】借贷记账凭证中借贷会计科目无错,金额少记的,应采用补充登记法;记账凭证中借贷科目有错且金额少记的,应采用红字更正法。

29.【答案】B

【解析】记账凭证没有错误应采用的错账更正方法是划线更正法。

30.【答案】×

【解析】应采用补充登记法进行更正。

31.【答案】B

【解析】会计账簿未经领导和会计负责人或者有关人员批准，非经管人员不能随意翻阅查看会计账簿。

32.【答案】√

〔 第四节考点子题答案与解析 〕

1.【答案】√

【解析】更换库存现金保管人员时必须对现金进行清查，因此属于不定期清查。

2.【答案】×

【解析】一般来说，进行外部清查时应有本单位相关人员参加。

3.【答案】C

【解析】ABD 均属于全面财产清查。

4.【答案】×

【解析】对库存现金进行盘点时，出纳人员、主管会计或财务负责人均应参加。

5.【答案】×

【解析】未达账项不需要调整银行存款日记账。

6.【答案】×

【解析】记账错误也会导致企业银行存款日记账余额与银行对账单余额不符。

7.【答案】√

8.【答案】×

【解析】财产清查产生的损溢，如果在期末结账前尚未经批准，在对外提供财务报告时，先按相关规定进行相应账务处理，并在附注中作出说明，其后如果批准处理的金额与已处理金额不一致的，调整财务报表相关项目的期初数。

9.【答案】B

【解析】银行存款的清查应采用与开户银行核对账目的方法。

〔 第五节考点子题答案与解析 〕

1.【答案】ABCD

2.【答案】√

3.【答案】BD

【解析】科目汇总表账务处理程序的优点是减轻了登记总账的工作量，可以进行试算平衡。

〔 第六节考点子题答案与解析 〕

1.【答案】AB

【解析】选项 C 和 D，属于会计核算信息化的内容。

2. 【答案】ABCD

【解析】以上选项均属于财务机器人的应用领域。

3. 【答案】ABC

【解析】根据财务共享中心的功能定位，财务共享中心可以分为集中核算型、集中管控型、价值创造型。

4. 【答案】√

5. 【答案】√

6. 【答案】√

〔第七节考点子题答案与解析〕

1. 【答案】ACD

【解析】正确划分各种费用支出的界限包括：正确划分收益性支出和资本性支出的界限；正确划分成本费用、期间费用和营业外支出的界限；正确划分本期成本费用与以后期间成本费用的界限；正确划分各种产品成本费用的界限；正确划分本期完工产品与期末在产品成本的界限。

2. 【答案】AC

【解析】折旧费包含在制造费用中，不是单独的成本项目，管理费用不能计入产品成本。

3. 【答案】√

4. 【答案】A

【解析】直接材料是指构成产品实体的原材料以及有助于产品形成的主要材料和辅助材料。包括原材料、辅助材料、备品配件、外购半成品、包装物、低值易耗品等费用。

5. 【答案】√

6. 【答案】C

【解析】销售费用计入费用类科目。

7. 【答案】B

【解析】适用于单件、小批生产的产品成本计算方法是分批法。品种法和分步法均适用于大量大批生产。

8. 【答案】ABC

【解析】成本计算期与产品的生产周期基本一致不是品种法的特点，是分批法的特点。

9. 【答案】√

10. 【答案】C

【解析】产品成本计算的分批法适用于单件小批生产的企业。

11. 【答案】ABC

【解析】分批法的成本核算对象是产品的批别，不是产品的生产步骤，因此不需要计算和结转各步骤产品的生产成本。

12. 【答案】√

13. 【答案】√

14. 【答案】D

【解析】A产品负担材料费用 = 4 400×20/（200×15+250×10）×200×15=48 000（元）。

15.【答案】B

【解析】A产品负担的动力费 =11 040/（500×4+400×6.5）×500×4=4 800（元）。

16.【答案】D

【解析】甲产品负担的直接人工费用 =12/（600×6+400×3）×600×6=9（万元）。

17.【答案】D

【解析】供水车间的分配率 =36000/（5000-200）=7.5（元 / 吨）。

18.【答案】C

【解析】甲车间向辅助生产车间以外的受益部门应分配的辅助生产费用 =75 000-2 500+3 000= 75 500（元）。

19.【答案】C

【解析】在计划成本分配法下，辅助生产车间实际发生的生产费用与按计划成本分配转出的费用之间的差额，计入"管理费用"科目。

20.【答案】B

【解析】生产车间生产工人工资应通过"生产成本"科目核算。

21.【答案】C

【解析】B产品应分配制造费用 =3÷(120 + 180)×180 = 1.8(万元)。

22.【答案】ACD

【解析】交互分配法是辅助生产费用的分配方法。

23.【答案】ABC

【解析】不包括在废品损失内的有：不需要返修可以降价出售的不合格品、产品入库后由于保管不善等原因而损坏变质的产品、实行"三包"企业在产品出售后发现的废品。

24.【答案】×

【解析】可修复废品返修以前发生的生产费用，不是废品损失，不需从"生产成本——基本生产成本"科目转出。返修发生的各种费用，应记入"废品损失"科目。

25.【答案】A

【解析】该废品净损失 =3 200+4 000+2 000-500-1 000=7 700（元）。

26.【答案】C

【解析】应计入"生产成本——基本生产成本——甲产品"的金额 =4×250-300+100+120+50=970（元）。

27.【答案】A

【解析】非正常停工损失应计入当期损益，其净停工损失 =7 000+3 000+500-2 000=8 500（元）。

28.【答案】A

【解析】耗用直接材料 =10+50=60（万元），材料在产品投产时一次投入，完工产品和在产品耗用材料相同，每件产品直接材料单位成本（分配率）=60÷（30+30）=1（万元 / 件），完工产品成本中直接材料成本 =30×1=30（万元）。

29.【答案】AC

【解析】采用定额比例法分配完工产品和月末在产品费用，应具备的条件有：各项消耗定额或成本定额比较准确、稳定，但各月末在产品数量变动较大的产品。

30.【答案】C

【解析】在产品 =200×[30×50%/(30+70)+100×[(30+70×50%)/(30+70)]=95（件）；

直接材料 =280/1 000×（1000-200-100）=196（万元）；

直接人工 =85/（700+95）×700=74.84（万元）；

制造费用 =125/（700+95）×700=110.06（万元）；

单位成本 =（196+74.84+110.06）/700=0.54（万元 / 件）。

31.【答案】×

【解析】联产品的成本计算分两阶段：分离前发生的生产成本即联合成本，将其总额按一定分配方法，在各联产品之间进行分配；分离后按各种产品分别核算。

32.【答案】AD

【解析】联产品成本分配法有相对销售价格分配法和实物量分配法。

33.【答案】B

【解析】E 产品应分配的联合成本 =12 000 000÷(9 000 000+6 000 000)×9 000 000=7 200 000(元)。

34.【答案】B

【解析】副产品的成本 =100×500=50 000（元），主要产品应负担的成本 =500 000-50 000=450 000（元）。

35.【答案】ABC

【解析】管理会计工具方法属于管理会计要素的内容。

36.【答案】×

【解析】管理会计基本指引在管理会计指引体系中起统领作用，是制定应用指引和建设案例库的基础。

37.【答案】B

【解析】在管理会计指引体系中，应用指引居于主体地位，是对单位管理会计工作的具体指导。

38.【答案】×

【解析】管理会计基本指引并不对应用指引中未作出描述的新问题提供处理依据。

39.【答案】C

【解析】管理会计案例库是管理会计体系建设区别于企业会计准则体系建设的一大特色。

40.【答案】ABCD

41.【答案】A

【解析】价值创造模式、管理模式和信息系统是管理会计应用环境要素的内部环境内容。

42.【答案】ABC

【解析】管理会计活动包括规划、决策、控制、评价。

43.【答案】B

【解析】滚动预算是根据上一期预算执行情况对预算方案进行调整，逐期滚动，持续推进的预算编制方法。

44.【答案】ABC

【解析】平衡计分卡的四个维度是财务、客户、内部业务流程、学习与成长。

45.【答案】D

【解析】作业成本法是以"作业消耗资源、产出消耗作业"为原则，按照资源动因将资源费用追溯或分配至各项作业，计算出作业成本，然后再根据作业动因，将作业成本追溯或分配至各成本对象，最终完成成本计算过程的成本计算方法。

46.【答案】√

47.【答案】A

【解析】预计的营业利润=（9-6）×400-800=400（万元）。

48.【答案】√

〔第八节考点子题答案与解析〕

1.【答案】ABCD

2.【答案】×

【解析】政府会计制度主要规范政府会计科目及账务处理、报表体系及编制说明。

3.【答案】ABC

【解析】军队、已纳入企业财务管理体系的单位和执行《民间非营利组织会计制度》的社会团体，其会计核算不适用政府会计准则制度。

4.【答案】×

【解析】政府会计基本准则指导具体准则和制度的制定，为政府会计实务问题提供处理原则。

5.【答案】√

6.【答案】ABC

【解析】双主体不是政府会计的特点。

7.【答案】√

8.【答案】C

【解析】双报告指的是政府财务报告和决算报告。

9.【答案】ABCD

【解析】体现了"双功能""双基础""双报告""双要素"。

10.【答案】×

【解析】财务会计采用权责发生制，政府预算会计采用收付实现制。

11.【答案】√

12.【答案】C

【解析】政府预算会计要素为预算收入、预算支出和预算结余。

13.【答案】√

14.【答案】√

15.【答案】×

【解析】预算收入按照收付实现制进行确认和计量。

16.【答案】ABD

【解析】政府财务会计要素有资产、负债、净资产、收入、费用。

17.【答案】D

【解析】资产能够可靠地计量不属于资产的特征，属于资产确认的条件之一。

18.【答案】BC

【解析】政府储备物资和公共基础设施属于政府会计中的非流动资产。

19.【答案】×

【解析】费用会导致政府会计主体净资产减少，表现为资产减少或负债增加。

20.【答案】ABCD

【解析】政府资产的计量属性主要包括历史成本、重置成本、现值、公允价值和名义金额。

21.【答案】×

【解析】负债的确认应同时满足两个条件：一是履行该义务很可能导致含有服务潜力或者经济利益的经济资源流出政府会计主体；二是该义务的金额能够可靠地计量。

22.【答案】ABC

【解析】预计负债属于政府会计中的非流动负债。

23.【答案】ABCD

24.【答案】×

【解析】净资产是指政府会计主体资产扣除负债后的净额，其金额取决于资产、负债的计量。

25.【答案】√

【解析】政府会计主体在对负债进行计量时，一般应当采用历史成本。采用现值、公允价值计量的，应当保证所确定的负债金额能够持续、可靠计量。

26.【答案】√

【解析】单位受托代理的现金，以及应上缴财政、应转拨的、应退回的现金所涉及的收支业务，仅需要进行财务会计处理。

27.【答案】ABCD

【解析】AB 选项为财务会计的处理，CD 选项为预算会计的处理。

28.【答案】A

【解析】B 选项为该笔业务政府财务会计的处理；C 选项为收到代理银行盖章的"财政授权支付到账通知书"时预算会计的处理；D 选项为收到代理银行盖章的"财政授权支付到账通知书"时财务会计的处理。

29.【答案】ABC

【解析】财政授权支付方式下，单位应设置"零余额账户用款额度"账户。

30.【答案】A

【解析】B 选项为上缴财政专户的处理，C 选项为收到从财政专户返还的事业收入财务会计的处理，D 选项为收到从财政专户返还的事业收入预算会计的处理。

31.【答案】√

【解析】财务会计中价税分别核算，预算会计中预算收入和预算支出包含了销项税额和进项税额。

32.【答案】×

【解析】事业单位因开展专业业务活动及其辅助活动取得的非同级财政拨款收入，应当通过"事业收入"和"事业预算收入"科目下的"非同级财政拨款"明细科目核算。

33.【答案】AD

【解析】A 选项为该笔业务政府财务会计的处理；D 选项为该笔业务政府预算会计的处理。为取得捐赠资产所发生的运输费应计入捐赠资产的价值中；在预算会计中捐赠中发生的运输费等货币支出应计入其他支出。

34.【答案】AB

【解析】期末财政拨款收入和支出的结转是预算会计的处理，"财政拨款收入"是财务会计科目；期末财政拨款收入和支出的结转，应转入"财政拨款结转——本年收支结转"账户。

35.【答案】√

【解析】年末，应将"财政拨款结转"所有的明细科目（除"累计结转"外）的余额转入"财政拨款结转——累计结转"科目。

36.【答案】AB

【解析】CD 选项为非财政拨款结余结转。

37.【答案】B

【解析】年末，应将"财政拨款结余"所有的明细科目（除"累计结余"外）的余额转入"财政拨款结余——累计结余"科目。

38.【答案】√

【解析】符合非财政拨款结余定义。

39.【答案】CD

【解析】A 选项为发生事业支出预算会计的处理；B 选项为发生事业支出财务会计的处理；C 选项为收到上级主管部门拨付的非财政专项资金财务会计的处理；D 选项为收到上级主管部门拨付的非财政专项资金预算会计的处理。

40.【答案】D

【解析】年末，完成非财政拨款专项资金结转后，留归本单位使用的非财政拨款剩余资金应计入非财政拨款结余——结转转入。

41.【答案】AB

【解析】"专用结余"科目年末有余额；财政拨款结转结余不参与事业单位的结余分配，没有"财政拨款结余分配"科目。

42.【答案】×

【解析】年末，如"经营结余"科目为贷方余额，将余额结转至"非财政拨款结余分配"科目；如"经营结余"科目为借方余额，不予结转。

43.【答案】×

【解析】年末行政单位将其他结余余额转入"非财政拨款结余——累计结余"科目；事业单位将本科目余额转入"非财政拨款结余分配"科目。

44.【答案】√

【解析】无偿调拨非现金资产不涉及资金业务，因此不需要进行预算会计核算（除非以现金支付相关费用等）。

45.【答案】ABC

【解析】"累计盈余""专用基金""无偿调拨净资产""权益法调整"和"本期盈余""本期盈余分配""以前年度盈余调整"均属于净资产项目。财政应返还额度属于资产项目。

46.【答案】×

【解析】年末，应将本期盈余余额直接转入"本年盈余分配"科目。

47.【答案】A

【解析】行政事业单位当月增加的固定资产当月开始计提折旧；折旧计入固定资产累计折旧科目；提前报废的固定资产不需要补提折旧。

48.【答案】A

【解析】B 选项为该笔业务财务会计的处理；C 选项为在财政直接支付方式下取得设备的预算会计处理；D 选项为在财政直接支付方式下取得设备的财务会计处理。

49.【答案】B

【解析】行政事业单位代扣个人所得税的会计处理为：借记"应付职工薪酬"科目，贷记"其他应交税费——应交个人所得税"科目。

50.【答案】AB

【解析】代扣个人所得税时，借记"应付职工薪酬"科目，贷记"其他应交税费——应交个人所得税"科目。

51.【答案】CD

【解析】AB 选项为该项业务预算会计的处理，CD 选项为该项业务财务会计的处理。

第3章

流动资产

（★★★）

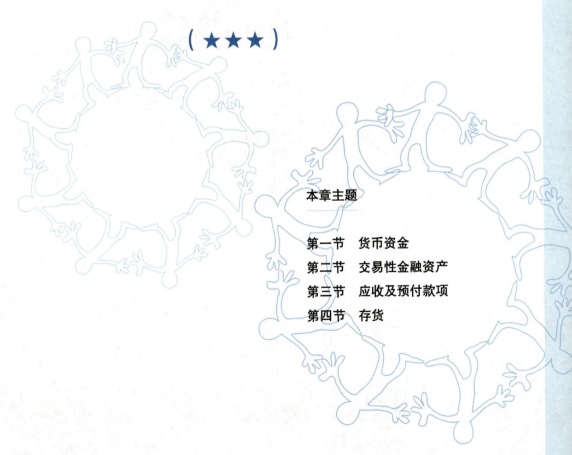

本章主题

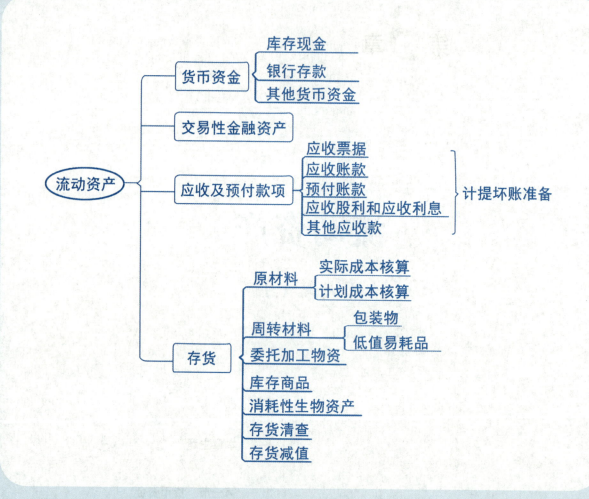

第一节　货币资金

考点 3-1：库存现金（★★☆）

【考点母题——万变不离其宗】库存现金的清查

清　查	批准前	批准后
下列关于现金清查的会计处理中，正确的有（　　）。		
盘　盈	A. 批准前 借：库存现金 　　贷：待处理财产损溢	B. 批准后 借：待处理财产损溢 　　贷：其他应付款（有主应付款项） 　　　　营业外收入（无法查明原因）
盘　亏	C. 批准前 借：待处理财产损溢 　　贷：库存现金	D. 批准后 借：管理费用（无法查明原因） 　　其他应收款（责任赔款部分） 　　贷：待处理财产损溢

【考点子题——真枪实练，有的放矢】

1.（单选题）对于企业无法查明原因的现金盘盈，经批准后，对该现金溢余正确的会计处理方法是（　　）。

A. 将其从"待处理财产损溢"科目转入"管理费用"科目

B. 将其从"待处理财产损溢"科目转入"营业外收入"科目

C. 将其从"待处理财产损溢"科目转入"其他应付款"科目

D. 将其从"待处理财产损溢"科目转入"其他应收款"科目

2.（历年真题·单选题）现金盘点时发现现金短缺，无法查明原因的，经批准后计入（　　）。

A. 营业外支出　　B. 财务费用　　C. 管理费用　　D. 其他业务成本

考点 3-2：银行存款（★★☆）

◆未达账项

◆【考点母题——万变不离其宗】银行存款的核对

企业银行存款日记账的账面余额大于银行对账单余额	（1）下列未达账项中，会导致企业银行存款日记账的账面余额大于银行对账单余额的有（　　）。
	A. 企业已收款入账，银行尚未收款入账 B. 银行已付款入账，企业尚未付款入账
企业银行存款日记账的账面余额小于银行对账单余额	（2）下列未达账项中，会导致企业银行存款日记账的账面余额小于银行对账单余额的有（　　）。
	A. 企业已付款入账，银行尚未付款入账 B. 银行已收款入账，企业尚未收款入账
【注意】银行存款余额调节表只是为了核对账目，并不能作为调整银行存款账面余额的记账依据。	

♧【考点子题——真枪实练，有的放矢】

3. （多选题）下列未达账项中，会导致企业银行存款日记账的账面余额小于银行对账单余额的有（　　）。

　　A. 企业开出支票，银行尚未支付

　　B. 企业送存支票，银行尚未入账

　　C. 银行代收款项，企业尚未接到收款通知

　　D. 银行代付款项，企业尚未接到付款通知

4. （历年真题·单选题）2022 年 4 月 30 日，某企业银行存款日记账余额为 200 万元，与银行对账单余额不一致。经逐笔核对发现存在以下未达账项：4 月 16 日收到货款 30 万元，企业已入账，银行尚未入账；4 月 30 日银行代企业支付电话费 2 万元，企业未收到银行的付款通知。不考虑其他因素，企业编制的"银行存款余额调节表"中调节后的银行存款余额为（　　）万元。

　　A. 168　　　　　　B. 198　　　　　　C. 228　　　　　　D. 232

5. （判断题）在银行存款的清查中，如果银行存款日记账账面余额与银行对账单余额不符，应编制"银行存款余额调节表"进行调节，调节后的双方余额一定相等。（　　）

6. （历年真题·判断题）企业银行存款的账面余额与银行对账单余额因未达账项存在差额时，应按照银行存款余额调节表调整银行存款日记账。（　　）

考点3-3： 其他货币资金（ ★★☆ ）

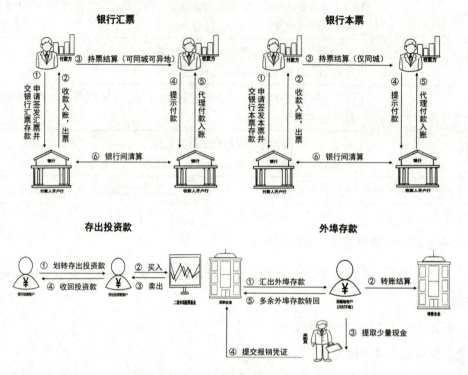

◆【考点母题——万变不离其宗】其他货币资金

通过"其他货币资金"科目核算	（1）下列各项中，通过"其他货币资金"科目核算的有（　）。或：下列各项中，属于其他货币资金的有（　）。
	A. 银行汇票存款　　　　B. 银行本票存款　　　　C. 信用卡存款 D. 信用证保证金存款　　E. 存出投资款　　　　　F. 外埠存款
不通过"其他货币资金"科目核算	（2）下列各项中，不通过"其他货币资金"科目核算的有（　）。或：下列各项中，不属于其他货币资金的有（　）。
	A. 备用金　　　　　　　B. 银行承兑汇票　　　　C. 商业承兑汇票

【注意】
（1）企业收到银行汇票、银行本票，应借记"银行存款"科目；企业使用银行汇票、银行本票，则应贷记"其他货币资金"科目。
（2）银行汇票、银行本票的收款人可以将银行汇票、银行本票背书转让。

【考点子题——真枪实练，有的放矢】

7. （单选题）下列各项中，关于银行存款业务的表述正确的是（　　）。

   A. 企业单位信用卡存款账户可以存取现金

   B. 企业信用证保证金存款余额不可以转存其开户行结算户存款

   C. 企业银行汇票存款的收款人不得将其收到的银行汇票背书转让

   D. 企业外埠存款除采购人员可从中提取少量现金外，一律采用转账结算

8. （多选题）下列各项中，应确认为企业其他货币资金的有（　　）。

   A. 企业持有的 3 个月内到期的债券投资

   B. 企业为购买股票向证券公司划出的资金

   C. 企业汇往外地建立临时采购专户的资金

   D. 企业向银行申请银行本票时拨付的资金

9. （单选题）企业汇往外地建立临时采购专户的资金，应借记的会计科目是（　　）。

   A. 材料采购　　　B. 在途材料　　　C. 预付账款　　　D. 其他货币资金

10. （历年真题·多选题）下列各项中，属于其他货币资金的有（　　）。

   A. 备用金　　　B. 存出投资款　　　C. 银行承兑汇票　　　D. 银行汇票存款

11. （单选题）企业收到银行本票或银行汇票时，应借记的会计科目是（　　）。

   A. 银行存款　　　B. 其他货币资金　　　C. 应收票据　　　D. 应付票据

12. （单选题）企业使用银行本票或银行汇票时，应贷记的会计科目是（　　）。

   A. 银行存款　　　B. 其他货币资金　　　C. 应收票据　　　D. 应付票据

13. （历年真题·单选题）下列各项中，企业应通过"其他货币资金"科目核算的是（　　）。

   A. 销售商品收到商业承兑汇票　　　　　B. 用单位信用卡支付管理部门购书款

   C. 购买办公用品开出现金支票　　　　　D. 采购原材料开出银行承兑汇票

第二节　交易性金融资产

考点 3-4：金融资产概述（★☆☆）

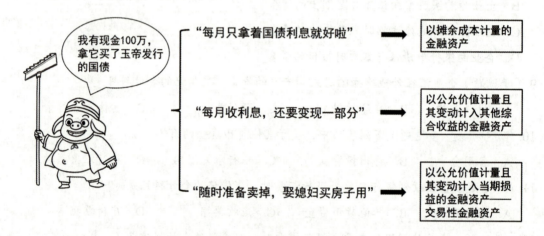

◆ 【考点母题——万变不离其宗】金融资产概述

金融资产的内容	（1）下列各项中，属于金融资产的有（　　）。 A. 库存现金　　　　B. 银行存款　　　　C. 应收账款 D. 应收票据　　　　E. 贷款　　　　　　F. 其他应收款 G. 应收利息　　　　H. 债券投资　　　　I. 股权投资 J. 基金投资　　　　K. 衍生金融资产等
金融资产的分类	（2）按照我国会计准则规定，可将金融资产划分为（　　）。 A. 以摊余成本计量的金融资产 B. 以公允价值计量且其变动计入其他综合收益的金融资产 C. 以公允价值计量且其变动计入当期损益的金融资产——交易性金融资产（为近期出售持有的股票、债券、基金等）
金融资产的 划分标准	【判断金句】（3）按照我国企业会计准则规定，对金融资产划分的依据是企业管理金融资产的业务模式和金融资产的合同现金流量特征。（　　）

【考点子题——真枪实练，有的放矢】

1. （多选题）按照我国会计准则规定，可将金融资产划分为（　　）。

　　A. 以公允价值计量且其变动计入当期损益的金融资产

　　B. 以公允价值计量且其变动计入其他综合收益的金融资产

　　C. 以折现值计量的金融资产

　　D. 以摊余成本计量的金融资产

2. （判断题）企业以赚取价差为目的从二级市场购入的股票、债券、基金等，应确认为交易性金融资产。（　　）

考点 3-5：　交易性金融资产的账务处理（★★★）

交易性金融资产，是指以公允价值计量且其变动计入当期损益的金融资产。

◆◆【考点母题——万变不离其宗】交易性金融资产的账务处理

【例】2021 年 5 月 6 日甲公司以赚取差价为目的从二级市场购入的一批乙公司发行的股票 100 万股，作为交易性金融资产，取得时公允价值为每股 5.2 元，含已宣告但尚未发放的现金股利 0.2 元，另支付交易费用 5 万元，取得的增值税专用发票上注明的增值税税额为 0.3 万元，全部价款已支付。2021 年 12 月 21 日，乙公司宣告发放现金股利，每股为 0.3 元。2021 年 12 月 31 日，该股票公允价值为每股 4.5 元。2022 年 3 月 16 日，将该股票全部处置，每股售价为 5.1 元，交易费用为 5 万元。		
取得交易性金融资产	考核方式	（1）2021 年 5 月 6 日该项交易性金融资产的入账价值为（　　）万元。
	会计核算	借：交易性金融资产——成本　　　　　[100×（5.2-0.2）]500 　　投资收益【按发生的交易费用】　　　　　　　　　　 5 　　应交税费——应交增值税（进项税额）　　　　　　 0.3 　　应收利息【按已到付息期但尚未领取的利息】 　　应收股利【已宣告但尚未发放的现金股利】　　　　 20 　　　贷：其他货币资金——存出投资款【按实际支付的金额】 525.3
宣告发放现金股利或计息	考核方式	（2）甲公司 2021 年利润表中因该资产确认的投资收益为（　　）万元。
	会计核算	借：应收股利（或应收利息）　　　　　　（100×0.3）30 　　　贷：投资收益　　　　　　　　　　　　　　　　　 30
交易性金融资产期末计价	考核方式	（3）2021 年 12 月 31 日该资产确认的公允价值变动损益为（　　）万元。
	会计核算	借：公允价值变动损益　　　　　　　　（4.5×100-500）50 　　　贷：交易性金融资产——公允价值变动　　　　　　 50
	考核方式	（4）该业务对 2021 年利润表中"营业利润"项目影响数为（　　）万元。

处置交易性金融资产	考核方式	（5）2022年3月16日处置该股票投资应确认的投资收益为（　）万元。 （6）该股票投资业务累计确认的投资收益额为（　）万元。 （7）该股票投资业务对利润的累计影响额为（　）万元。	
	会计核算	借：其他货币资金——存出投资款【实得价款】　　　505（510-5） 　　　交易性金融资产——公允价值变动　　　　　　50 　　贷：交易性金融资产——成本　　　　　　　　　　　500 　　　　投资收益【倒挤认定，损失记借方，收益记贷方】　　55	

解析：
（1）该项交易性金融资产的入账价值 = 100×（5.2-0.2）=500（万元）；
（2）确认的投资收益 = -5+30 = 25（万元）；
（3）确认的公允价值变动损益 =4.5×100-100×（5.2-0.2）=-50（万元）；
（4）对2021年利润表"营业利润"项目影响数 = -5+30-50=-25（万元）；
（5）处置该股票投资应确认的投资收益 =（100×5.1-5）-（500-50）=55（万元）；
（6）该股票投资累计确认的投资收益额 = -5+30+55 = 80（万元）；
（7）该股票投资对利润的累计影响额 =-5+30-50+55 = 30（万元）。

♣【考点子题——真枪实练，有的放矢】

3.（多选题）企业对下列与交易性金融资产有关的业务进行会计处理时，不应贷记"投资收益"科目的有（　）。

A. 确认持有期间收到的现金股利

B. 期末持有的交易性金融资产的公允价值高于其账面价值的差额

C. 确认持有期间应得的债券利息

D. 转让交易性金融资产收到的价款大于其账面价值的差额

4.（单选题）甲公司2022年7月1日购入乙公司2022年1月1日发行的债券，支付价款为2 100万元（含已到付息期但尚未领取的债券利息40万元），另支付交易费用15万元。该债券面值为2 000万元，票面年利率为4%（票面利率等于实际利率），每半年付息一次，甲公司将其划分为交易性金融资产。甲公司2022年末该项交易性金融资产应确认的投资收益为（　）万元。

A. 25　　　　　　B. 40　　　　　　C. 65　　　　　　D. 80

5.（单选题）甲公司2022年10月10日自证券市场购入乙公司发行的股票100万股，共支付价款860万元，其中包括交易费用4万元。购入时，乙公司已宣告但尚未发放的现金股利为每股0.16元。甲公司将购入的乙公司股票作为交易性金融资产核算。2022年12月2日，甲公司出售该交易性金融资产，收到价款960万元。甲公司2022年利润表中因该交易性金融资产应确认的投资收益为（　）万元。

A. 100　　　　　B. 116　　　　　C. 120　　　　　D. 132

6. (历年真题·单选题)下列关于交易性金融资产的表述中，不正确的是（　　）。

A. 取得交易性金融资产所发生的相关交易费用应当在发生时计入投资收益

B. 资产负债表日交易性金融资产公允价值与账面价值的差额计入当期损益

C. 交易性金融资产购买价款中已到付息期但尚未领取的债券利息应计入当期损益

D. 出售交易性金融资产时应将其实得价款与账面价值之间的差额确认为投资收益

◆【考点题源】转让金融商品应交增值税

【注意】	
（1）转让金融商品应按照卖出价扣除买入价（不扣除已宣告但尚未发放的现金股利和已到付息期但尚未领取的利息）后的余额作为销售额计算增值税； （2）需将卖出价和买入价换算为不含税价款； （3）转让金融商品应交增值税=（卖出价－买入价）/（1+6%）×6%。	
月末转让金融资产产生转让收益	借：投资收益 　　贷：应交税费——转让金融商品应交增值税
月末转让金融资产产生转让损失	借：应交税费——转让金融商品应交增值税 　　贷：投资收益

♧【考点子题——真枪实练，有的放矢】

7. (单选题)2021年5月1日，甲公司购入乙公司发行的公司债券，支付价款26 000元，其中包括已到付息期但尚未领取的债券利息500元，另支付交易费用300元，取得的增值税专用发票上注明的增值税税额为18元。该笔债券的面值为25 000元，甲公司将其划分为交易性金融资产进行管理和核算。2022年3月15日，甲公司全部出售了所持有的乙公司债券，售价为35 500元。转让金融商品增值税税率为6%，该笔出售交易对应的增值税（计算保留整数）的会计处理正确的是（　　）。

A. 借：投资收益　538
　　贷：应交税费——转让金融商品应交增值税　538

B. 借：应交税费——转让金融商品应交增值税　538
　　贷：投资收益　538

C. 借：投资收益　566
　　贷：应交税费——转让金融商品应交增值税　566

D. 借：应交税费——转让金融商品应交增值税　566
　　贷：投资收益　566

8. (判断题)转让金融商品应按照卖出价作为销售额计算增值税。（　　）

考点 3-6： 短期投资的核算（★★☆）

◆ **【考点题源】短期投资的核算**

适用范围	小企业购入的能随时变现并且持有时间不准备超过 1 年（含 1 年）的投资
科目设置	短期投资（流动资产）
账务处理	（1）购入时发生的相关税费计入短期投资成本 （2）期末不以公允价值计量 （3）出售短期投资不涉及转让金融商品应交增值税的核算 （4）其余同交易性金融资产的核算

【考点子题——真枪实练，有的放矢】

9.（单选题）下列各项中，核算小企业购入的能随时变现并且持有时间不准备超过 1 年的债券的会计科目是（   ）。

A. 债券投资   B. 短期投资   C. 交易性金融资产   D. 其他投资

10.（判断题）小企业取得短期投资时发生的相关税费应计入投资收益。（   ）

第三节　应收及预付款项

考点 3-7： 应收票据（★★☆）

◆ 【考点母题——万变不离其宗】应收票据

应收票据概述	（1）下列关于应收票据的表述中，正确的有（　　）。
	A. 应收票据是指企业因销售商品、提供劳务等而收到的商业汇票 B. 根据承兑人不同，商业汇票分为商业承兑汇票和银行承兑汇票 C. 商业汇票的付款期限，最长不得超过 6 个月
应收票据账务处理	（2）下列有关应收票据的会计处理中，正确的有（　　）。
	A. 取得应收票据时： 　借：应收票据 　　贷：主营业务收入 　　　　应交税费——应交增值税（销项税额）
	B. 票据到期时： 　借：银行存款（能收回）/ 应收账款（不能收回） 　　贷：应收票据

续表

应收票据账务处理	C. 转让应收票据时： 借：原材料、在途物资等 　　应交税费——应交增值税（进项税额） 　贷：应收票据 　　（银行存款，或借方）
	D. 银行承兑汇票贴现时： 借：银行存款（贴现收入） 　　财务费用（或在贷方） 　贷：应收票据

🍀【考点子题——真枪实练，有的放矢】

1.（多选题）下列各项中，应通过"应收票据"科目核算的有（　　）。

A. 商业承兑汇票　　B. 银行承兑汇票　　C. 银行本票　　D. 银行汇票

2.（单选题）某企业 2022 年 11 月 1 日销售商品，并于当日收到面值 50 500 元、期限 3 个月的银行承兑汇票一张。12 月 31 日，该企业将此票据背书转让给 A 公司以购买材料。所购材料的价格为 45 000 元，增值税税率为 13%，运杂费 450 元。则该企业应补付的银行存款为（　　）元。

A. 5 050　　　　　B. 5 500　　　　　C. 800　　　　　D. 1 700

3.（单选题）某企业 2022 年 12 月 31 日，将持有的不带息银行承兑汇票向银行贴现，票据面值为 50 500 元，取得贴现收入 49 995 元，则该企业应作的正确会计分录为（　　）。

A. 借：银行存款　　　　　49 995
　　　财务费用　　　　　　505
　　　贷：短期借款　　　　　　50 500

B. 借：银行存款　　　　　49 995
　　　贷：短期借款　　　　　　49 995

C. 借：银行存款　　　　　49 995
　　　财务费用　　　　　　505
　　　贷：应收票据　　　　　　50 500

D. 借：银行存款　　　　　49 995
　　　贷：贴现负债　　　　　　49 995

考点 3-8：应收账款（★★☆）

◈【考点母题——万变不离其宗】应收账款入账价值的确定

影响应收账款入账价值	下列各项中，会影响应收账款入账价值的有（　）。
	价：销售货物或提供劳务的价款 费：代购货方垫付的包装费、运输费等 税：增值税 折扣：商业折扣
销售商品、提供劳务等确认应收账款	借：应收账款 　　贷：主营业务收入等（扣除商业折扣后） 　　　　应交税费——应交增值税（销项税额） 借：应收账款 　　贷：银行存款（代购货方垫付的包装费、运输费等）

♧【考点子题——真枪实练，有的放矢】

4.（多选题）下列各项中，影响应收账款入账价值的有（　）。

　　A. 赊销商品的价款　　　　　　　　B. 代购货方垫付的保险费

　　C. 代购货方垫付的运杂费　　　　　D. 销售货物发生的商业折扣

5.（单选题）某企业销售商品一批，增值税专用发票上标明的价款为 60 万元，增值税税额为 7.8 万元，为购买方代垫运杂费 2 万元，款项尚未收回。该企业应确认的应收账款为（　）万元。

　　A. 60　　　　　　B. 62　　　　　　C. 70.2　　　　　　D. 69.8

6.（单选题）甲、乙公司均为增值税一般纳税人，适用的增值税税率为 13%。2022 年 9 月 2 日，甲公司向乙公司赊销商品一批，商品标价总额为 100 万元（不含增值税）。由于成批销售，乙公司可以享受 10% 的商业折扣，甲公司应收账款的入账价值为（　）万元。

　　A. 117　　　　　　B. 90　　　　　　C. 101.7　　　　　　D. 100.8

7. （历年真题·多选题）下列各项中，应列入资产负债表"应收账款"项目的有（   ）。

A. 预付职工差旅费

B. 代购货单位垫付的运杂费

C. 销售产品应收取的款项

D. 对外提供劳务应收取的款项

考点 3-9： 预付账款（★☆☆）

◆【考点母题——万变不离其宗】预付账款

下列关于预付账款的表述中，正确的有（   ）。
A.企业在预付账款业务不多时可用"应付账款"核算 B.预付账款期末余额一般在借方，如果预付账款出现贷方余额，实际上相当于企业的应付账款 C.在资产负债表中，应根据"应付账款"和"预付账款"明细账的借方余额之和记入"预付款项"项目，根据明细账的贷方余额之和记入"应付账款"项目

◆【神奇母题提示】收对收，付对付，资产借方和，负债贷方和

（资产）应收账款项目金额 = "应收账款"借方余额 + "预收账款"借方余额

（负债）预收账款项目金额 = "预收账款"贷方余额 + "应收账款"贷方余额

（资产）预付账款项目金额 = "预付账款"借方余额 + "应付账款"借方余额

（负债）应付账款项目金额 = "应付账款"贷方余额 + "预付账款"贷方余额

❀【考点子题——真枪实练，有的放矢】

8. （单选题）预付货款不多的企业，可以不单独设置"预付账款"账户，而将预付的货款直接记入（   ）。

A. "应收账款"账户的借方

B. "其他应收款"账户的借方

C. "应付账款"账户的借方

D. "应收票据"账户的借方

9. （判断题）资产负债表中的"预付款项"项目应根据"预付账款"总账科目的期末余额进行填列。（   ）

考点3-10：应收股利和应收利息（★☆☆）

◆ 【考点母题——万变不离其宗】应收股利

应收股利核算内容	（1）下列各项中，属于应收股利核算内容的有（ ）。
	A. 交易性金融资产持有期间宣告发放现金股利 B. 取得交易性金融资产实际支付价款中包含已宣告但尚未分派的现金股利或利润
收到现金股利或利润	（2）在收到被投资单位分配的现金股利或利润时，下列会计处理正确的有（ ）。
	A. 通过证券公司购入的上市公司股票，在收到被投资单位分配的现金股利或利润时，应借记"其他货币资金——存出投资款"科目，贷记"应收股利"科目 B. 对于企业持有的其他股权投资，在收到被投资单位分配的现金股利或利润时，应借记"银行存款"科目，贷记"应收股利"科目

◆ 【考点母题——万变不离其宗】应收利息

应收利息核算内容	（1）下列各项中，属于应收利息核算内容的有（ ）。
	A. 交易性金融资产持有期间按期计算的现金利息 B. 取得交易性金融资产实际支付价款中包含已到付息期但尚未领取的利息

续表

	（2）下列关于应收利息的会计处理，正确的有（　　）。
会计处理	A.持有期间按期计息时 　借：应收利息 　　　贷：投资收益 B.收到利息时 　借：其他货币资金——存出投资款（证券账户） 　　　银行存款（银行账户） 　　　贷：应收利息

【考点子题——真枪实练，有的放矢】

10.（判断题）取得交易性金融资产实际支付的价款中包含的已到付息期但尚未领取的利息，不应作为应收利息处理，而是直接计入相关资产的成本或初始确认金额。（　　）

11.（判断题）通过证券公司收到被投资单位分配的现金股利或利润时，应借记"其他货币资金"科目，贷记"应收股利"科目。（　　）

考点3-11：其他应收款（★☆☆）

【考点母题——万变不离其宗】其他应收款

	（1）下列各项中，应通过"其他应收款"核算的有（　　）。
通过"其他应收款"核算	A.应收的各种赔款、罚款（如应向保险公司收取的赔款） B.应收的出租包装物租金 C.应向职工收取的各种垫付款项（如为职工垫付的水电费、医药费、房租费等） D.存出保证金（如租入包装物支付的押金） E.拨付给企业各内部单位的备用金 F.其他各种应收、暂付款项

续表

不通过"其他应收款"核算	（2）下列各项中，不通过"其他应收款"核算的有（　）。 A. 应收的股利　　B. 应收的利息　　C. 收取的押金 D. 实行定额备用金制的企业日常报销业务 E. 股票投资时，实际支付的价款中包含的已宣告但尚未分派的现金股利 F. 债券投资时，实际支付的价款中包含的已到期但尚未领取的现金利息 G. 应向购货方收取的代垫运杂费等（在"应收账款"科目核算）

【注意】（1）收取的押金在"其他应付款"中核算；
（2）实行定额备用金制的企业日常报销时不通过"其他应收款"核算。

【考点子题——真枪实练，有的放矢】

12.（历年真题·单选题）属于"其他应收款"科目核算内容的是（　）。

A. 出租包装物应收取的租金　　　　B. 应收客户材料款

C. 预收的租金　　　　　　　　　　D. 销售商品垫付的运费

13.（单选题）下列各项中，不属于"其他应收款"科目核算内容的是（　）。

A. 企业为职工垫付的水电费　　　　B. 企业为客户垫付的运杂费

C. 企业租入包装物支付的押金　　　D. 企业出租包装物应收的租金

考点 3-12：应收款项减值（★★★）

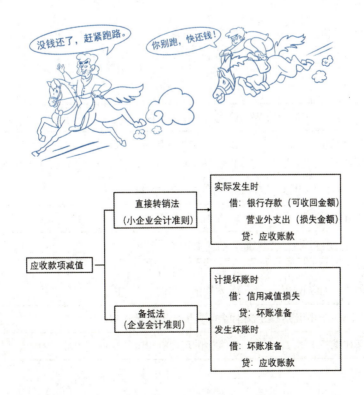

◆【考点题源】坏账准备的计提或冲销

范围：应收票据、应收账款、预付账款、其他应收款（口诀：三收一付）			
坏账准备计提额或冲销额的计算，把握住两点：（1）期末应提坏账准备＝期末应收账款余额×计提比率（已知）；（2）已提坏账准备＝现有"坏账准备"账户余额			
坏账准备计算		应提＞已提：差额补提	借：信用减值损失 　贷：坏账准备
		应提＜已提：差额冲销	借：坏账准备 　贷：信用减值损失
应收款项发生坏账时： 　借：坏账准备 　　贷：应收账款等 收回已核销的坏账时： 　借：应收账款 　　贷：坏账准备		借：银行存款 　贷：应收账款	

◆【考点母题——万变不离其宗】应收账款账面余额和账面价值

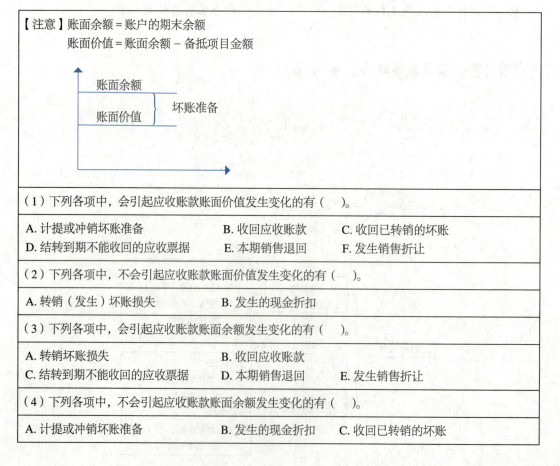

【注意】账面余额＝账户的期末余额
　　　　账面价值＝账面余额－备抵项目金额

（1）下列各项中，会引起应收账款账面价值发生变化的有（　　）。

A. 计提或冲销坏账准备　　　　　B. 收回应收账款　　　　C. 收回已转销的坏账
D. 结转到期不能收回的应收票据　E. 本期销售退回　　　　F. 发生销售折让

（2）下列各项中，不会引起应收账款账面价值发生变化的有（　　）。

A. 转销（发生）坏账损失　　　　B. 发生的现金折扣

（3）下列各项中，会引起应收账款账面余额发生变化的有（　　）。

A. 转销坏账损失　　　　　　　　B. 收回应收账款
C. 结转到期不能收回的应收票据　D. 本期销售退回　　　　E. 发生销售折让

（4）下列各项中，不会引起应收账款账面余额发生变化的有（　　）。

A. 计提或冲销坏账准备　　　　　B. 发生的现金折扣　　　　C. 收回已转销的坏账

♣【考点子题——真枪实练，有的放矢】

14. (判断题)对应收款项减值采用备抵法，不仅适用于执行企业会计准则的单位，也适用于执行小企业会计准则的单位。( )

15. (判断题)采用直接转销法时，日常核算中应收款项可能发生的坏账损失不进行会计处理，只有在实际发生坏账时，才作为坏账损失计入当期损益。( )

16. (历年真题·多选题)下列各项中，应计提坏账准备的有( )。

    A. 应收账款   B. 应收票据   C. 预付账款   D. 其他应收款

17. (判断题)企业应当在资产负债表日对应收款项的账面价值进行评估，应收款项发生减值的，应将减记的金额确认资产减值损失，计提坏账准备。( )

18. (多选题)下列各项中，会引起应收账款账面价值发生变化的有( )。

    A. 计提坏账准备 B. 收回应收账款 C. 转销坏账损失 D. 收回已转销的坏账

19. (多选题)下列各项中，能够增加"坏账准备"贷方发生额的有( )。

    A. 实际发生的坏账损失   B. 冲回多提的坏账准备

    C. 当期补提的坏账准备   D. 已转销的坏账又收回

20. (单选题)2022年末应收账款的账面余额为1 000万元，由于债务人发生严重财务困难，预计3年内只能收回部分货款，应收账款应计提300万元坏账准备，"坏账准备"期初余额为200万元。2022年末需要提取的坏账准备金为( )万元。

    A. 100   B. 200   C. 300   D. 500

21. (单选题)甲公司2022年初应收账款余额为500万元。年初坏账准备余额为50万元。当年发生坏账50万元。收回已核销的坏账50万元。甲公司每年年末按应收账款余额的10%计提坏账准备。假定不考虑其他因素，甲公司2022年末需要计提的坏账准备为( )万元。

    A. 150   B. 100   C. 50   D. -5

22. (历年真题·单选题)企业已计提坏账准备的应收账款确实无法收回，按管理权限报经批准作为坏账转销时，应编制的会计分录是( )。

    A. 借记"信用减值损失"科目，贷记"坏账准备"科目

    B. 借记"管理费用"科目，贷记"应收账款"科目

    C. 借记"坏账准备"科目，贷记"应收账款"科目

    D. 借记"坏账准备"科目，贷记"信用减值损失"科目

23. (历年真题·多选题)下列各项中，引起应收账款账面价值发生变动的有( )。

    A. 结转到期不能收回款项的商业承兑汇票   B. 收回已作为坏账转销的应收账款

    C. 计提应收账款坏账准备   D. 收回应收账款

第四节　存货

考点 3-13：存货概述（★☆☆）

存货是指企业在日常活动中持有以备出售的产品或商品、处在生产过程中的在产品、在生产过程或提供劳务过程中耗用的材料或物料等。

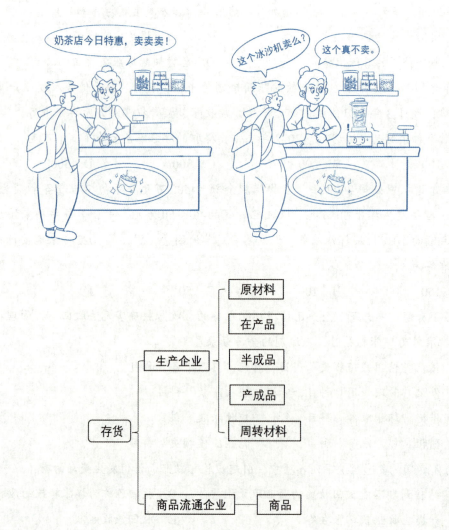

◆ 【考点母题——万变不离其宗】存货的内容

存货项目 包括	（1）下列各项中，应包括在资产负债表"存货"项目的有（　　）。
	A. 原材料　　　　　　 B. 库存商品　　　 C. 生产成本（在产品）　　 D. 制造费用 E. 半成品　　　　　　　 F. 周转材料（如包装物、低值易耗品） G. 发出商品　　　　　　 H. 在途物资　　　 I. 材料采购 J. 材料成本差异（超支加、节约减）　　　 K. 委托加工物资 L. 消耗性生物资产　　 M. 商品进销差价（减） N. 存货跌价准备（减）等
存货项目 不包括	（2）下列不应包括在资产负债表"存货"项目的有（　　）。
	A. 工程物资　　　　　　　 B. 特种储备物资等

◆ 【考点母题——万变不离其宗】存货的初始计量

应计入存 货成本的 项目	（1）下列各项与存货相关的费用中，应计入存货成本的有（　　）。	
	自产 （料 + 工 + 费）	A. 产品制造企业在原材料采购过程中发生的购买价款 B. 产品制造企业为生产产品而发生的直接人工费用、制造费用 C. 不能抵扣的增值税进项税额以及相应的教育费附加等
	外购 （价 + 费 + 税）	A. 商品流通企业在商品采购过程中发生的购买价款 B. 采购过程中发生的包装费、保险费、仓储费、装卸费、运输费等杂费 C. 存货入库前的挑选整理费用 D. 运输途中合理损耗 E. 在生产过程中为达到下一个生产阶段所必需的仓储费用 F. 购买存货发生的进口关税、消费税、资源税
	委托加工	A. 委托加工实际耗用原材料成本 B. 发出委托加工的物资的加工费、装卸费、保险费、运输费用等杂费 C. 因委托加工物资收回后直接销售而支付的受托方代收代缴的消费税
不计入存 货成本的 项目	（2）下列各项与存货相关的费用中，应计入管理费用的有（　　）。	
	管理费用	A. 存货入库后的储存费用 B. 因签订采购存货的购销合同而支付的采购人员差旅费

【注意】
（1）商品流通企业采购商品的进货费用金额较小的，可以在发生时直接计入销售费用。
（2）商品流通企业发生的进货费用可以先进行归集，期末根据所购商品的存销情况进行分摊。对于已售商品的进货费用，计入当期主营业务成本，对于未售商品的进货费用，计入期末存货成本。
（3）小企业（批发业、零售业）在购买商品过程中发生的费用（包括运输费、装卸费、包装费、保险费、运输途中的合理损耗和入库前的挑选整理费等），记入"销售费用"科目核算。
（4）企业设计产品发生的设计费用通常应计入当期损益，但为特定客户设计产品所发生的、可直接认定的产品设计费用应计入存货的成本。

🍀【考点子题——真枪实练，有的放矢】

1.（多选题）下列各种物资中，应当作为企业存货核算的有（　　）。

　　A. 委托加工材料　　B. 发出商品　　C. 工程物资　　D. 在产品

2.（多选题）下列各项中，增值税一般纳税企业应将其计入存货成本的有（　　）。

　　A. 采购存货发生的保险费

　　B. 存货入库前的挑选整理费用

　　C. 购买原材料运输途中的合理损耗

　　D. 材料入库后发生的非生产性仓储费

3.（单选题）乙企业为增值税一般纳税人。本月购进原材料200千克，货款为6 000元，增值税为780元，发生的保险费为350元（不考虑增值税），入库前的挑选整理费用为130元（不考虑增值税），验收入库时发现数量短缺10%，经查属于运输途中合理损耗。另发生运输费用558元，对应的增值税50.22元，包装费120元（不含增值税），包装物押金1 000元，款项全部支付。乙企业该批原材料入账价值为（　　）元。

　　A. 7 662　　　　　　　　　　　B. 6 642

　　C. 8 078　　　　　　　　　　　D. 7 158

4.（历年真题·判断题）已完成销售手续，但购买方在当月尚未提取的产品，销售方仍应作为本企业库存商品核算。（　　）

5.（历年真题·多选题）下列各项中，关于存货成本表述正确的有（　　）。

　　A. 商品流通企业采购商品的进货费用金额较小的，可以不计入存货成本

　　B. 为特定客户设计产品直接发生的设计费用应计入产品成本

　　C. 商品流通企业发生的进货费用先进行归集的，期末未售商品分摊的进货费用计入存货成本

　　D. 小企业购买商品过程中发生的运输费、装卸费不计入商品成本

◆【考点母题——万变不离其宗】发出存货的计价方法

（1）下列各项中，属于实际成本法下发出存货计价方法的有（　　）。

续表

A.个别计价法	（2）下列关于个别计价法的表述中，正确的有（　　）。 A.个别计价法是实物流转与成本流转相一致的计价方法 B.个别计价法的优点是成本计算准确，符合实际情况 C.个别计价法的缺点是在存货收发频繁情况下，发出成本分辨的工作量较大 D.个别计价法通常适用于一般不能替代使用的存货、为特定项目专门购入或制造的存货以及提供的劳务，如珠宝、名画等贵重物品。 **个别计价法** 进价10元　　进价12元　　进价8元 　　　　卖哪个苹果，成本就是它对应的进价
B.先进先出法	（3）下列关于先进先出法的表述中，正确的有（　　）。 A.先进先出法可以随时结转存货发出成本，但较繁琐 B.先进先出法在物价持续上升时，期末存货成本接近于市价，而发出成本偏低，会高估企业当期利润和库存存货价值；反之则反 C.先进先出法下如果存货收发业务较多，且存货单价不稳定时，工作量较大 **先进先出法** 进价10元　　进价12元　　卖　进价8元 　①　　②　　③ 6月30日　7月15日　7月30日 库存　　购入　　购入　　无论卖出去的是几号苹果 　　　　　　　　　　　　它的成本都按1号的10元来结转
C.月末一次加权平均法	（4）下列关于月末一次加权平均法的表述中，正确的有（　　）。 A.月末一次加权平均法可以简化成本计算工作 B.月末一次加权平均法不利于存货成本的日常管理与控制 C.月末一次加权平均法平时无法从账上提供发出和结存存货的单价及金额 【计算公式】 存货单位成本 =［月初结存存货成本 +Σ（本月各批进货的实际单位成本 × 本月各批进货的数量）］÷（月初结存存货的数量 + 本月各批进货数量之和） 本月发出存货的成本 = 本月发出存货的数量 × 存货单位成本 本月月末结存存货成本 = 月末结存存货的数量 × 存货单位成本 或者： 本月月末结存存货成本 = 月初结存存货成本 + 本月收入存货成本 − 本月发出存货成本

续表

D. 移动加权平均法	（5）下列关于移动加权平均法的表述中，正确的有（　　）。 A. 移动加权平均法要求每次收货都要计算一次平均单位成本 B. 移动加权平均法计算工作量较大，对收发货较频繁的企业不太适用 C. 移动加权平均法的优点是企业管理层可以及时了解存货的结存情况 D. 移动加权平均法计算的平均单价成本及发出和结存的存货成本比较客观 【计算公式】 存货单位成本＝（原有结存存货成本＋本次进货的成本）÷（原有结存存货数量＋本次进货数量） 本次发出存货成本＝本次发出存货数量×本次发货前存货的单位成本 本月月末结存货成本＝月末结存存货的数量×本月月末存货单位成本 或者： 本月月末结存货成本＝月初结存货成本＋本月收入存货成本－本月发出存货成本 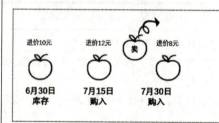

【注意】
（1）按照小企业会计准则规定，小企业应当采用先进先出法、加权平均法或者个别计价法确定发出存货的实际成本。
（2）计价方法一经选用，不得随意变更。

【考点子题——真枪实练，有的放矢】

6.（判断题）存货发出计价方法的选择直接影响着资产负债表中资产总额的多少，而与利润表中净利润的大小无关。（　　）

7.（判断题）先进先出法在物价持续上升时，期末存货成本接近于市价，而发出成本偏低，会高估企业当期利润和库存存货价值，反之，会低估企业存货价值和当期利润。（　　）

8.（判断题）个别计价法的成本计算准确，符合实际情况，但在存货收发频繁的情况下，其发出成本分辨的工作量较大，因此，它适用于一般不能替代使用的存货、为特定项目专门购入或制造的存货以及提供的劳务。（　　）

9. （单选题）下列各种存货发出的计价方法中，不利于存货成本日常管理与控制的方法是（　　）。

A. 先进先出法
B. 移动加权平均法
C. 月末一次加权平均法
D. 个别计价法

10. （单选题）A 公司 5 月 1 日甲材料结存 300 千克，单价 2 万元，5 月 6 日发出 100 千克，5 月 10 日购进 200 千克，单价 2.20 万元，5 月 15 日发出 200 千克。企业采用移动加权平均法计算发出存货成本，则 5 月 15 日结存的原材料成本为（　　）万元。

A. 400
B. 416
C. 420
D. 440

11. （历年真题·判断题）企业采用月末一次加权平均法计量发出材料的成本，在本月有材料入库的情况下，物价上涨时，当月月初发出材料的单位成本小于月末发出的材料的单位成本。（　　）

考点 3-14：原材料（★★★）

原材料的日常收入、发出及结存能采用实际成本核算，也能采用计划成本核算。

实际成本法下：

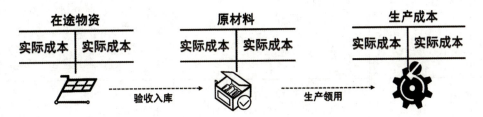

计划成本法下：

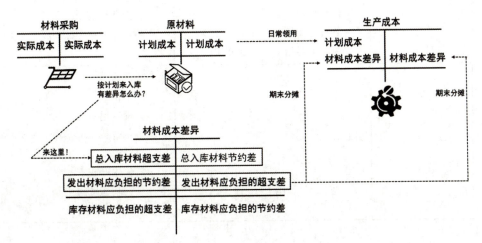

【考点题源】实际成本法与计划成本法核算的比较

比　较		实际成本法	计划成本法
购入材料	1. 货款已经支付，同时材料验收入库	借：原材料（实际成本） 　　应交税费——应交增值税 　　　　　　（进项税额） 　贷：银行存款	借：材料采购（实际成本） 　　应交税费——应交增值税 　　　　　　（进项税额） 　贷：银行存款
	2. 货款已经支付，但材料尚未验收入库	借：在途物资（实际成本） 　　应交税费——应交增值税 　　　　　　（进项税额） 　贷：银行存款	借：材料采购（实际成本） 　　应交税费——应交增值税 　　　　　　（进项税额） 　贷：银行存款
	3. 货款尚未支付，材料已经验收入库，发票账单已经收到	借：原材料（实际成本） 　　应交税费——应交增值税 　　　　　　（进项税额） 　贷：应付账款（应付票据）	借：材料采购（实际成本） 　　应交税费——应交增值税 　　　　　　（进项税额） 　贷：应付账款
	4. 材料已经验收入库，月末发票账单尚未收到	借：原材料（暂估价值） 　贷：应付账款	借：原材料（计划成本） 　贷：应付账款
	5. 材料验收入库	在途物资运达验收入库 借：原材料 　贷：在途物资	结转验收入库的计划成本 借：原材料（计划成本） （注：仅仅是验收入库部分的材料，不包括在途材料的计划成本和暂估入库材料的计划成本） 　　材料成本差异（超支差异） 　贷：材料采购（实际成本） 　　材料成本差异（节约差异）
发出材料	1. 发出阶段	按照实际成本（个别计价法、先进先出法、月末一次加权平均法、移动加权平均法） 借：生产成本 　　制造费用 　　管理费用等 　贷：原材料（实际成本）	按照计划成本 借：生产成本 　　制造费用 　　管理费用等 　贷：原材料（计划成本）
	2. 分摊阶段	无此处理	借：生产成本 　　制造费用 　　管理费用等 　贷：材料成本差异（超支差异） 借：材料成本差异（节约差异） 　贷：生产成本 　　制造费用 　　管理费用等

◆【考点母题——万变不离其宗】材料成本差异账户

属于"材料成本差异"账户借方登记内容	（1）下列各项中，属于"材料成本差异"账户借方登记内容的有（ ）。
	A. 已入库材料的超支差异（实际成本大于计划成本） B. 出库材料负担的节约差异
属于"材料成本差异"账户贷方登记内容	（2）下列各项中，属于"材料成本差异"账户贷方登记内容的有（ ）。
	A. 已入库材料的节约差异（实际成本小于计划成本） B. 出库材料负担的超支差异

【注意】（1）"材料成本差异"账户期末余额可能在借方，也可能在贷方。如果余额在借方，表示库存材料应负担的超支差异，填列资产负债表"存货"项目时，要加上该余额，得出实际成本；如果余额在贷方，表示库存材料应负担的节约差异，填列资产负债表"存货"项目时，要减去该余额，得出实际成本。
（2）发出材料应负担的成本差异应当按期（月）分摊，不得在季末或年末一次计算。

◆【考点题源】计划成本法下的计算公式

◆ 本期材料成本差异率＝（期初结存材料的成本差异＋本期验收入库材料的成本差异）÷（期初结存材料的计划成本＋本期验收入库材料的计划成本）×100%
⊙ 注意分子的正负号：超支 +，节约 –
⊙ 注意分母的范围：不含暂估入库的材料计划成本
◆ 本期发出材料应负担的成本差异＝发出材料的计划成本 × 材料成本差异率
◆ 本期发出材料的实际成本＝发出材料的计划成本 ×（1± 材料成本差异率）
◆ 如果企业的材料成本差异率各期之间是比较均衡的，也可以采用期初材料成本差异率分摊本期的材料成本差异。
◆ 期初材料成本差异率＝期初结存材料的成本差异 ÷ 期初结存材料的计划成本 ×100%

❀【考点子题——真枪实练，有的放矢】

12.（判断题）在计划成本法下，购入的材料无论是否验收入库，均需通过"材料采购"科目进行核算。（ ）

13.（多选题）下列各项中，属于"材料成本差异"账户贷方登记内容的有（ ）。

　　A. 购进材料实际成本小于计划成本的差额

　　B. 发出材料应负担的超支差异

　　C. 发出材料应负担的节约差异

　　D. 购进材料实际成本大于计划成本的差额

第3章

14.（单选题）某企业采用计划成本进行材料的日常核算。月初结存材料的计划成本为 80 万元，成本差异为超支 20 万元。当月购入材料一批，实际成本为 110 万元，计划成本为 120 万元。当月领用材料的计划成本为 100 万元，当月领用材料应负担的材料成本差异为（　　）万元。

A. 超支 5　　　　B. 节约 5　　　　C. 超支 15　　　　D. 节约 15

15.（单选题）某企业为增值税一般纳税人，增值税税率为 13%。本月销售一批材料，价值 5 876 元（含增值税）。该批材料计划成本为 4 200 元，材料成本差异率为 -2%，该企业销售材料应确认的损益为（　　）元。

A. 916　　　　B. 1 084　　　　C. 1 884　　　　D. 1 968

16.（单选题）某企业存货采用计划成本核算，月初库存材料的计划成本为 120 万元，节约差异为 2 万元；本月入库材料的计划成本为 180 万元，节约差异为 1.6 万元；本月生产产品耗用材料的计划成本为 200 万元。不考虑其他因素，该企业月末库存材料的实际成本为（　　）万元。

A. 100　　　　B. 98.8　　　　C. 101.2　　　　D. 200

考点 3-15：周转材料（★☆☆）

◆【考点母题——万变不离其宗】周转材料

包装物内容	（1）下列各项中，属于包装物内容的有（　　）。
	A.作为产品组成部分的包装物（生产成本） B.随同商品出售不单独计价的包装物（销售费用） C.随同商品出售单独计价的包装物（其他业务成本） D.出租或出借的包装物（出租：其他业务成本，出借：销售费用）

续表

低值易耗品内容	（2）下列各项中，属于低值易耗品内容的有（　　）。
	A. 一般工具　　B. 专用工具　　　C. 替换设备 D. 管理用具　　E. 劳动保护用品　F. 其他用具等
周转材料摊销方法	（3）下列各项中，属于周转材料摊销方法的有（　　）。
	A. 一次摊销法（金额较小） B. 分次摊销法（多次反复使用）：设"在库"、"在用"、"摊销"明细科目
【判断金句】（4）小企业的各种包装材料，应在"原材料"科目内核算；用于储存和保管产品、材料而不对外出售的包装物，应按照价值大小和使用年限长短，分别在"固定资产"科目或"原材料"科目核算。（　　）	

🍀【考点子题——真枪实练，有的放矢】

17.（判断题）企业支付的包装物押金和收取的包装物押金均应通过"其他应收款"账户核算。（　　）

18.（多选题）随同商品出售的包装物，其实际成本可记入的会计科目有（　　）。

　　A. 销售费用　　B. 生产成本　　C. 制造费用　　D. 其他业务成本

19.（单选题）企业销售产品领用不单独计价包装物一批，其计划成本为 1 000 元，材料成本差异率为 1%，此项业务企业应计入销售费用的金额为（　　）元。

　　A. 1 000　　　B. 990　　　C. 1 010　　　D. 0

20.（判断题）企业领用的低值易耗品，在领用时均应计入制造费用科目。（　　）

21.（历年真题·多选题）下列各项中，关于周转材料会计处理的表述正确的有（　　）。

　　A. 多次使用的包装物应根据使用次数分次进行摊销

　　B. 低值易耗品金额较小的可在领用时一次计入成本费用

　　C. 随同商品销售出借的包装物的摊销额应计入管理费用

　　D. 随同商品出售单独计价的包装物取得的收入应计入其他业务收入

考点 3-16：委托加工物资（★★☆）

【考点母题——万变不离其宗】委托加工物资成本的构成

构成企业委托加工物资成本	（1）下列各项中，构成企业委托加工物资成本的有（ ）。
	A. 加工中实际耗用物资的成本　　B. 支付的加工费
	C. 支付的保险费　　D. 往返运杂费
	E. 计入成本的税金　　F. 收回后直接销售物资的代收代缴消费税
不构成企业委托加工物资成本	（2）下列各项中，不构成企业委托加工物资成本的有（ ）。
	A. 一般纳税人委托加工材料发生的增值税
	B. 收回后继续加工物资的代收代缴消费税

【考点子题——真枪实练，有的放矢】

22.（单选题）甲企业发出实际成本为 140 万元的原材料，委托乙企业加工成半成品，收回后用于连续生产应税消费品，甲企业和乙企业均为增值税一般纳税人，甲企业根据乙企业开具的增值税专用发票向其支付加工费 4 万元和增值税 0.52 万元，另支付消费税 16 万元，假定不考虑其他相关税费，甲企业收回该批半成品的入账价值为（ ）万元。

　　A. 144　　　　　　B. 144.64　　　　　　C. 160　　　　　　D. 160.64

23.（多选题）甲企业为增值税一般纳税人，委托外单位加工一批材料（属于应税消费品，且为非金银首饰），该批原材料加工收回后直接用于销售。甲企业发生的下列各项支出中，能增加收回委托加工材料实际成本的有（ ）。

　　A. 支付的加工费　　B. 支付的增值税　　C. 负担的运杂费　　D. 支付的消费税

考点 3-17：库存商品（★★☆）

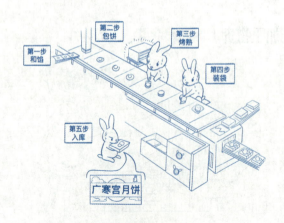

◆【考点母题——万变不离其宗】库存商品的内容

属于库存商品	（1）下列各项中，属于库存商品的有（　　）。
	A. 库存产成品　　　B. 外购商品　　　C. 存放在门市部准备出售的商品 D. 发出展览的商品　E. 寄存在外的商品　F. 接受来料加工制造的代制品 G. 为外单位加工修理的代修品等
不属于库存商品	（2）下列各项中，不属于库存商品的有（　　）。
	A. 已售未提商品　　　B. 代管商品

◆【考点母题——万变不离其宗】毛利率法（商业批发企业）

下列关于毛利率法的计算公式中，正确的有（　　）。

A. 毛利率 = 销售毛利 ÷ 销售净额 × 100%

B. 销售净额 = 商品销售收入 − 销售退回与折让

C. 销售毛利 = 销售净额 × 毛利率

D. 销售成本 = 销售净额 − 销售毛利

E. 期末存货成本 = 期初存货成本 + 本期购货成本 − 本期销售成本

◆【考点母题——万变不离其宗】售价金额核算法（商业零售企业）

下列关于售价金额核算法的计算公式中，正确的有（　　）。

A. 商品进销差价率 =（期初库存商品进销差价 + 本期购入商品的进销差价）÷（期初库存商品售价 + 本期购入商品售价）× 100%

B. 本期销售商品应分摊的商品进销差价 = 本期商品销售收入 × 商品进销差价率

C. 本期销售商品的成本 = 本期商品销售收入 − 本期销售商品应分摊的商品进销差价

或者 = 本期商品销售收入 ×（1− 商品进销差价率）

D. 期末结存商品的成本 = 期初库存商品的进价成本 + 本期购进商品的进价成本 − 本期销售商品的成本

或者 = 期末结存商品的售价成本 ×（1− 商品进销差价率）

♧【考点子题——真枪实练，有的放矢】

24.（单选题）下列各种存货中，不应当作为库存商品进行核算的是（　　）。

A. 存放在门市部准备出售的商品

B. 接受来料加工制造的代制品

C. 已完成销售手续但在月末尚未提取的商品

D. 为外单位加工修理的代修品

25. （单选题）某商场采用毛利率法对商品的发出和结存进行日常核算。2022年9月1日该商品成本1 800万元，9月购入该商品成本4 200万元，销售商品收入4 500万元，销售退回与折让合计450万元，上月该类商品按扣除销售折让后计算的毛利率为30%。假定不考虑相关税费，则9月末该商品结存成本为（　　）万元。

A. 3 165　　　　　B. 2 850　　　　　C. 1 950　　　　　D. 3 300

26. （历年真题·单选题）某商场库存商品采用售价金额核算法进行核算。2022年5月初，库存商品的进价成本为34万元，售价金额为45万元。当月购进商品的进价成本为126万元，售价金额为155万元。当月销售收入为130万元。月末结存商品的实际成本为（　　）万元。

A. 30　　　　　　B. 56　　　　　　C. 104　　　　　　D. 130

27. （历年真题·单选题）库存商品采用售价金额法核算，2022年12月初库存商品的进价成本总额为200万元，售价总额为220万元，当月购进的商品的进价成本总额为150万元，售价总额为180万元，当月实现销售收入总额为240万元。不考虑其他因素，2022年12月31日该公司结存商品的实际成本总额为（　　）万元。

A. 110　　　　　　B. 180　　　　　　C. 160　　　　　　D. 140

考点 3-18：消耗性生物资产（★★☆）

◆【考点母题——万变不离其宗】消耗性生物资产

生物资产的分类	（1）按照我国会计准则规定，可将生物资产划分为（　）。 A. 消耗性生物资产（为出售）：作为流动资产在"存货"列示 B. 生产性生物资产（为产出）：作为非流动资产在"生产性生物资产"列示 C. 公益性生物资产（为公益）：作为"其他非流动资产"列示
消耗性生物资产的会计处理	【判断金句】（2）消耗性生物资产在收获或达到出售状态前发生的实际支出均应计入消耗性生物资产成本；在收获或达到出售状态后发生的实际支出计入当期损益。（　）

🍀【考点子题——真枪实练，有的放矢】

28.（判断题）消耗性生物资产和生产性生物资产均属于生物资产，都应作为非流动资产在资产负债表中"生物资产"项目列示。（　）

考点 3-19：存货清查（★★☆）

◆【考点母题——万变不离其宗】存货清查

（1）下列关于存货清查会计处理中，正确的有（　）。

清　查	批准前	批准后
盘　盈	A. 批准前： 借：×× 存货 　　贷：待处理财产损溢	B. 批准后： 借：待处理财产损溢 　　贷：管理费用
盘　亏	C. 批准前： 借：待处理财产损溢 　　贷：×× 存货 　　　　应交税费——应交增值税 　　　　　　（进项税额转出） 【注意】根据税法规定，管理不善等一般经营损失不允许抵扣的，要作进项税额转出处理。	D. 批准后： 借：其他应收款（保险或责任人赔款） 　　原材料（入库的残料价值） 　　管理费用（经营损失） 　　营业外支出（非常损失） 　　贷：待处理财产损溢 【注意】存货盘亏，可能影响营业利润也可能不影响营业利润。

续表

（2）对于盘盈的存货，经批准后应计入的会计科目是（　　）。
A.管理费用（多为收发记录错误）
辨析：对于盘盈的库存现金，经批准后应计入的会计科目有（　　）。
A.营业外收入（无法查明原因）　　B.其他应付款（有主应付款项）
【判断金句】（3）由于管理不善造成的存货盘亏损失，其盘亏存货的增值税税额不允许抵扣，应作进项税额转出处理。（　　）
（4）小企业发生的存货盘盈，按实现的收益计入营业外收入；发生的存货盘亏损失应当计入营业外支出。（　　）

🍀【考点子题——真枪实练，有的放矢】

29.（单选题）企业对于已记入"待处理财产损溢"科目的存货盘亏及毁损事项进行会计处理时，应记入"管理费用"科目的是（　　）。

A. 收发计量差错造成的存货净损失

B. 自然灾害造成的存货净损失

C. 原材料运输途中发生的合理损耗

D. 应由过失人赔偿的存货损失

30.（单选题）某企业为增值税一般纳税人，因遭受雷电毁损一批库存原材料，该批原材料的实际成本 10 000 元，增值税税额为 1 300 元。经确认，毁损原材料应由保险公司赔偿 2 000 元。不考虑其他因素，该企业应确认的原材料净损失为（　　）元。

A. 10 000　　　　B. 8 000　　　　C. 11 300　　　　D. 9 300

31.（判断题）小企业发生的存货盘盈和盘亏均应计入营业外收支。（　　）

考点 3-20：存货减值（★★☆）

播了那么多，怎么就剩这么一点？

扇贝到哪去了？

◆【考点母题——万变不离其宗】存货的期末计价

下列关于存货期末计价的表述中，正确的有（　　）。

A. 期末存货按成本与可变现净值孰低法进行计量

B. 期末存货成本即存货的实际成本（账面余额）

C. 存货可变现净值＝存货的估计售价－至完工时估计将要发生的成本－估计销售费用和相关税费

◆【考点题源】存货跌价准备的计提或冲销

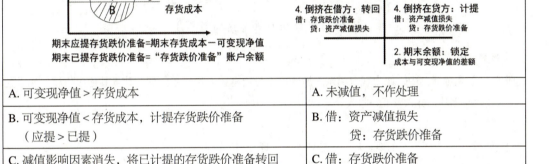

A. 可变现净值＞存货成本	A. 未减值，不作处理
B. 可变现净值＜存货成本，计提存货跌价准备（应提＞已提）	B. 借：资产减值损失 　　贷：存货跌价准备
C. 减值影响因素消失，将已计提的存货跌价准备转回（应提＜已提）	C. 借：存货跌价准备 　　贷：资产减值损失

【注意】

（1）存货账面价值＝成本－存货跌价准备贷方余额。

（2）当存货成本低于可变现净值时，应将"存货跌价准备"账户余额冲减为零。

（3）结转存货销售成本时，对于已计提存货跌价准备的，应当一并结转，同时调整销售成本。

♧【考点子题——真枪实练，有的放矢】

32.（单选题）下列关于存货可变现净值的表述中，正确的是（　　）。

　　A. 可变现净值等于存货的市场销售价格

　　B. 可变现净值等于销售存货产生的现金流入

　　C. 可变现净值等于销售存货产生现金流入的现值

　　D. 可变现净值是确认存货跌价准备的重要依据之一

33.（历年真题·多选题）下列各项中，关于存货期末计量的会计处理表述错误的有（　　）

　　A. 当存货可变现净值高于存货成本时应按其可变现净值计价

　　B. 当存货可变现净值高于存货成本时应将其差额计入当期损益

　　C. 已计提的存货跌价准备不得转回

　　D. 当存货账面价值高于其可变现净值时，应计提存货跌价准备

34. （单选题）某企业 2022 年 12 月 31 日，甲存货的实际成本为 120 万元，加工该存货至完工产成品估计还将发生成本为 10 万元，估计销售费用和相关税费为 2 万元，估计用该存货生产的产成品售价 130 万元。假定甲存货月初"存货跌价准备"科目贷方余额为 5 万元，2022 年 12 月 31 日应计提的存货跌价准备为（   ）万元。

A. -3   B. 0   C. 3   D. 2

本章答案与解析

[第一节考点子题答案与解析]

1. 【答案】B

   【解析】现金清查中，如为现金溢余，属于应支付给有关人员或单位的，计入其他应付款；属于无法查明原因的，计入营业外收入。

2. 【答案】C

   【解析】无法查明原因的现金短缺，应转入"管理费用"科目。

3. 【答案】AC

   【解析】企业银行存款日记账小于银行对账单余额的情形有：企业已付款入账，银行尚未付款入账；银行已收款入账，企业尚未收款入账。

4. 【答案】B

   【解析】调节后的银行存款余额 =200-2=198（万元）。

5. 【答案】×

   【解析】企业银行存款日记账的账面余额与银行对账单余额之间不一致的原因除存在未达账项外，还有记账错误。如发生记账错误，编制"银行存款余额调节表"进行调节，调节后的双方余额不一定相等。

6. 【答案】×

   【解析】银行存款余额调节表只是为了核对账目，并不能作为调节银行存款账面余额的原始凭证。

7. 【答案】D

   【解析】企业单位信用卡存款账户不可以存取现金；企业信用证保证金存款余额可以转存其开户行结算户存款；企业银行汇票存款的收款人可以将其收到的银行汇票背书转让。

8. 【答案】BCD

   【解析】企业持有的 3 个月内到期的债券投资，不属于其他货币资金，属于现金等价物。

9. 【答案】D

   【解析】企业汇往外地建立临时采购专户的资金，应借记"其他货币资金——外埠存款"科目，贷记"银行存款"科目。

10. 【答案】BD

【解析】备用金和银行承兑汇票不属于其他货币资金，备用金应通过"其他应收款"科目核算；银行承兑汇票和商业承兑汇票应通过"应收票据"或"应付票据"科目核算。

11. 【答案】A

【解析】企业收到的银行汇票、银行本票，应借记"银行存款"科目。

12. 【答案】B

【解析】企业开出的银行汇票、银行本票，应贷记"其他货币资金"科目。

13. 【答案】B

【解析】选项 AC 通过"银行存款"科目核算。选项 D 贷"应付票据"。

〔第二节考点子题答案与解析〕

1. 【答案】ABD

【解析】按照我国会计准则规定，可将金融资产划分为以公允价值计量且其变动计入当期损益的金融资产、以公允价值计量且其变动计入其他综合收益的金融资产和以摊余成本计量的金融资产三类。

2. 【答案】√

3. 【答案】AB

【解析】确认持有期间收到的现金股利，应贷记"应收股利"科目；期末持有的交易性金融资产的公允价值高于其账面价值的差额应贷记"公允价值变动损益"科目。

4. 【答案】A

【解析】2022 年末该项交易性金融资产应确认的投资收益 =-15+2 000×4%×1/2=25（万元）。

5. 【答案】B

【解析】2022 年利润表中因该交易性金融资产应确认的投资收益 =-4+960-（860-4-100×0.16）=116（万元）。

6. 【答案】C

【解析】收到交易性金融资产购买价款中已到付息期但尚未领取的债券利息记入"应收利息"科目，不计入当期损益。

7. 【答案】A

【解析】转让金融商品应交增值税 =（35 500-26 000）/(1+6%)×6%=538（元）。月末转让金融资产产生转让收益，其正确的会计处理应为：

借：投资收益　　　　　　　　　　　　　　538

　　贷：应交税费——转让金融商品应交增值税　　538

8. 【答案】×

【解析】转让金融商品应按照卖出价扣除买入价（不需要扣已宣告但尚未发放的现金股利和已到付息期但尚未领取的利息）后的余额作为销售额计算增值税。

9. 【答案】B

【解析】核算小企业购入的能随时变现并且持有时间不准备超过 1 年的债券的会计科目是短期投资。

10.【答案】×

【解析】小企业取得短期投资时发生的相关税费应计入短期投资成本。

〔第三节考点子题答案与解析〕

1.【答案】AB

【解析】银行本票和银行汇票应通过"其他货币资金"科目核算。

2.【答案】C

【解析】应补付的银行存款 = 45 000 ×（1+13%）+450−50 500 = 800（元）。

3.【答案】C

【解析】将银行承兑汇票贴现时，应按实际收到的贴现收入借记"银行存款"科目，将减少的应收票据按面值贷记"应收票据"科目，将两者之差记入"财务费用"科目。

4.【答案】ABCD

5.【答案】D

【解析】企业确认的应收账款 =60+7.8+2 = 69.8（万元）。

6.【答案】C

【解析】应收账款的入账价值 =100×（1−10%）×（1+13%） = 101.7（万元）。

7.【答案】BCD

【解析】预付职工差旅费应列入"其他应收款"项目。

8.【答案】C

【解析】应付账款期末余额一般在贷方，如果应付账款出现了借方余额，实际上相当于企业的预付账款。因此企业预付货款业务不多时，可用"应付账款"来代替。

9.【答案】×

【解析】资产负债表中的"预付款项"项目应根据"预付账款"和"应付账款"所属明细分类账的借方余额之和扣除坏账准备后进行填列。

10.【答案】×

【解析】取得交易性金融资产实际支付价款中包含的已到付息期但尚未领取的利息，应单独作为应收利息核算。

11.【答案】√

12.【答案】A

【解析】"其他应收款"科目核算内容包括应收的各种赔款、罚款、应收出租包装物的租金、应向职工收取的各项垫付款项、备用金、存出的保证金、预付账款转入、其他各种应收、暂付款项。

13.【答案】B

【解析】企业为客户垫付的运杂费应通过"应收账款"科目核算。

14.【答案】×

【解析】对应收款项减值采用备抵法，仅适用于执行企业会计准则的单位，不适用于执行小企业会计准则的单位。

15. 【答案】√

16. 【答案】ABCD

17. 【答案】×

　　【解析】应将减记的金额确认信用减值损失，计提坏账准备。

18. 【答案】ABD

　　【解析】应收账款的账面价值＝账面余额－坏账准备。计提坏账准备，坏账准备增加，减少应收账款的账面价值；收回应收账款，会减少应收账款账面余额，影响应收账款的账面价值；转销坏账损失，坏账准备减少，应收账款账面余额减少，对应收账款的账面价值没有影响；收回已转销的坏账，坏账准备增加了，会减少应收账款的账面价值。

19. 【答案】CD

　　【解析】当期实际发生的坏账损失和冲回多提的坏账准备，会增加"坏账准备"账户的借方发生额；当期补提的坏账准备和已转销的坏账当期又收回，会增加"坏账准备"账户的贷方发生额。

20. 【答案】A

　　【解析】2022 年末需要提取的坏账准备金 = 300-200 = 100（万元）。

21. 【答案】D

　　【解析】应提坏账准备 = 期末应收账款余额 × 计提比率 =（500-50）×10%=45（万元）；已提坏账准备 = "坏账准备"期末余额 =50-50+50=50（万元）；冲销坏账准备 =45-50=-5（万元）。

22. 【答案】C

　　【解析】企业核销坏账时，应冲减计提的坏账准备，同时转销应收账款的账面余额。

23. 【答案】ABCD

〔第四节考点子题答案与解析〕

1. 【答案】ABD

　　【解析】工程物资不作为企业存货核算。

2. 【答案】ABC

　　【解析】选项 D，材料入库后发生的非生产性仓储费计入管理费用，不计入存货成本。

3. 【答案】D

　　【解析】该批原材料入账价值 = 6 000+350+130+558+120 = 7 158（元）。

4. 【答案】×

　　【解析】已完成销售手续，但购买方在当月尚未提取的产品，企业已经将商品所有权转移给购货方，这批商品不再属于企业的资产。

5. 【答案】ABCD

6. 【答案】×

　　【解析】存货发出计价方法的选择既会影响资产负债表中资产总额的多少，也会影响利润表中净利润的大小。

7. 【答案】√

【解析】采用先进先出法，先购入的存货先发出，那么期末存货反映的就是后购入的存货市价，所以同市价最相关，在物价持续上升时，发出成本偏低，会高估企业当期利润和库存存货价值，反之则反。

8. 【答案】√

9. 【答案】C

【解析】采用月末一次加权平均法只有在月末才计算加权平均单价，平时无法从账上提供发出和结存存货的单价及金额，因此，不利于存货成本的日常管理与控制。

10. 【答案】C

【解析】5月10日结存原材料的单位成本=（300×2-100×2+200×2.2）/（300-100+200）=2.1（元/千克），5月15日结存的原材料成本=（300-100+200-200）×2.1=420（万元）。

11. 【答案】×

【解析】采用月末一次加权平均法，只在月末一次进行计算，所以当月发出材料的单位成本是相同的。

12. 【答案】√

13. 【答案】AB

【解析】购进材料实际成本小于计划成本的差额和发出材料应负担的超支差异登记在"材料成本差异"账户的贷方；发出材料应负担的节约差异和购进材料实际成本大于计划成本的差额登记在"材料成本差异"账户的借方。

14. 【答案】A

【解析】当月的材料成本差异率=[20+（110-120）]/（80+120）×100%=5%（超支）；当月领用材料应负担的材料成本差异=100×5%=5（万元）（超支）。

15. 【答案】B

【解析】确认的其他业务收入=5 876÷（1+13%）=5 200（元），确认的其他业务成本=4 200×（1-2%）=4 116（元），销售材料应确认的损益=5 200-4 116=1 084（元）。

16. 【答案】B

【解析】本期材料成本差异率=（-2-1.6）/(120+180)=-1.2%

月末库存材料的实际成本=(120+180-200)×(1-1.2%)=98.8(万元)。

17. 【答案】×

【解析】企业支付的包装物押金应通过"其他应收款"账户核算，收取的包装物押金应通过"其他应付款"账户核算。

18. 【答案】AD

【解析】随同商品出售不单独计价的包装物的实际成本应计入销售费用，随同商品出售单独计价的包装物的实际成本应计入其他业务成本。

19. 【答案】C

【解析】应计入销售费用的金额=1 000+1 000×1%=1 010（元）。

20. 【答案】×

【解析】低值易耗品如果是生产车间领用的，通常应计入制造费用，期末再进行分配计入生产成本；

但是，如果该生产车间只生产一种产品，也可以直接计入生产成本，不需要通过制造费用进行归集。如果是企业管理部门领用的，则应计入管理费用。

21.【答案】ABD

　　【解析】随同商品销售出借的包装物的摊销额应计入销售费用。

22.【答案】A

　　【解析】收回该批半成品的入账价值 =140+4=144（万元）。

23.【答案】ACD

　　【解析】支付的加工费和负担的运杂费均会增加收回委托加工材料实际成本，支付的消费税若加工收回后直接用于销售，应计入委托加工材料实际成本，若收回后用于连续生产应税消费品，则不能计入委托加工材料实际成本。支付的增值税不能计入委托加工材料实际成本。

24.【答案】C

　　【解析】已完成销售手续但在月末尚未提取的商品，所有权已发生转移不属于企业的库存商品。

25.【答案】A

　　【解析】该商品本月销售成本 =（4 500-450）×（1-30%）=2 835（万元），9 月末该商品结存成本 = 1 800+4 200-2 835 = 3 165（万元）。

26.【答案】B

　　【解析】商品进销差价率 =（45-34+155-126）÷（45+155）×100%=20%，本月销售商品的实际成本 =130-130×20%=104（万元），月末结存商品的实际成本 =34+126-104=56（万元）。

27.【答案】D

　　【解析】商品进销差价率 =[（220-200）+（180-150）]÷（220+180）×100%=12.5%，本期销售商品应分摊的商品进销差价 = 240×12.5%=30（万元），本期销售商品的成本 =240-30=210（万元），期末结存商品的成本 =200+150-210=140（万元）。

28.【答案】×

　　【解析】消耗性生物资产作为流动资产在"存货"列示；生产性生物资产作为非流动资产在"生产性生物资产"列示。

29.【答案】A

　　【解析】对于应由保险公司和过失个人支付的赔款，记入"其他应收款"科目；扣除残料价值和应由保险公司、过失人赔款后的净损失，属于一般经营损失的部分，记入"管理费用"科目；属于非常损失的部分，记入"营业外支出——非常损失"科目；原材料运输途中发生的合理损耗不需进行专门的账务处理。

30.【答案】B

　　【解析】

借：其他应收款　　　　　　　2 000

　　　营业外支出　　　　　　　8 000

　　　贷：待处理财产损溢　　　　　10 000

遭受雷电毁损的增值税可以抵扣，不用转出。

31.【答案】√

32.【答案】D

【解析】可变现净值是指存货的估计售价减去完工时估计将要发生的成本、估计的销售费用以及相关税费后的金额，是确认存货跌价准备的重要依据之一。

33.【答案】ABC

【解析】当存货可变现净值高于存货成本时，不作处理；可变现净值低于存货成本时，计提存货跌价准备；减值影响因素消失，将已计提的存货跌价准备转回。

34.【答案】A

【解析】甲存货的成本＝120（万元）；可变现净值＝产成品售价130－估计加工成本10－估计销售费用2＝118（万元），成本高于可变现净值，所以要计提存货跌价准备2万元，由于存货跌价准备账户的期初余额为5万元，所以应该冲减已经计提的存货跌价准备3万元。

第4章

非流动资产

（★★★）

本章主题

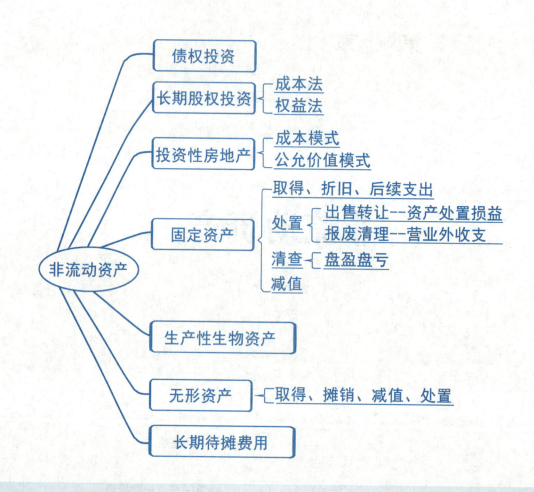

第一节　长期投资

考点 4-1：长期投资概述（★☆☆）

◆【考点母题——万变不离其宗】长期投资概述

（1）下列各项中，属于长期投资内容的有（　　）。	（2）下列关于长期投资的表述中，正确的有（　　）。
A.债权投资	管理金融资产的业务模式：收取合同现金流量 分类：以摊余成本计量的金融资产（企业）；长期债券投资（小企业）
B.其他债权投资	管理金融资产的业务模式：既收取合同现金流量又出售该金融资产 分类：以公允价值计量且其变动计入其他综合收益的金融资产
C.其他权益工具投资	非交易性权益工具投资，直接指定为：以公允价值计量且其变动计入其他综合收益的金融资产
D.长期股权投资	投资后能够对被投资单位施加影响的权益性投资 影响程度：控制（对子公司的投资）、共同控制（对合营企业的投资）、有重大影响（对联营企业的投资）

♣【考点子题——真枪实练，有的放矢】

1.（多选题）下列各项中，属于长期投资内容的有（　　）。

　A. 债权投资　　B. 股权投资　　C. 其他债权投资　　D. 其他权益工具

考点 4-2：债权投资（★☆☆）

　　债权投资是指以摊余成本计量的金融资产，通过获取被投资企业的债权，以按约定的利率收取利息，到期收回本金。其业务模式仅以收取合同现金流量为目标。

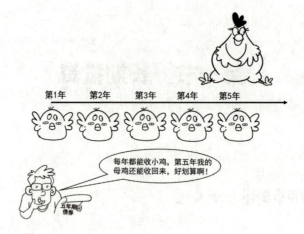

【考点母题——万变不离其宗】债权投资

债权投资成本的确定	（1）下列各项中，能够计入债权投资成本的是（　　）。
	A. 购入债券实际支付的购买价款和相关税费
	（2）下列各项中，不能计入债权投资成本的是（　　）。
	A. 实际支付价款中包含的已到付息期但尚未领取的债券利息，应当单独确认为应收利息
债权投资的后续计量	（3）下列各项中，属于债权投资后续计量方法的有（　　）。
	A. 实际利率法（企业采用） B. 直线法（小企业采用）
【判断金句】（4）小企业准备长期（在1年以上）持有的债券投资应通过"长期债券投资"科目进行核算。（　　）	

【考点母题——万变不离其宗】小企业债权投资账务处理

取得时	借：长期债券投资——面值 　　　　　　　　　——溢折价（差额，或在贷方） 　　应收利息（已宣告但尚未领取的利息） 　　贷：银行存款	
持有期间	借：应收利息（分期付息，到期一次还本） 　　长期债券投资——应计利息（到期一次还本付息） 　　贷：长期债券投资——溢折价（摊销溢折价） 　　　　投资收益（差额）	
到期收回	**分期付息，到期一次还本：** 借：银行存款 　　贷：应收利息 借：银行存款 　　贷：长期债券投资——面值 　　　　应收利息	**到期一次还本付息：** 借：银行存款 　　贷：长期债券投资——面值 　　　　　　　　　　——应计利息

【考点子题——真枪实练，有的放矢】

2.（单选题）取得债权投资支付的相关税费应计入（　　）。

　　A. 债权投资成本　　B. 投资收益　　　　C. 应交税费　　　　D. 管理费用

3.（单选题）下列各项中，小企业债权投资后续计量采用的方法是（　　）。

　　A. 备抵法　　　　　B. 直线法　　　　　C. 直接转销法　　　D. 实际利率法

4.（判断题）购入债券实际支付的价款中，如果包含已到付息期但尚未领取的债券利息，不能将其计入债权投资成本。（　　）

5.（判断题）企业对分期付息、一次还本的债券投资计提的利息，应通过"债权投资——应计利息"科目核算。（　　）

考点4-3：长期股权投资（★★★）

　　长期股权投资指投资方对被投资单位实施控制、共同控制以及重大影响的权益性投资，包括对子公司（控制）、合营企业（共同控制）和联营企业（重大影响）的权益投资。

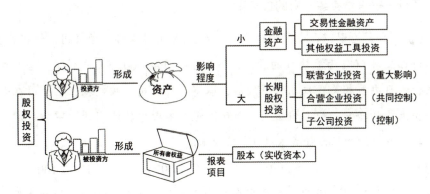

◆【考点母题——万变不离其宗】长期股权投资的确认

企 业	（1）下列各项中，企业可确认为长期股权投资的有（　　）。
	A.对子公司的投资（控制） B.对合营企业的投资（共同控制） C.对联营企业的投资（重大影响）
小企业	（2）下列各项中，小企业可确认为长期股权投资的是（　　）。
	A.准备长期持有的权益性投资

【考点母题——万变不离其宗】同一控制下企业合并形成的长期股权投资

下列关于**同一控制**下企业合并形成的长期股权投资会计处理表述中，正确的有（　　）。	
长期股权投资初始投资成本	A. 长期股权投资初始投资成本为被合并方在最终控制方合并财务报表中的净资产账面价值的份额
合并方以支付现金、转让非现金资产或承担债务方式作为合并对价	B. 借：长期股权投资（被合并方在最终控制方合并财务报表中的净资产账面价值的份额） 　　贷：资产（投出资产账面价值） 　　　　资本公积——资本溢价或股本溢价（**差额**；如果差额在借方，先冲减资本公积，资本公积不足，依次冲减盈余公积、利润分配——未分配利润）
合并方以发行权益性证券作为合并对价	C. 借：长期股权投资（取得的被合并方在最终控制方合并财务报表中的净资产的账面价值的份额） 　　贷：股本（发行股票的数量 × 每股**面值**） 　　　　资本公积——股本溢价（差额）（**差额在借方处理同上**）
发行权益性证券发生的手续费、佣金等费用	D. 借：资本公积——股本溢价（权益性证券发行费用，不足冲减的，冲减留存收益） 　　贷：银行存款
合并费用	E. 借：管理费用（审计、法律服务等相关费用） 　　贷：银行存款

【考点子题——真枪实练，有的放矢】

6.（单选题）丙公司为甲、乙公司的母公司。2022 年 1 月 1 日，甲公司以银行存款 7 000 万元取得乙公司 60% 有表决权的股份，另以银行存款 100 万元支付了与合并相关的中介费用，当日办妥相关股权划转手续后，取得了乙公司的控制权；乙公司在丙公司合并财务报表中的净资产账面价值为 9 000 万元。不考虑其他因素，甲公司该项长期股权投资在合并日的初始投资成本是（　　）万元。

A. 5 400　　　　B. 5 500　　　　C. 7 000　　　　D. 7 100

7.（多选题）2022 年 6 月 30 日，A 公司向其母公司 P 发行 10 000 000 股普通股（每股面值为 1 元，每股公允价值为 4.34 元），发行股票向证券公司支付中介费 1 000 000 元，取得母公司 P 拥有对 S 公司 100% 的股权，并于当日起能够对 S 公司实施控制。合并后 S 公司仍维持其独立法人地位继续经营。2022 年 6 月 30 日，P 公司合并财务报表中的 S 公司净资产账面价值为 40 000 000 元。假定 A 公司和 S 公司都受 P 公司最终控制，在企业合并前采用的会计政策相同。不考虑相关税费等其他因素影响，A 公司的下列会计处理中，不正确的有（　　）。

A. 长期股权投资借方增加 40 000 000 元　　B. 股本贷方增加 43 400 000 元

C. 管理费用贷方增加 1 000 000 元　　　　D. 资本公积合计变化 30 000 000 元

8. (历年真题·单选题) 甲公司和乙公司是同一母公司最终控制下的两家公司。2021 年 1 月 1 日甲公司向其母公司发行 1 000 万股普通股，该普通股每股面值为 1 元，每股的公允价值为 3.6 元。取得母公司拥有乙公司 80% 的股权，于当日起能够对乙公司实施控制。合并后乙公司维持其独立法人地位继续经营。合并日母公司合并报表中，乙公司的净资产账面价值为 4 000 万元，公允价值为 4 200 万元。假定合并前双方采用的会计政策及会计期间均相同。不考虑其他因素，下列有关甲公司合并日所作账务处理的说法正确的是（　　）。

A. 该长期股权投资的初始投资成本为 4 000 万元

B. 该长期股权投资的初始投资成本为 3 200 万元

C. 贷方登记"实收资本"科目 1 000 万元

D. 借方登记"股本"科目 1 000 万元

◆ 【考点母题——万变不离其宗】非同一控制下企业合并形成的长期股权投资

下列关于**非同一控制下**企业合并形成的长期股权投资会计处理表述中，正确的有（　　）。	
长期股权投资初始投资成本	A. 长期股权投资初始投资成本为付出的资产、发生或承担的负债以及发行的权益性证券的**公允价值**
购买方以支付现金、转让非现金资产等作为合并对价的	B. 借：长期股权投资（非现金资产公允价值） 　　贷：资产（投出资产**账面价值**） 　　　　资产处置损益、投资收益等（差额）
购买方以发行权益性证券作为合并对价的	C. 借：长期股权投资（发行股票公允价值） 　　贷：股本 　　　　资本公积——股本溢价（差额）
发行权益性证券发生的手续费、佣金等费用	D. 借：资本公积——股本溢价（权益性证券发行费用，不足冲减的，冲减留存收益） 　　贷：银行存款
合并费用	E. 借：管理费用（审计、法律服务等相关费用） 　　贷：银行存款

🍀 【考点子题——真枪实练，有的放矢】

9. (单选题) 甲公司和乙公司为非同一控制下的两家独立公司。2022 年 6 月 30 日，甲公司以发行普通股 9 000 万股取得乙公司有表决权的股份 60%。该股票面值为每股 1 元，市场发行价格为 5 元。向证券承销机构支付股票发行相关税费 1 350 万元。假定不考虑其他因素影响。甲公司该项长期股权投资的初始投资成本为（　　）万元。

A. 27 000　　　　B. 9 000　　　　C. 43 650　　　　D. 45 000

10.（单选题）2022 年 1 月 1 日，甲公司发行 1 500 万股普通股股票从非关联方取得乙公司 80% 的股权，发行股票的每股面值 1 元，取得股权当日每股公允价值 6 元。乙公司 2022 年 1 月 1 日的所有者权益账面价值总额为 12 000 万元，可辨认净资产的公允价值与账面价值相同。此外甲公司发生评估咨询费用 80 万元，股票发行费用 150 万元，均以银行存款支付。甲公司的下列会计处理中，正确的是（　　）。

A. 确认长期股权投资 9 080 万元，确认营业外收入 7 350 万元

B. 确认长期股权投资 9 230 万元，确认资本公积 7 270 万元

C. 确认长期股权投资 9 000 万元，确认营业外收入 7 500 万元

D. 确认长期股权投资 9 000 万元，确认资本公积 7 350 万元

◆【考点母题——万变不离其宗】以非企业合并方式形成的长期股权投资

下列关于以非企业合并方式形成的长期股权投资的会计处理表述中，正确的有（　　）。	
以支付现金取得的长期股权投资	A. 按照实际支付的购买价款以及购买过程中支付的手续费等必要支出作为初始投资成本 B. 实际支付的价款或对价中包含的已宣告但尚未发放的现金股利或利润计入应收股利
以非现金资产等取得长期股权投资	C. 以支付对价的公允价值为基础加上相关税费作为初始投资成本
以发行权益性证券取得的长期股权投资	D. 按照发行权益性证券的公允价值作为初始投资成本 E. 发行权益性证券的公允价值与股本面值之间的差额计入资本公积 F. 发行权益性证券支付的手续费、佣金等与发行直接相关的费用冲减资本公积，不足部分依次冲减盈余公积和利润分配——未分配利润

【考点子题——真枪实练，有的放矢】

11.（判断题）企业长期股权投资的初始投资成本，不包括支付的价款中包含的被投资单位已宣告但尚未发放的现金股利或利润。（　　）

12.（单选题）甲公司向乙公司某大股东发行普通股 1 000 万股（每股面值 1 元，公允价值 4 元），以换取该股东拥有的 30% 乙公司股权。增发股票过程中甲公司以银行存款向证券承销机构支付佣金及手续费共计 50 万元。乙公司可辨认净资产的公允价值为 15 000 万元。甲公司对乙公司长期股权投资的初始投资成本为（　　）万元。

A. 4 550　　　　B. 4 500　　　　C. 4 000　　　　D. 3 950

13. (多选题) 企业以支付现金方式取得长期股权投资时，实际支付的下列款项中，应计入初始投资成本的有（　　）。

A. 购买价款

B. 手续费等直接相关费用

C. 印花税等直接相关税费

D. 已宣告但尚未领取的现金股利

◆【考点母题——万变不离其宗】采用成本法下长期股权投资的会计处理（对子公司的投资）

下列各项中，关于长期股权投资成本法会计处理表述中，正确的有（　　）。	
取得长期股权投资	A. 借：长期股权投资 　　　贷：银行存款
被投资单位宣告发放现金股利	B. 借：应收股利（按持股比例应分得的份额） 　　　贷：投资收益
实际收到现金股利	C. 借：银行存款 　　　贷：应收股利
长期股权投资减值	D. 借：资产减值损失 　　　贷：长期股权投资减值准备
处置长期股权投资	E. 借：银行存款（实得价款） 　　　贷：长期股权投资（账面价值） 　　　　 投资收益（差额）

【考点子题——真枪实练，有的放矢】

14. (单选题) 采用成本法核算长期股权投资时，下列各项中，投资企业应确认投资收益的是（　　）。

A. 被投资单位实现净利润

B. 被投资单位提取盈余公积

C. 被投资单位宣告分派现金股利

D. 被投资单位其他综合收益变动

15. (单选题) 2021年6月1日甲公司支付800万元购入乙公司股票作为长期股权投资，采用成本法进行后续计量。2021年乙公司实现净利润250万元，2022年3月10日乙公司宣告分派现金股利，甲公司按其持股比例应享有90万元。2022年3月31日该项长期股权投资的账面价值为（　　）。

A. 710万元　　　B. 800万元　　　C. 860万元　　　D. 950万元

16. (单选题) 采用成本法对长期股权投资进行后续计量，被投资企业宣告分派现金股利时，应贷记的会计科目是（　　）。

A. 应收股利　　B. 本年利润　　C. 投资收益　　D. 长期股权投资

◆◆【考点母题——万变不离其宗】采用权益法下长期股权投资的会计处理（对联营企业、合营企业投资）

下列各项中，关于长期股权投资权益法的会计处理表述中，正确的有（　）。	
取得长期股权投资	A．借：长期股权投资——投资成本（被投资单位可辨认净资产公允价值×持股比例） 　　　　贷：营业外收入
被投资单位实现净利润或发生亏损	B．借：长期股权投资——损益调整（被投资单位实现的净利润×持股比例） 　　　　贷：投资收益 （若发生亏损，会计分录相反）
被投资单位宣告分派现金股利	C．借：应收股利（宣告分派现金股利数额×持股比例） 　　　　贷：长期股权投资——损益调整
实际收到现金股利	D．借：银行存款 　　　　贷：应收股利
被投资单位除净损益、利润分配以外的其他综合收益变动或所有者权益的其他变动	E．借：其他综合收益 　　　　资本公积——其他资本公积 　　　　贷：长期股权投资——其他综合收益 　　　　　　　　　　　　——其他权益变动 （被投资单位其他综合收益、资本公积增加，按持股比例计算增加长期股权投资，会计分录相反）
长期股权投资减值	F．借：资产减值损失 　　　　贷：长期股权投资减值准备
处置长期股权投资	G．借：银行存款（实得价款） 　　　　投资收益（差额） 　　　　贷：长期股权投资（账面价值） 　　借：投资收益 　　　　贷：其他综合收益或资本公积——其他资本公积

♧【考点子题——真枪实练，有的放矢】

17.（历年真题·多选题）权益法下，企业"长期股权投资"科目的明细科目一般包括（　）。

　　A．投资成本　　　B．损益调整　　　C．其他权益变动　　D．投资收益

18.（单选题）采用权益法核算长期股权投资时，被投资企业宣告分派现金股利时，应贷记的会计科目是（　）。

　　A．应收股利　　　B．本年利润　　　C．投资收益　　　D．长期股权投资

19.（单选题）采用权益法核算长期股权投资时，下列各项中，投资企业应确认投资收益的是（　）。

　　A．被投资单位实现净利润　　　　　B．被投资单位提取盈余公积

　　C．被投资单位宣告分派现金股利　　D．被投资单位其他综合收益变动

20.（多选题）长期股权投资采用权益法核算时，下列说法中，表述正确的有（　　）。

　　A. 投资时有可能调整长期股权投资账面价值

　　B. 被投资方宣告分派现金股利时按享有的份额确认投资收益

　　C. 被投资方实现净利润时按享有的份额确认投资收益

　　D. 被投资方宣告分派现金股利时按享有的份额冲减长期股权投资账面价值

21.（单选题）2022 年 1 月 1 日，甲公司以银行存款 2 500 万元取得乙公司 20% 有表决权的股份，对乙公司具有重大影响，采用权益法核算；乙公司当日可辨认净资产的账面价值为 12 000 万元，各项可辨认资产、负债的公允价值与其账面价值均相同。乙公司 2022 年度实现的净利润为 1 000 万元。不考虑其他因素，2022 年 12 月 31 日，甲公司该项投资在资产负债表中应列示的年末余额为（　　）万元。

　　A. 2 500　　　　　B. 2 400　　　　　C. 2 600　　　　　D. 2 700

22.（单选题）2×21 年 1 月 2 日，甲公司以银行存款 2 000 万元取得乙公司 30% 的股权，投资时乙公司可辨认净资产公允价值及账面价值的总额均为 8 000 万元。对乙公司具有重大影响，采用权益法核算。2×21 年 5 月 9 日，乙公司宣告分派现金股利 400 万元。2×21 年度，乙公司实现净利润 800 万元。不考虑所得税等因素，该项投资对甲公司 2×21 年度损益的影响金额为（　　）万元。

　　A. 400　　　　　B. 640　　　　　C. 240　　　　　D. 860

23.（多选题）企业采用权益法核算长期股权投资时，下列各项中，影响长期股权投资账面价值的有（　　）。

　　A. 被投资单位其他综合收益变动　　　　B. 被投资单位发行一般公司债券

　　C. 被投资单位以盈余公积转增资本　　　D. 被投资单位实现净利润

24.（多选题）下列各项中，能够导致长期股权投资账面价值发生变化的有（　　）。

　　A. 成本法下，被投资单位实现净利润

　　B. 权益法下，被投资单位实现净利润

　　C. 成本法下，被投资单位宣告发放现金股利

　　D. 权益法下，被投资单位宣告发放现金股利

25.（多选题）下列关于长期股权投资会计处理的表述中，正确的有（　　）。

　　A. 对子公司长期股权投资应采用权益法核算

　　B. 处置长期股权投资时应结转其已计提的减值准备

　　C. 成本法下，应按被投资方实现的净利润中投资方应享有的份额确认投资收益

　　D. 权益法下，应按被投资方宣告发放的现金股利中投资方应享有的份额减少长期股权投资账面价值

第二节　投资性房地产

考点 4-4：投资性房地产（★☆☆）

投资性房地产，是指为赚取租金或资本增值（买卖差价），或两者兼有而持有的房地产。

❖ **【考点母题——万变不离其宗】投资性房地产的范围**

属于投资性房地产	（1）下列各项中，属于投资性房地产的有（　　）。	
	A.已出租的建筑物 B.已出租的土地使用权 C.持有并准备增值后转让的土地使用权（适用于一般企业）	
不属于投资性房地产	（2）下列各项中，不属于投资性房地产的有（　　）。	
	自用房地产	A.企业自用的办公楼 B.出租给本企业职工居住的自建宿舍楼 C.准备出租但没有出租的土地使用权和建筑物 D.企业持有的准备建造房屋的土地使用权 E.企业生产经营用的土地使用权 F.按国家有关规定认定为闲置的土地

续表

| 不属于投资性房地产 | 作为存货的房地产 | A. 房地产开发企业正在开发的商品房
B. 房地产开发企业持有并准备增值后出售的建筑物、土地使用权
C. 房地产开发企业准备出售的楼盘 |
| | A. 以经营租赁方式租入后再转租的建筑物
B. 以经营租赁方式租入后再转租的土地使用权 | |

【判断金句】（3）如果某项房地产部分用于赚取租金或资本增值、部分用于生产商品、提供劳务或经营管理，能够单独计量和出售的、用于赚取租金或资本增值的部分，应当确认为投资性房地产；不能够单独计量和出售的、用于赚取租金或资本增值的部分，不确认为投资性房地产。（　）

♣【考点子题——真枪实练，有的放矢】

1.（多选题）下列各项中，应作为投资性房地产核算的有（　）。

  A. 已出租的土地使用权　　　　　　B. 以经营租赁方式租入再转租的建筑物

  C. 持有并准备增值后转让的土地使用权　　D. 出租给本企业职工居住的自建宿舍楼

2.（历年真题·多选题）下列各项关于企业土地使用权的会计处理的表述中，正确的有（　）。

  A. 企业将租出的土地使用权作为无形资产核算

  B. 国家有关规定认定的闲置土地，不属于投资性房地产

  C. 企业持有并准备增值后转让的土地使用权作为投资性房地产核算

  D. 工业企业将购入的用于建造办公楼的土地使用权作为固定资产核算

3.（判断题）企业将自用的写字楼，部分楼层出租取得租金收入，自用部分和出租部分不能单独计量，企业应将写字楼整体确认为固定资产。（　）

考点 4-5：　投资性房地产的确认与计量（★★☆）

◆【考点母题——万变不离其宗】投资性房地产的确认

投资性房地产的确认条件	（1）下列关于投资性房地产确认的说法中，正确的有（　）。
	（2）下列各项中，属于投资性房地产确认条件的有（　）。
	A. 与该投资性房地产有关的经济利益很可能流入企业（有证据表明企业能够获取租金或资本增值） B. 该投资性房地产的成本能够可靠地计量

续表

投资性房地产的确认时点	（3）下列关于投资性房地产确认时点的表述中，正确的有（　　）。
	A．签订租赁协议中租赁期开始日
	B．董事会或类似机构作出书面决议（未签订租赁协议）
	C．企业将自用土地使用权停止自用、准备增值后转让的日期

◆ 【考点母题——万变不离其宗】投资性房地产的计量

（1）下列属于投资性房地产计量模式的有（　　）。		
成本模式	（2）下列关于成本计量模式的表述中，正确的有（　　）。	
	A．投资性房地产初始计量采用实际成本	
	B．后续发生符合资本化条件的支出计入账面成本	
	C．按期计提折旧或摊销	
	D．资产负债表日发生减值的计提减值准备	
公允价值模式	（3）下列关于公允价值计量模式的表述中，正确的有（　　）。	
	A．投资性房地产初始计量采用实际成本	
	B．后续计量按照公允价值进行计量	
	C．不折旧、不摊销、不减值	

【判断金句】（4）按照我国准则规定，投资性房地产通常应当采用成本模式进行计量，只有符合规定条件的，可以采用公允价值模式进行计量。（　　）

（5）按照我国准则规定，只有存在确凿证据表明投资性房地产的公允价值能够持续可靠取得的情况下，企业才可以采用公允价值模式进行后续计量。（　　）

（6）按照我国准则规定，同一企业只能采用一种模式对所有投资性房地产进行后续计量，不得同时采用两种计量模式；同时规定，企业可以从成本模式变更为公允价值模式，已采用公允价值模式不得转为成本模式。（　　）

🍀 【考点子题——真枪实练，有的放矢】

4.（判断题）投资性房地产在符合定义的前提下，只要有证据表明企业能够获取租金或资本增值，或两者兼而有之，即可将其确认为投资性房地产。（　　）

5.（单选题）2022年2月5日，甲公司资产管理部门建议管理层将一闲置的办公楼用于出租。2022年2月10日，董事会批准关于出租办公楼的议案，并明确出租办公楼的意图在短期内不会发生变化。2022年2月20日，甲公司与承租方签订办公楼租赁合同，租赁期为自2022年3月1日起两年。甲公司将该闲置办公楼确认为投资性房地产的时点是（　　）。

A．2022年2月5日　　　　　　B．2022年2月10日

C．2022年2月20日　　　　　　D．2022年3月1日

6.（多选题）下列关于以成本模式计量的投资性房地产会计处理的表述中，正确的有（　　）。

A. 年末无需对其预计使用寿命进行复核

B. 应当按期计提折旧或摊销

C. 资产负债表日发生减值的计提减值准备

D. 后续发生符合资本化条件的支出计入账面成本

7.（多选题）下列各项关于企业投资性房地产后续计量的表述中正确的有（　　）。

A. 已采用公允价值模式计量的投资性房地产，不得从公允价值模式转为成本模式

B. 采用公允价值模式计量的投资性房地产，不得计提折旧或摊销

C. 采用成本模式计量的投资性房地产，不得确认减值损失

D. 同一企业只能采用一种模式对所有投资性房地产进行后续计量

考点 4-6：投资性房地产的账务处理（★★★）

◆【考点母题——万变不离其宗】成本模式计量

<table>
<tr><td colspan="3">下列关于投资性房地产成本模式计量的会计处理中，正确的有（　　）。</td></tr>
<tr><td>1. 取得（外购 / 自建 / 自用房地产或存货转换）</td><td colspan="2">借：投资性房地产
　　贷：银行存款 / 在建工程等</td></tr>
<tr><td>2. 租金收入</td><td colspan="2">借：银行存款
　　贷：其他业务收入
　　　　应交税费——应交增值税（销项税额）</td><td rowspan="2">历史成本

折旧与摊销

【考点锦囊】三要一收
（要折旧要摊销要减值，租金计入其他业务收入）</td></tr>
<tr><td>3. 折旧或摊销</td><td colspan="2">借：其他业务成本
　　贷：投资性房地产累计折旧（摊销）</td></tr>
<tr><td>4. 减值
（一经计提，不得转回）</td><td colspan="2">借：资产减值损失
　　贷：投资性房地产减值准备</td></tr>
<tr><td>5. 处置</td><td colspan="2">借：银行存款（实际收到金额）
　　贷：其他业务收入
借：其他业务成本（账面价值）
　　投资性房地产累计折旧（摊销）
　　投资性房地产减值准备
　　贷：投资性房地产</td></tr>
</table>

◆◆【考点母题——万变不离其宗】公允价值模式计量

下列关于投资性房地产公允价值模式计量的会计处理中，正确的有（　　）。		
1. 取得（外购/自建/自用房地产或存货转换）	借：投资性房地产——成本 　　贷：银行存款/在建工程等	
2. 租金收入	借：银行存款 　　贷：其他业务收入 　　　　应交税费——应交增值税（销项税额）	
3. 折旧或摊销、减值	不折旧不摊销不减值	【考点锦囊】三不一公，租金计收入 （不折旧不摊销不减值，公允价值计量，租金计入其他业务收入）
4. 公允价值变动	借：投资性房地产——公允价值变动 　　贷：公允价值变动损益（或反向）	
5. 处置	借：银行存款（实际收到金额） 　　贷：其他业务收入 借：其他业务成本（账面余额） 　　贷：投资性房地产——成本 　　　　　　　　　　——公允价值变动（或在借方） 借：公允价值变动损益 　　贷：其他业务成本（或相反） 借：其他综合收益 　　贷：其他业务成本	

🍀【考点子题——真枪实练，有的放矢】

8.（单选题）2022年7月，甲公司与乙公司签订租赁协议，约定将甲公司新建造的一栋写字楼租赁给乙公司使用，租赁期为10年，年租金为2 000 000元，乙公司每季季初等额支付租金。2022年10月1日，该写字楼建造完工开始起租，写字楼的工程造价为80 000 000元，采用公允价值模式进行后续计量。2022年12月31日，该写字楼的公允价值为84 000 000元。2022年该项交易影响当期损益的金额为（　　）元。

A. 3 000 000　　　　B. 4 500 000　　　　C. 4 000 000　　　　D. 6 000 000

9.（单选题）2×21年12月31日，甲公司以银行存款12 000万元外购一栋写字楼并立即出租给乙公司使用，租期5年，每年年末收取租金1000万元。该写字楼的预计使用年限为20年，预计净残值为零，采用年限平均法计提折旧，甲公司对投资性房地产采用成本模式进行后续计量。2×22年12月31日，该写字楼出现减值迹象，可收回金额为11 200万元。不考虑其他因素，该写字楼相关的交易或事项对甲公司2×22

年度营业利润的影响金额为（　　）万元。

    A. 400　　　　　　　B. 800　　　　　　　C. 200　　　　　　　D. 1000

10. (单选题) 甲公司对投资性房地产以成本模式进行后续计量。2022年1月10日，甲公司以银行存款9 600万元购入一栋写字楼并立即以经营租赁方式租出。甲公司预计该写字楼的使用寿命为40年，预计净残值为120万元，采用年限平均法计提折旧。不考虑相关税费及其他因素，2022年甲公司应对该写字楼计提的折旧金额为（　　）万元。

    A. 240　　　　　　　B. 217.25　　　　　　C. 220　　　　　　　D. 237

11. (多选题) 处置采用公允价值模式计量的投资性房地产时，下列说法不正确的有（　　）。

    A. 应按累计公允价值变动金额，将公允价值变动损益转入其他业务成本

    B. 实际收到的金额与该投资性房地产账面价值之间的差额，应计入营业外支出或营业外收入

    C. 实际收到的金额与该投资性房地产账面价值之间的差额，应计入投资收益

    D. 对于投资性房地产的累计公允价值变动金额，在处置时不需要进行会计处理

12. (单选题) 2022年7月1日，甲公司外购一栋写字楼，并于当日直接租赁给乙公司使用，租赁期为三年，每年租金为120万元。甲公司对投资性房地产采用公允价值模式进行后续计量，该写字楼的实际取得成本为5 000万元。2022年12月31日，该写字楼的公允价值为5 100万元。假定不考虑其他因素，则该项投资性房地产对甲公司2022年度利润总额的影响金额为（　　）万元。

    A. 160　　　　　　　B. 100　　　　　　　C. 220　　　　　　　D. 60

13. (单选题) 甲公司对投资性房地产采用成本模式进行后续计量。2021年6月30日购入一栋建筑物，并于当日对外出租。该建筑物的实际取得成本为5 100万元，预计使用年限为20年，预计净残值为100万元，采用年限平均法计提折旧。2021年12月31日该投资性房地产的公允价值为5 080万元。2022年6月30号，该公司将此项投资性房地产出售，售价为5 500万元。不考虑其他因素，甲公司处置该项投资性房地产对营业成本的影响金额为（　　）万元。

    A. 5 080　　　　　　B. 4 850　　　　　　C. 5 500　　　　　　D. 420

14. (多选题) 处置采用成本模式计量的投资性房地产时，下列说法正确的有（　　）。

    A. 将实际收到的处置价款计入其他业务收入

    B. 将投资性房地产的账面价值转入其他业务成本

    C. 将实际收到的处置价款与该投资性房地产账面价值之间的差额应计入资产处置损益

    D. 将实际收到的处置价款与该投资性房地产账面价值之间的差额应计入投资收益

15. （单选题）企业将一栋自用办公楼转换为采用公允价值模式计量的投资性房地产，该办公楼的账面原值为 50 000 万元，已计提的累计折旧为 1 000 万元，已计提的固定资产减值准备为 2 000 万元，转换日的公允价值为 40 000 万元，则转换日应记入"公允价值变动损益"账户的金额为（   ）。

A. 3 000 万元　　　　B. 7 000 万元　　　　C. 47 000 万元　　　　D. 50 000 万元

16. （历年真题·单选题）关于投资性房地产会计处理的表述正确的是（   ）。

A. 已采用成本模式计量的，应确认公允价值变动损益

B. 成本模式核算，已确认的减值损失在以后会计期间不得转出

C. 同一企业可以同时采用成本模式和公允价值模式进行后续计量

D. 用公允价值模式计量的应计提减值准备

第三节 固定资产

考点 4-7： 取得固定资产（★★★）

固定资产是指企业为生产商品、提供劳务或经营管理而持有的、且使用寿命超过一个会计年度的有形资产。

我们能动的也是固定资产耶！

◆ 【考点母题——万变不离其宗】固定资产成本

计入固定资产成本	（1）下列各项中，能够计入固定资产成本的有（ ）。 A. 外购固定资产实际支付的购买价款、相关税费（**不包括增值税**）、使固定资产达到预定可使用状态前所发生的可归属于该项资产的运输费、装卸费、安装费和专业人员服务费等 B. 建造固定资产，建造该项资产达到预定可使用状态前所发生的必要支出 C. 小规模纳税人购建固定资产发生的增值税进项税额
不能计入固定资产成本	（2）下列各项中，不能计入固定资产成本的有（ ）。 A. 一般纳税人购建固定资产发生的增值税进项税额 B. 外购固定资产产生的员工培训费
【注意】企业以一笔款项购入多项没有单独标价的固定资产，应将各项资产单独确认为固定资产，并按各项固定资产公允价值的比例对总成本进行分配，分别确定各项固定资产的成本。	

◆【考点母题——万变不离其宗】取得固定资产账务处理

	无需安装	需安装
外购固定资产	借：固定资产 　　应交税费——应交增值税（进项税额） 　　贷：银行存款/应付账款等	借：在建工程 　　应交税费——应交增值税（进项税额） 　　贷：银行存款/应付账款等 借：在建工程 　　贷：工程物资、应付职工薪酬等 **达到预定可使用状态：** 借：固定资产 　　贷：在建工程
	自　营	出　包
自建固定资产	借：在建工程 　　贷：工程物资（购入价款） 　　　　原材料（实际成本） 　　　　库存商品（自产产品实际成本，不确认增值税销项税额） 　　　　应付职工薪酬（工程人员工资等费用） **达到预定可使用状态：** 借：固定资产 　　贷：在建工程	借：在建工程 　　应交税费——应交增值税（进项税额） 　　贷：银行存款 **达到预定可使用状态：** 借：固定资产 　　贷：在建工程

♣【考点子题——真枪实练，有的放矢】

1. （单选题）甲公司为一般纳税企业，适用的增值税税率为 13%，2022 年 9 月甲公司购入需要安装的某生产线。该生产线购买价格为 1 000 万元，增值税税额为 130 万元，支付保险费 50 万元，支付运输费 9.3 万元（不考虑增值税）。该生产线安装期间，领用生产用原材料的实际成本为 100 万元（不含税），发生安装工人薪酬 10 万元。此外为达到正常运转发生测试费 20 万元，外聘专业人员服务费 10.7 万元，均以银行存款支付。2022 年末安装完毕达到预定可使用状态时，假设除购买生产线外其他费用不考虑增值税，甲公司固定资产的入账价值为（　　）万元。

A. 1 200　　　　　B. 1 199.3　　　　　C. 1 370　　　　　D. 1 200.7

2.（单选题）甲公司为小规模纳税人，2022 年 8 月 12 日，甲公司购入一台不需要安装就可以投入使用的生产设备，取得的增值税专用发票上注明的设备价款为 600 000 元，增值税税额为 78 000 元，运输费用结算单据上注明的运输费用 9 300 元（不考虑增值税），发生装卸费等其他杂费共 2 000 元（不考虑增值税），以上均为银行转账支付。甲公司固定资产的入账价值为（　）万元。

A. 609 300　　　B. 611 300　　　C. 689 300　　　D. 620 600

3.（多选题）A 公司为一般纳税企业，增值税税率为 13%。2022 年 9 月 1 日，为降低采购成本，向 B 公司一次购进了三套不同型号且具有不同生产能力的设备甲、乙和丙。A 公司为该批设备共支付货款 866 万元，增值税的进项税额为 112.58 万元，运杂费 4 万元（不考虑增值税），全部以银行存款支付；假定设备甲、乙和丙均满足固定资产的定义及其确认条件，公允价值分别为：200 万元、300 万元、500 万元；不考虑其他相关税费，下列说法正确的有（　）。

A. 计入固定资产成本的金额为 866 万元　　　B. 甲设备的入账价值为 174 万元

C. 乙设备的入账价值为 261 万元　　　D. 丙设备的入账价值为 445 万元

4.（单选题）甲公司为增值税一般纳税人，2022 年 8 月 1 日，自行建造厂房一幢，购入为工程准备的各种物资 500 000 元，增值税专用发票上注明的增值税税额为 65 000 元，全部用于工程建设。领用本企业生产的水泥一批，实际成本为 400 000 元，相关进项税额为 52 000 元，工程人员应计工资 100 000 元。支付安装费用并取得增值税专用发票，注明安装费 30 000 元，增值税税额 2 700 元。工程完工并达到预定可使用状态，应计入固定资产成本的金额为（　）元。

A. 1 000 000　　　B. 500 000　　　C. 1 030 000　　　D. 950 000

5.（判断题）企业采用出包方式建造固定资产时，按合同规定向建造承包商结算的进度款，应在资产负债表中列示为流动资产。（　）

6.（历年真题·单选题）某企业为增值税一般纳税人，适用的增值税税率为 13%，2022 年 9 月建造厂房领用材料实际成本 20 000 元，计税价格为 24 000 元，该项业务应计入在建工程成本的金额为（　）元。

A. 20 000　　　B. 23 200　　　C. 24 000　　　D. 27 860

考点 4-8： 固定资产折旧（★★★）

当年我也迷倒万千少女，岁月真是把杀猪刀啊。

◆【考点母题——万变不离其宗】固定资产折旧范围

应当计提折旧	（1）下列各项固定资产，应当计提折旧的有（ ）。 A. 未使用的固定资产（闲置的设备、未使用的房屋） B. 因大修理而停用的固定资产 C. 季节性停用的固定资产 D. 已达到预定可使用状态但尚未办理竣工决算的固定资产 E. 当月减少的固定资产
不应当计提折旧	（2）下列各项固定资产，不应当计提折旧的有（ ）。 A. 已提足折旧仍继续使用的固定资产 B. 处于更新改造过程停止使用的固定资产（在建工程） C. 提前报废的固定资产 D. 当月增加的固定资产（下月起计提折旧）

◆【考点母题——万变不离其宗】固定资产折旧影响因素及折旧方法

影响固定资产折旧的因素	（1）下列各项因素中，影响固定资产折旧的有（ ）。 A. 固定资产原价　　　　B. 预计净残值 C. 固定资产减值准备　　D. 固定资产的使用寿命
固定资产折旧方法	（2）下列各项中，属于固定资产折旧方法的有（ ）。 A. 年限平均法（平均计提折旧、使用均衡） B. 工作量法（根据工作量大小计提折旧、使用不均衡） C. 双倍余额递减法（计提折旧额逐期递减、技术进步快） D. 年数总和法（计提折旧额逐期递减、技术进步快）

◆【考点题源】各种折旧方法的计算公式

折旧方法	计算公式
年限平均法	年折旧率 =（1- 预计净残值率）/ 预计使用寿命（年） 　或者 = 年折旧额 / 固定资产原值 年折旧额 =(固定资产原价 - 预计净残值)/ 预计使用寿命(年) 月折旧率 = 年折旧率 / 12 月折旧额 =（月初）固定资产原价 × 月折旧率
工作量法	单位工作量折旧额 =［ 固定资产原价 ×（1- 预计净残值率）］/ 预计总工作量 某项固定资产月折旧额 = 该项固定资产当月工作量 × 单位工作量折旧额
双倍余额递减法	年折旧率 = 2/ 预计使用寿命（年）×100% 年折旧额 = 每个折旧年度年初固定资产账面净值 × 年折旧率 月折旧额 = 年折旧额 / 12 到期前两年改用直线法（净残值在最后两年才考虑）
年数总和法	年折旧率 = 尚可使用年限 / 预计使用寿命的年数总和 ×100% 年折旧额 =（固定资产原价 - 预计净残值）× 年折旧率 月折旧额 = 年折旧额 / 12

◆【考点母题——万变不离其宗】计提固定资产折旧

账务处理	（1）下列有关固定资产折旧计提的账务处理正确的是（　　）。	
	借：制造费用【生产车间计提折旧】 　管理费用【行政管理部门、未使用的固定资产计提折旧】 　销售费用【专设销售部门计提折旧】 　其他业务成本【出租固定资产计提折旧】 　研发支出【项目研发过程中使用的固定资产折旧】 　在建工程【工程建设中使用的固定资产折旧】 　　贷：累计折旧	**谁受益 谁承担**
【判断金句】（2）已达到预定可使用状态但尚未办理竣工决算的固定资产，应当按照估计价值确定其成本，并计提折旧；待办理竣工决算后，再按实际成本调整原来的暂估价值，但不需要调整原已计提的折旧额。（　　）		

♧【考点子题——真枪实练，有的放矢】

7.（判断题）已达到预定可使用状态但尚未办理竣工决算的固定资产，应当按照估计价值确定其成本，并计提折旧；待办理竣工决算后，再按实际成本调整原来的暂估价值，但不需要调整原已计提的折旧额。（　　）

8.（判断题）对于已提足折旧的固定资产，不再提折旧；未提足折旧提前报废的固定资

产必须补提折旧, 直至提足折旧为止。( )

9. (多选题) 下列关于固定资产计提折旧的表述中, 正确的有(   )。

    A. 提前报废的固定资产应补提固定资产折旧

    B. 固定资产折旧方法一经确定不得随意改变

    C. 单独计价入账的土地要计提固定资产折旧

    D. 未使用的固定资产也要计提固定资产折旧

10. (单选题) 2020年12月31日, 甲公司购入一台设备并投入使用, 其成本为25万元, 预计使用年限5年, 预计净残值1万元, 采用双倍余额递减法计提折旧。假定不考虑其他因素, 2022年度该设备应计提的折旧为(   )万元。

    A. 4.8   B. 6   C. 9.6   D. 10

11. (单选题) 某企业2019年12月31日购入一台设备, 入账价值为90万元, 预计使用年限5年, 预计净残值6万元, 按年数总和法计提折旧。该设备2022年计提的折旧额为(   )万元。

    A. 16.8   B. 21.6   C. 22.4   D. 24

12. (单选题) 下列关于企业计提固定资产折旧会计处理的表述中, 不正确的是(   )。

    A. 对管理部门使用的固定资产计提的折旧应计入管理费用

    B. 对财务部门使用的固定资产计提的折旧应计入财务费用

    C. 对生产车间使用的固定资产计提的折旧应计入制造费用

    D. 对专设销售机构使用的固定资产计提的折旧应计入销售费用

13. (多选题) 甲公司有一台生产设备, 原价为75 000元, 预计可以使用五年, 预计净残值为6 000元。该生产设备为2021年6月30日购入, 采用年数总和法计提折旧。假定不考虑其他因素, 下列有关固定资产折旧的说法中, 正确的有(   )。

    A. 该项固定资产的年折旧率为40%

    B. 2021年该项固定资产计提的折旧额为1.15万元

    C. 2022年该项固定资产计提的折旧额为2.07万元

    D. 至2022年年末, 该项固定资产累计计提的折旧额为2.5万元

14. (判断题) 固定资产应当按月计提折旧, 当月增加的固定资产, 当月不计提折旧, 从下月起计提折旧; 当月减少的固定资产, 当月仍计提折旧, 从下月起不计提折旧。( )

15. (历年真题·多选题) 下列各项中, 影响固定资产折旧的因素有(   )。

    A. 固定资产原价   B. 固定资产的预计使用寿命

    C. 固定资产预计净残值   D. 已计提的固定资产减值准备

16. （历年真题·单选题）下列各项中关于固定资产计提折旧的表述正确的是（　　）。

    A. 承租方短期租赁租入的房屋应计提折旧

    B. 提前报废的固定资产应补提折旧

    C. 已提足折旧继续使用的房屋应计提折旧

    D. 暂时闲置的库房应计提折旧

考点 4-9：固定资产发生的后续支出（★★★）

◆【考点母题——万变不离其宗】固定资产的后续支出

（1）下列关于固定资产后续支出的表述中，正确的有（　　）。
A. 固定资产后续支出包括固定资产更新改造支出和维护修理支出 B. 固定资产更新改造支出属于资本性支出，应计入固定资产成本 C. 固定资产维护修理支出属于收益性支出，应计入当期损益（谁受益，谁承担）
【判断金句】（2）处于更新改造过程停止使用的固定资产不需计提折旧。（　　） （3）更新改造后的固定资产入账成本 (A+C)＝改造前固定资产账面价值（A+B）+ 资本化的更新改造支出（C）– 被替换部分账面价值（B） （4）被替换部分的残值和变价收入冲减营业外支出，不影响固定资产入账价值。（　　）

♣【考点子题——真枪实练，有的放矢】

17. （判断题）企业处于更新改造过程停止使用的固定资产，不计提折旧。因大修理而停用的固定资产，应计提折旧。（　　）

18. （单选题）某企业一套生产设备附带的发动机由于连续工作时间过长而损毁，该发动机无法修复，需要用新的发动机替代。该企业未将发动机单独作为一项固定资产进行核算，该套生产设备原值 50 000 元，已提折旧 10 000 元，损毁发动机的原价为 15 000 元。购买新发动机的成本为 16 000 元。安装完毕后，该套生产设备的入账价值为（ ）元。

A. 56 000   B. 54 000   C. 44 000   D. 41 000

19.（单选题）A 公司持有一条生产线，该生产线原价为 300 万元，至 2021 年 12 月 31 日累计计提折旧 180 万元，计提减值准备 20 万元。由于设备老化，A 公司将其进行更新改造。在更新改造期间，共发生人工费用 4 万元，领用原材料 10 万元，换入新设备的价值为 45 万元，替换的旧设备的账面价值为 30 万元。该生产线于 2022 年 5 月 30 日达到预定可使用状态，预计净残值为零，生产线的尚可使用年限为 10 年，采用年限平均法计提折旧。假定不考虑其他因素，下列有关该事项的说法中，正确的是（ ）。

A. 该生产线在更新改造期间仍需计提折旧

B. 被替换的旧设备的账面价值不需从固定资产成本中扣除

C. 生产线更新改造后的入账价值为 129 万元

D. 2022 年度该生产线应计提的折旧额为 9.28 万元

考点 4-10： 处置固定资产（★★★）

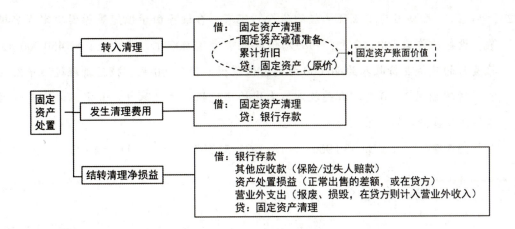

◆ 【考点母题——万变不离其宗】固定资产清理账户

通过"固定资产清理"科目核算	（1）下列各项中，应通过"固定资产清理"科目核算的有（　　）。 A. 出售的固定资产　　　　　　　　B. 报废的固定资产 C. 毁损的固定资产　　　　　　　　D. 对外投资的固定资产
不通过"固定资产清理"科目核算	（2）下列各项中，不通过"固定资产清理"科目核算的有（　　）。 A. 盘亏的固定资产　　　　　　　　B. 盘盈的固定资产
"固定资产清理"科目借方登记内容	（3）下列各项中，属于"固定资产清理"科目借方登记内容的有（　　）。 A. 转入清理的固定资产的净值　　　B. 支付的清理费用 C. 结转的清理净收益
"固定资产清理"科目贷方登记内容	（4）下列各项中，属于"固定资产清理"科目贷方登记内容的有（　　）。 A. 收回出售固定资产价款　　　　　B. 收回的残料价值 C. 应由保险公司或过失人赔偿的损失　D. 变价收入 E. 结转的清理净损失
【注意】 （1）因固定资产已丧失使用功能或因自然灾害发生毁损等原因而报废清理产生的利得或损失应计入营业外收支； （2）因出售、转让等原因产生的固定资产处置利得或损失应计入资产处置损益。	

♣ 【考点子题——真枪实练，有的放矢】

20.（多选题）下列各项中，应通过"固定资产清理"科目核算的有（　　）。

　　A. 盘亏的固定资产　　　　　　　B. 出售的固定资产

　　C. 报废的固定资产　　　　　　　D. 毁损的固定资产

21.（判断题）固定资产已丧失使用功能对其处置产生的利得或损失应记入"资产处置损益"科目。（　　）

22. （单选题）乙公司为增值税一般纳税人，现有一台设备由于性能等原因决定提前报废，设备原价为 500 000 元，相关增值税税额为 85 000 元，已计提折旧 450 000 元。报废时的残值变价收入为 20 000 元，增值税税额为 2 600 元。报废清理过程中发生自行清理费用 3 500 元。有关收入、支出均通过银行办理结算。假定不考虑其他因素，该设备清理的净损益为（　　）元。

　　A．-33 500　　　　B．-30 900　　　　C．51 500　　　　D．54 100

考点 4-11：固定资产清查（★★☆）

◆【考点母题——万变不离其宗】固定资产清查

清　查	批准前	批准后
盘　盈	A.批准前： 借：固定资产（重置成本） 　　贷：以前年度损益调整 【注：固定资产盘盈属于重大前期差错，应进行追溯调整】	B.批准后： 结转为留存收益时： 借：以前年度损益调整 　　贷：盈余公积——法定盈余公积 　　　　利润分配——未分配利润
盘　亏	C.批准前： 借：待处理财产损溢 　　累计折旧等 　　贷：固定资产 　　　　应交税费——应交增值税（进项税额转出）（净额 × 税率）	D.批准后： 借：其他应收款（保险或责任人赔款） 　　营业外支出 　　贷：待处理财产损溢

【注意】盘亏的固定资产，如果属于非正常损失，应按其账面净额乘以适用税率，计算不可以抵扣的进项税额。

♣【考点子题——真枪实练，有的放矢】

23.（历年真题·多选题）下列业务中不需要通过"待处理财产损溢"账户核算的有（　　）。

A. 固定资产盘盈　　　　　　　　B. 无法收回的应收账款

C. 固定资产盘亏　　　　　　　　D. 库存商品盘盈

24. (多选题) 下列各项中，应通过"固定资产清理"科目核算的有（　　）。

A. 盘盈办公设备　　　　　　　　B. 盘亏办公设备

C. 处置交通事故毁损的运输车辆　D. 报废技术落后的生产设备

25. (单选题) 下列有关固定资产核算的说法中，正确的是（　　）。

A. 对于固定资产发生的后续支出，只有满足资本化条件的，才能将有关支出计入固定资产的成本

B. 对于财务部门发生的固定资产日常修理费用，应当计入财务费用

C. 对于租入固定资产发生的改良支出，应当计入固定资产成本

D. 对于盘亏的固定资产，应当计入以前年度损益调整

26. (多选题) 乙公司为增值税一般纳税人，适用的增值税税率为13%。2022 年 12 月 31 日进行财产清查时，发现短缺一台笔记本电脑，原价为 10 000 元，已计提折旧 7 000 元，购入时增值税税额为 1 300 元。下列各项中，关于此项业务会计处理正确的有（　　）。

A. 盘亏固定资产时：

借：待处理财产损溢　　　　　　　　　　　　　3 000

累计折旧　　　　　　　　　　　　　　　　7 000

贷：固定资产　　　　　　　　　　　　　　　　10 000

B. 转出不可抵扣的进项税额时：

借：待处理财产损溢　　　　　　　　　　　　　390

贷：应交税费——应交增值税 (进项税额转出)　390

C. 转出不可抵扣的进项税额时：

借：待处理财产损溢　　　　　　　　　　　　　1 300

贷：应交税费——应交增值税 (进项税额转出)　1 300

D. 报经批准转销时：

借：营业外支出　　　　　　　　　　　　　　　3 390

贷：待处理财产损溢　　　　　　　　　　　　　3 390

27. (单选题) 2021 年 12 月末，某企业盘盈一台生产设备，重置成本为 30 000 元。该企业按净利润的 10% 提取盈余公积。不考虑相关税费等因素，该企业盘盈设备增加的留存收益金额为（　　）元。

A. 27 000　　　　　B. 3 000　　　　　C. 30 000　　　　　D. 33 000

考点 4-12： 固定资产减值（★☆☆）

💠 【考点母题——万变不离其宗】固定资产减值

◆ 计算：期末应计提固定资产减值准备 ＝ 期末账面价值 − 可收回金额
◆ 会计处理：借：资产减值损失
贷：固定资产减值准备
◆ 注意：固定资产减值损失一经确认，在以后会计期间不得转回

♣ 【考点子题——真枪实练，有的放矢】

28. (单选题) 某企业 2021 年 12 月 31 日购入一台设备，入账价值为 200 万元，预计使用寿命为 10 年，预计净残值为 20 万元，采用年限平均法计提折旧。2022 年 12 月 31 日该设备存在减值迹象，经测试预计可收回金额为 120 万元。2022 年 12 月 31 日该设备账面价值应为（   ）万元。

   A. 120   B. 160   C. 180   D. 182

29. (多选题) 下列各项中，会引起固定资产账面价值发生变化的有（   ）。

   A. 计提固定资产减值准备   B. 计提固定资产折旧

   C. 固定资产改扩建   D. 固定资产大修理

30. (历年真题·单选题) 某企业 2022 年 12 月 31 日"固定资产"科目余额为 1 000 万元，"累计折旧"科目余额为 300 万元，"固定资产减值准备"科目余额为 50 万元。该企业 2022 年 12 月 31 日资产负债表"固定资产"项目金额为（   ）万元。

   A. 650   B. 700   C. 950   D. 1 000

第四节　生产性生物资产

考点 4-13： 生产性生物资产（★☆☆）

◆【考点母题——万变不离其宗】生产性生物资产

【判断金句】（1）生产性生物资产是指为产出农产品、提供劳务或出租等目的而持有的生物资产。（　　）	
能计入生产性生物资产成本	（2）下列各项中，能够计入生产性生物资产成本的有（　　）。
	A. 外购生产性生物资产：购买价款、相关税费（不包括增值税）以及直接归属于该项资产的其他支出 B. 自行营造或繁殖的生产性生物资产：达到预定生产经营目的前发生的必要支出 C. 因择伐、间伐或抚育更新性质采伐而**补植林木类生物资产发生的后续支出**，应当计入林木类生物资产的成本
不能计入生产性生物资产成本	（3）下列各项中，不能计入生产性生物资产成本的有（　　）。
	A. 可以抵扣的增值税进项税额 B. 生物资产在郁闭或达到预定生产经营目的后发生的管护、饲养费用等后续支出，应当计入当期损益（管理费用）

续表

生产性生物资产的账务处理	（4）下列各项中，属于核算生产性生物资产的会计科目有（ ）。
	A．生产性生物资产——未成熟生产性生物资产 B．生产性生物资产——成熟生产性生物资产 C．生产性生物资产累计折旧
	【判断金句】 （5）对达到预定生产经营目的的生产性生物资产，应当按期计提折旧。（ ） （6）生产性生物资产发生减值也应计提生产性生物资产减值准备，减值准备一经计提，不得转回。（ ） （7）生产性生物资产通常按照成本计量，满足相关条件，可采用公允价值计量。（ ）

♣【考点子题——真枪实练，有的放矢】

1.（判断题）生产性生物资产指为出售农产品、提供劳务或出租等目的而持有的生物资产。（   ）

2.（判断题）某养殖企业自行繁殖的产畜达到预定生产经营目的前发生的饲料费、人工费等必要支出，应计入生产性生物资产的成本。（   ）

3.（单选题）下列支出中，不能计入生产性生物资产成本的是（   ）。

A．外购生产性生物资产的购买价款及相关税费

B．自行营造生产性生物资产达到预定生产经营目的前发生的必要支出

C．生产性生物资产达到预定生产经营目的后发生的管护、饲养费用等后续支出

D．因择伐而补植林木类生物资产发生的后续支出

4.（单选题）下列各项中，对生物资产计提折旧会涉及的会计科目是（   ）。

A．消耗性生物资产   B．生产性生物资产

C．消耗性生物资产累计折旧   D．生产性生物资产累计折旧

5.（判断题）所有的生产性生物资产都应当按期计提折旧。（   ）

6.（判断题）生物资产通常按照成本计量，满足相关条件，也可采用公允价值计量。（   ）

第五节　无形资产和长期待摊费用

考点 4-14：无形资产内容及取得（★★☆）

无形资产是指企业拥有或者控制的没有实物形态的可辨认非货币性资产。

◆ 【考点母题——万变不离其宗】无形资产内容及成本构成

无形资产内容	（1）下列各项中，属于无形资产内容的有（　　）。 A. 专利权　　B. 非专利技术　　C. 商标权 D. 著作权　　E. 土地使用权　　F. 特许权
计入无形资产成本	（2）下列各项中，能够计入无形资产成本的有（　　）。
	A. 外购无形资产购买价款、相关税费（不包括增值税）以及直接归属于使该项资产达到预定用途所发生的其他支出 B. 小规模纳税人购入无形资产发生的增值税进项税额 C. 自行研究开发无形资产发生的研发支出，满足资本化条件且达到预定用途前所发生的必要支出
不能计入无形资产成本	（3）下列各项中，不能计入无形资产成本的有（　　）。 A. 一般纳税人购入或研发无形资产发生的增值税进项税额 B. 为引入新产品进行宣传发生的广告费、管理费用及其他间接费用 C. 无形资产达到预定用途之后发生的费用 D. 商誉

【判断金句】

（4）企业内部研究开发项目所发生的支出应区分研究阶段支出和开发阶段支出。研究阶段的支出，应将其全部费用化计入当期损益；开发阶段的支出，满足资本化条件的计入研发支出，不满足资本化条件的计入当期损益。（ ）

（5）企业如果无法可靠区分研究阶段的支出和开发阶段的支出，应将发生的研发支出全部费用化，计入当期损益。（ ）

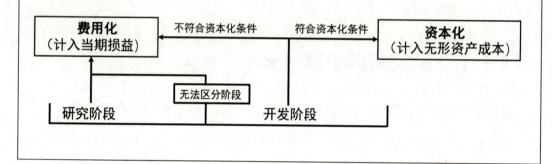

◆【考点母题——万变不离其宗】自行研发无形资产的账务处理

不满足资本化条件	借：研发支出——费用化支出 　　应交税费——应交增值税（进项税额） 　　　贷：银行存款/原材料/应付职工薪酬等 期末： 借：管理费用 　　贷：研发支出——费用化支出
满足资本化条件	借：研发支出——资本化支出 　　应交税费——应交增值税（进项税额） 　　　贷：银行存款/原材料/应付职工薪酬等
达到预定用途	借：无形资产 　　贷：研发支出——资本化支出

【考点子题——真枪实练，有的放矢】

1.（多选题）根据我国企业会计准则规定，企业在自行开发并取得专利权的过程中所发生的下列费用，应计入该专利权入账价值的有（ ）。

A. 依法取得专利权发生的注册费　　B. 依法取得专利权发生的聘请律师费

C. 研究阶段发生的费用　　　　　　D. 开发阶段发生的费用

2.（单选题）2022年8月1日，某企业开始研究开发一项新技术，当月共发生研发支出800万元，其中，费用化的金额650万元，符合资本化条件的金额150万元。8月末，研发活动尚未完成。该企业2022年8月应计入当期利润总额的研发支出为（　　）万元。

A. 0　　　　　　B. 150　　　　　　C. 650　　　　　　D. 800

3.（判断题）无形资产是指企业拥有或控制的没有实物形态的非货币性资产，包括可辨认非货币性无形资产和不可辨认无形资产。（　　）

4.（历年真题·判断题）企业无法可靠区分研究阶段和开发阶段支出的，应将其所发生的研发支出全部资产化计入无形资产成本。（　　）

5.（历年真题·多选题）下列各项中，企业应确认为无形资产的有（　　）。

A. 吸收投资取得的土地使用权　　　　　B. 企业无偿取得的商标权

C. 企业因合并产生的商誉　　　　　　　D. 无偿划拨取得的土地使用权

考点 4-15：无形资产摊销、减值及处置（★★☆）

◆【考点母题——万变不离其宗】无形资产摊销

（1）下列关于无形资产摊销的表述中，正确的有（　　）。
A. 使用寿命不确定的无形资产不应摊销 B. 使用寿命有限的无形资产应按月进行摊销 C. 无形资产摊销应自可供使用（即其达到预定用途）当月起开始摊销，处置当月不再摊销 D. 无形资产摊销可记入的会计科目有"管理费用""制造费用""其他业务成本"等
（2）下列关于无形资产摊销方法的表述中，正确的有（　　）。
A. 年限平均法（直线法）　　B. 生产总量法
【判断金句】（3）企业选择的无形资产摊销方法，应当反映与该项无形资产有关的经济利益的预期消耗方式。无法可靠确定预期消耗方式的，应当采用年限平均法摊销。（　　）

【考点子题——真枪实练，有的放矢】

6.（判断题）对于企业取得的无形资产，均应当自可供使用当月起开始摊销，处置当月不再摊销。（   ）

7.（历年真题·单选题）甲公司为增值税一般纳税人，2022 年 1 月 5 日以 2 700 万元购入一项专利权，另支付相关税费 120 万元。为推广由该专利权生产的产品，甲公司发生广告宣传费 60 万元。该专利权预计使用 5 年，预计净残值为零，采用直线法摊销。假设不考虑其他因素，2022 年 12 月 31 日该专利权的账面价值为（   ）万元。

    A. 2 160   B. 2 256   C. 2 304   D. 2 700

8.（历年真题·单选题）下列各项中，关于无形资产的表述不正确的是（   ）。

    A. 使用寿命不确定的无形资产不应进行摊销

    B. 无形资产的摊销方法应反映其经济利益的预期消耗方式

    C. 无形资产的摊销额应全部计入当期损益

    D. 使用寿命有限的无形资产自可供使用当月起开始摊销

9.（历年真题·单选题）关于企业无形资产会计处理表述正确的是（   ）。

    A. 使用寿命有限的无形资产应自达到预定用途的下月起开始摊销

    B. 使用寿命不确定的无形资产应按 10 年进行摊销

    C. 无形资产摊销方法不应当反映其经济利益的消耗方式

    D. 无形资产减值损失一经确认，以后会计期间不得转回

◆【考点母题——万变不离其宗】无形资产减值

不得转回的减值准备	（1）下列各项中，一经确认在以后会计期间不得转回的减值准备有（　　）。 A. 固定资产减值准备　　　　　B. 无形资产减值准备 C. 生产性生物资产减值准备　　D. 投资性房地产减值准备
可以转回的减值准备	（2）下列各项中，在符合相关条件时可以转回的减值准备有（　　）。 A. 坏账准备（应收账款）　　　B. 存货跌价准备（存货）
【注意】交易性金融资产期末采用公允价值计量，不存在计提减值准备的核算。	

【考点子题——真枪实练，有的放矢】

10. （单选题）2022 年 12 月 31 日，市场上某项技术生产的产品销售势头较好，已对甲公司产品的销售产生重大不利影响。甲公司外购的类似专利技术的账面原值为 1 600 万元，摊销年限为 10 年，已摊销年限为 5 年，采用直线法摊销。经减值测试，该专利技术的可收回金额为 750 万元。2022 年 12 月 31 日该专利技术计提的减值准备为（　　）万元。

　　A. 40　　　　　　　　　B. 50　　　　　　　　　C. 60　　　　　　　　　D. 70

11. （单选题）下列各项中，不会引起无形资产账面价值发生增减变动的是（　　）。

　　A. 对无形资产计提减值准备　　　　　B. 无形资产公允价值上升

　　C. 摊销无形资产　　　　　　　　　　D. 转让无形资产所有权

12. （多选题）下列关于无形资产会计处理的表述中，正确的有（　　）。

　　A. 无形资产均应确定预计使用年限并分期摊销

　　B. 取得的自用土地使用权应确认为无形资产

　　C. 内部研发项目开发阶段支出应全部确认为无形资产

　　D. 无形资产减值损失一经确认在以后会计期间不得转回

13. （历年真题·多选题）下列各项资产减值准备中，一经确认在相应资产持有期间内均不得转回的有（　　）。

　　A. 坏账准备　　　　　　　　　　　　B. 固定资产减值准备

　　C. 存货跌价准备　　　　　　　　　　D. 无形资产减值准备

14. （历年真题·单选题）下列各项关于无形资产会计处理的表述中，正确的是（　　）。

　　A. 内部产生的商誉应确认为无形资产

　　B. 计提的无形资产减值准备在该资产价值恢复时应予转回

　　C. 使用寿命不确定的无形资产账面价值均应按 10 年平均摊销

　　D. 取得的自用土地使用权应单独确认为无形资产

◆◆◆◆【考点母题——万变不离其宗】无形资产处置

（1）下列关于无形资产处置的账务处理中，正确的有（　）。	
出售： 借：银行存款/其他应收款 　　累计摊销 　　无形资产减值准备 　　应交税费——应交增值税（进项税额） 　　贷：银行存款（相关费用） 　　　　无形资产（账面余额） 　　　　应交税费——应交增值税（销项税额） 　　　　资产处置损益（差额，或在借方）	报废： 借：累计摊销 　　无形资产减值准备 　　营业外支出——处置非流动资产损失 （差额） 　　贷：无形资产
【判断金句】（2）因出售无形资产产生的利得或损失，计入资产处置损益；报废无形资产产生的利得或损失计入营业外收支。（　）	

🔵【考点子题——真枪实练，有的放矢】

15.（判断题）企业出售无形资产，应当将取得的价款扣除该无形资产账面价值以及出售相关税费后的差额计入营业外收入或营业外支出。（　）

16.（单选题）甲公司为增值税的一般纳税人，将其购买的一项专利权转让给乙公司，增值税专用发票上注明的价款为350万元，增值税税额为21万元。该专利权原购入价450万元，合同规定的受益年限为10年，转让时已使用4年，采用年限平均法摊销。不考虑减值及其他相关税费。甲公司在转让该专利权时应确认的净损益为（　）万元。

A. 32.5　　　　　　B. 50　　　　　　C. 62.5　　　　　　D. 80

考点 4-16：长期待摊费用（★☆☆）

长期待摊费用是指企业已经发生但应由本期和以后各期分担的分摊期限在 1 年以上的各项费用。"长期待摊费用"属于资产类科目。

❖ 【考点母题——万变不离其宗】长期待摊费用

【判断金句】以租赁方式租入的使用权资产发生的改良支出应计入长期待摊费用。（　）		
账务处理	发生时： 借：长期待摊费用 　应交税费——应交增值税（进项税额） 　贷：原材料 　　银行存款 　　应付职工薪酬等	摊销时： 借：管理费用 / 销售费用等 　贷：长期待摊费用

🍀 【考点子题——真枪实练，有的放矢】

17. (多选题) 2022 年 9 月 1 日，丙公司对其以租赁方式新租入的办公楼进行装修，发生以下有关支出：领用生产用材料 50 万元，购进该批原材料时支付的增值税进项税额为 6.5 万元；辅助生产车间为该装修工程提供的劳务支出为 18 万元；有关人员工资等职工薪酬 52 万元。2022 年 11 月 30 日，该办公楼装修完工，达到预定可使用状态并交付使用，并按租赁期 10 年开始进行摊销。假定不考虑其他因素，下列会计处理正确的有（　）。

A. 装修完工时计入长期待摊费用的金额为 120 万元

B. 装修完工时计入固定资产的金额为 120 万元

C. 2022 年摊销额为 1 万元

D. 2022 年折旧额为 1 万元

18. （历年真题·判断题）企业以租赁方式租入的固定资产发生的改良支出，应直接计入当期损益。（　　）

19. （单选题）2022 年 3 月 1 日，某企业对租赁方式租入的办公楼进行装修，发生职工薪酬 15 万元，其他费用 45 万元。2022 年 10 月 31 日，该办公楼装修完工，达到预定可使用状态并交付使用，至租赁到期还有 5 年。假定不考虑其他因素，该企业发生的该装修费用对 2022 年度损益的影响金额为（　　）万元。

A. 45　　　　　　　B. 12　　　　　　　C. 2　　　　　　　D. 60

本章答案与解析

〔第一节考点子题答案与解析〕

1. 【答案】AC

【解析】股权投资不一定都属于长期投资；其他权益工具是所有者权益。

2. 【答案】A

【解析】购入债券实际支付的购买价款和相关税费应计入债权投资成本。

3. 【答案】B

【解析】小企业债权投资后续计量采用的方法是直线法。

4. 【答案】√

5. 【答案】×

【解析】企业对分期付息、一次还本的债券投资计提的利息，应通过"应收利息"科目核算。

6. 【答案】A

【解析】甲公司该项长期股权投资在合并日的初始投资成本为 =9 000×60%=5 400（万元）。

借：长期股权投资	5 400
资本公积——股本溢价	1 600
贷：银行存款	7 000
借：管理费用	100
贷：银行存款	100

7. 【答案】BCD

【解析】

借：长期股权投资——S 公司	40 000 000
贷：股本	10 000 000
资本公积——股本溢价	30 000 000

借：资本公积——股本溢价　　　　　　　1 000 000
　　贷：银行存款　　　　　　　　　　　　　　　　1 000 000

8. 【答案】B

【解析】甲公司对乙公司长期股权投资的初始投资成本 =4 000×80%=3 200(万元)。合并日，甲公司应作的账务处理如下：

借：长期股权投资——乙公司　　　　　3 200
　　贷：股本　　　　　　　　　　　　　　　　1 000
　　　　资本公积——股本溢价　　　　　　　　2 200

9. 【答案】D

【解析】非同一控制下以发行权益性证券作为合并对价取得的长期股权投资，应按发行的权益性证券的公允价值作为初始投资成本，长期股权投资的入账价值 = 9 000×5 = 45 000（万元）。

10. 【答案】D

【解析】非同一控制下企业合并，初始成本 = 1 500×6=9 000（万元）

借：长期股权投资　　　　　　　　　　9 000
　　贷：股本　　　　　　　　　　　　　　　　1 500
　　　　资本公积——股本溢价　　　　　　　　7 500［1500×（6−1）］
借：资本公积——股本溢价　　　　　　150
　　贷：银行存款　　　　　　　　　　　　　　　150
借：管理费用　　　　　　　　　　　　80
　　贷：银行存款　　　　　　　　　　　　　　　80

11. 【答案】√

12. 【答案】C

【解析】发行股票向证券承销机构支付的佣金及手续费 50 万元应该抵减溢价收入，所以初始投资成本为 1 000×4 = 4 000（万元）。

借：长期股权投资　　　　　　　　　　4 000
　　贷：股本　　　　　　　　　　　　　　　　1 000
　　　　资本公积——股本溢价　　　　　　　　3 000（4×1 000−1 000）
借：资本公积——股本溢价　　　　　　50
　　贷：银行存款　　　　　　　　　　　　　　　50

13. 【答案】ABC

【解析】已宣告但尚未领取的现金股利应计入应收股利。

14. 【答案】C

【解析】采用成本法核算长期股权投资时，只有被投资单位宣告分派现金股利才确认投资收益。

15 【答案】B

【解析】采用成本法对长期股权投资进行后续计量时，除追加投资或收回投资外，长期股权投资的账面价值保持不变，即 800 万元。

16. 【答案】C

【解析】采用成本法对长期股权投资进行后续计量，被投资企业宣告分派现金股利时，应借记"应收股利"，贷记"投资收益"。

17.【答案】ABC

【解析】长期股权投资的明细科目包括投资成本、损益调整、其他综合收益、其他权益变动等。

18.【答案】D

【解析】采用权益法核算长期股权投资时，被投资企业宣告分派现金股利时，应借记应收股利，贷记长期股权投资。

19.【答案】A

【解析】被投资单位提取盈余公积，所有者权益未发生变化，投资企业不做账务处理；被投资单位宣告分派现金股利和被投资单位其他综合收益变动，均应按享有的份额调整长期股权投资账面价值，不确认投资收益。

20.【答案】ACD

【解析】长期股权投资采用权益法核算，被投资方宣告分派现金股利时，应按享有的份额调整长期股权投资账面价值，不确认投资收益。

21.【答案】D

【解析】2022 年 12 月 31 日，甲公司该项投资在资产负债表中应列示的年末余额 =2 500+1 000 × 20%=2 700（万元）。

22.【答案】B

【解析】甲公司 2×21 年度损益的影响金额 =8 000 × 30%−2 000+800 × 30%=640（万元）。

23.【答案】AD

【解析】选项 B 和 C，被投资单位所有者权益总额不发生变动，投资方不需要调整长期股权投资账面价值。

24.【答案】BD

【解析】成本法下，被投资单位实现净利润，投资企业不做账务处理；成本法下，被投资单位宣告发放现金股利，投资企业按享有的份额确认投资收益，不调整长期股权投资的账面价值。

25.【答案】BD

【解析】对子公司长期股权投资应采用成本法核算；成本法下，被投资单位实现净利润，投资企业不做账务处理。

［第二节考点子题答案与解析］

1.【答案】AC

【解析】选项 B，以经营租赁方式租入的建筑物，不具有所有权，再转租的建筑物不能作为投资性房地产核算；选项 D，出租给职工的自建宿舍楼，作为自有固定资产核算，不属于投资性房地产。

2.【答案】BC

【解析】选项 A，企业将租出的土地使用权作为投资性房地产核算；选项 D，工业企业将购入的用于建造办公楼的土地使用权作为无形资产核算。

3. 【答案】√

【解析】企业将自用的写字楼的部分楼层出租取得租金收入，自用部分和出租部分不能单独计量，企业不能确认为投资性房产，即确认为固定资产。

4. 【答案】×

【解析】还应满足该投资性房地产的成本能够可靠地计量这个条件。

5. 【答案】D

【解析】投资性房地产的确认时点是签订租赁协议中租赁期开始日，即2022年3月1日。

6. 【答案】BCD

【解析】以成本模式计量的投资性房地产，需要计提折旧或摊销，则年末需要对其预计使用寿命进行复核，选项A错误。

7. 【答案】ABD

【解析】采用成本模式进行后续计量的投资性房地产存在减值迹象时，应进行减值测试，确定发生减值的，应当计提减值准备，选项C不正确。

8. 【答案】B

【解析】甲公司2022年取得的租金收入计入其他业务收入为2 000 000/4=500 000元，期末公允价值变动损益的金额增加收益为4 000 000元，所以影响当期损益的金额为4 500 000元。账务处理如下：

（1）2022年10月1日，甲公司出租写字楼

借：投资性房地产——成本   80 000 000

  贷：在建工程   80 000 000

（2）2022年10月1日，甲公司确认租金收入

借：银行存款   500 000

  贷：其他业务收入   500 000

（3）2022年12月31日，按照公允价值调整其账面价值，公允价值与原账面价值之间的差额计入当期损益

借：投资性房地产——公允价值变动   4 000 000

  贷：公允价值变动损益   4 000 000

9. 【答案】C

【解析】2×22年12月31日，投资性房地产的账面价值=12 000-12 000/20=11 400（万元），可收回金额为11 200万元，计提减值准备的金额=11 400-11 200=200（万元）。与该写字楼相关的交易或事项对甲公司2×22年度营业利润的影响金额=租金收入1 000-折旧金额12 000/20-减值的金额200=200（万元）。

10. 【答案】B

【解析】2022年甲公司应对该写字楼计提的折旧金额=［（9 600-120）/（40×12）］×11=217.25（万元）。

11. 【答案】BCD

【解析】实际收到的金额作为其他业务收入，账面价值转入其他业务成本，选项B、C错误；投资性

房地产的累计公允价值变动金额转入其他业务成本，选项 A 正确，选项 D 错误。

12.【答案】A

【解析】租金收入为 120/2=60（万元），公允价值变动收益为 5 100-5 000=100（万元），对甲公司 2022 年度利润总额的影响金额为 60+100=160（万元）。

13.【答案】B

【解析】处置该项投资性房地产对营业成本的影响金额 =5 100-（5 100-100）/20=4 850（万元）。

账务处理如下：

（1）2021 年 6 月 30 日，购入投资性房地产

借：投资性房地产　　　　　　　　　　　5 100

　　贷：银行存款　　　　　　　　　　　　　　5 100

（2）截至 2022 年 6 月 30 日累计计提折旧

累计折旧 =（5 100-100）/20=250（万元）

借：其他业务成本　　　　　　　　　　　250

　　贷：投资性房地产累计折旧　　　　　　　　250

（3）2022 年 6 月 30 号，出售此项投资性房地产

借：银行存款　　　　　　　　　　　　　5 500

　　贷：其他业务收入　　　　　　　　　　　　5 500

借：其他业务成本　　　　　　　　　　　4 850

　　投资性房地产累计折旧　　　　　　　250

　　贷：投资性房地产　　　　　　　　　　　　5 100

14.【答案】AB

【解析】处置采用成本模式计量的投资性房地产时，应将实际收到的处置价款计入其他业务收入，将投资性房地产的账面价值转入其他业务成本。

15.【答案】B

【解析】应记入"公允价值变动损益"账户的金额 =40 000-（50 000-1 000-2 000）=-7 000（万元）。

账务处理如下：

借：投资性房地产——成本　　　　　　　40 000

　　固定资产减值准备　　　　　　　　　2 000

　　累计折旧　　　　　　　　　　　　　1 000

　　公允价值变动损益　　　　　　　　　7 000

　　贷：固定资产　　　　　　　　　　　　　　50 000

16.【答案】B

【解析】选项 A，已采用成本模式计量的，不确认公允价值变动损益；选项 C，同一企业不得同时采用成本模式和公允价值模式进行后续计量；选项 D，采用公允价值模式进行后续计量的投资性房地产，不折旧不摊销不减值。

[第三节考点子题答案与解析]

1. 【答案】A

   【解析】固定资产的入账价值 = 1 000+50+9.3+100+10+20+10.7 = 1 200（万元）。

2. 【答案】C

   【解析】固定资产的入账价值 = 600 000+78 000+9 300+2 000 = 689 300（万元）。

3. 【答案】BC

   【解析】计入固定资产成本的金额 = 866+4 = 870（万元）

   甲设备：870×［200÷（200+300+500）］= 174（万元）

   乙设备：870×［300÷（200+300+500）］= 261（万元）

   丙设备：870×［500÷（200+300+500）］= 435（万元）

4. 【答案】C

   【解析】固定资产 =500 000+400 000+100 000+30 000=1 030 000（元）。

5. 【答案】×

   【解析】企业采用出包方式建造固定资产时，按合同规定向建造承包商结算的进度款，在资产负债表中的"在建工程"项目反映，不属于流动资产。

6. 【答案】A

   【解析】该企业为一般纳税人，不动产增值税可以抵扣。

7. 【答案】√

8. 【答案】×

   【解析】已提足折旧的固定资产，不再计提折旧；未提足折旧提前报废的固定资产不补提折旧。

9. 【答案】BD

   【解析】未使用的固定资产需计提固定资产折旧，提前报废的固定资产和单独计价入账的土地不计提固定资产折旧，固定资产的折旧方法一经确定不得随意变更。

10. 【答案】B

    【解析】2022 年该设备应计提的折旧 =（25−25×2/5）×2/5=6（万元）。

11. 【答案】A

    【解析】2022 年计提的折旧额 =（90−6）×3/15 = 16.8（万元）。

12. 【答案】B

    【解析】财务部门使用的固定资产计提的折旧应计入管理费用。

13. 【答案】BC

    【解析】采用年数总和法计提折旧每年折旧率递减，故 A 选项错误。

    2021 年折旧额 =［（75 000−6 000）×5/15］/2=11 500（元）

    2022 年折旧额 =11500+［（75 000−6 000）×4/15］/2=20 700（元）

    2022 年末累计折旧额 =11 500+20 700=32 200（元）。

14. 【答案】√

15. 【答案】ABCD

16. 【答案】D

【解析】短期租入的房屋不计提折旧；提前报废和已提足折旧的固定资产不再计提折旧。

17.【答案】√

18.【答案】C

【解析】入账价值 = （ 50 000-15 000 ）-（ 10 000-10 000×15 000/50 000 ）+16 000=4 4000（元）。

19.【答案】C

【解析】固定资产在更新改造期间不需计提折旧，故 A 选项错误。被替换的旧设备的账面价值必须从固定资产成本中扣除，故 B 选项错误。生产线更新改造后的入账价值 =300-180-20+4+10+45-30=129（万元），故 C 选项正确。2022 年度该生产线应计提的折旧额 =129/10/12 ×7=7.525（万元），故 D 选项错误。

20.【答案】BCD

【解析】盘亏的固定资产应通过"待处理财产损溢"科目核算。

21.【答案】×

【解析】固定资产已丧失使用功能对其处置产生的利得或损失应记入营业外收支科目。

22.【答案】A

【解析】清理净损益 =20 000-（ 500 000-450 000 ）-3500=-33 500（元）。

23.【答案】AB

【解析】固定资产盘盈通过"以前年度损益调整"账户核算；无法收回的应收账款通过"坏账准备"账户核算。

24.【答案】CD

【解析】固定资产盘盈和盘亏不通过固定资产清理科目核算。

25.【答案】A

【解析】对于财务部门发生的固定资产日常修理费用，应当计入管理费用；对于经营租入的固定资产发生的改良支出，应当计入长期待摊费用；对于盘亏的固定资产，应当计入待处理财产损溢。

26.【答案】ABD

【解析】盘亏固定资产应按其账面价值转入待处理财产损溢账户，故选项 A 正确；由于短缺的笔记本电脑非自然灾害造成的损失，应按固定资产的净值计算进项税额转出的金额，即（ 10 000-7 000 ）×13%=390（元），转入待处理财产损溢账户，故选项 B 正确；进项税额转出的金额不应为购入时增值税税额，故选项 C 错误；批准后盘亏固定资产的净损失应计入营业外支出，金额为 3 000+390=3 390（元），故选项 D 正确。

27.【答案】C

【解析】

借：以前年度损益调整	30 000
贷：盈余公积——法定盈余公积	3 000
利润分配——未分配利润	2 7000

28.【答案】A

【解析】固定资产的账面价值 = 200-（200-20）/10 = 182（万元）

固定资产可收回金额 =120（万元）

应计提减值准备 =182-120=62（万元）

该设备账面价值 =200-（200-20）/10-62=120（万元）。

29.【答案】ABC

　　【解析】固定资产大修理应费用化，不会引起固定资产账面价值发生变化。

30.【答案】A

　　【解析】资产负债表"固定资产"项目金额 = 1 000-300-50=650（万元）。

〔第四节考点子题答案与解析〕

1.【答案】×

　　【解析】生产性生物资产指为产出农产品、提供劳务或出租等目的而持有的生物资产，以出售为目的而持有的生物资产是消耗性生物资产。

2.【答案】√

3.【答案】C

　　【解析】生产性生物资产达到预定生产经营目的后发生的管护、饲养费用等后续支出应计入管理费用。

4.【答案】D

　　【解析】消耗性生物资产属于存货，不计提折旧，不涉及 AC 选项；计提折旧计入相关资产的成本或当期损益，不直接减少生产性生物资产，不涉及 B 选项。

5.【答案】×

　　【解析】达到预定生产经营目的的生产性生物资产，应当按期计提折旧。对于未成熟的生产性生物资产不需计提折旧。

6.【答案】√

〔第五节考点子题答案与解析〕

1.【答案】AB

　　【解析】研究阶段发生的费用应直接计入当期损益，开发阶段发生的费用中符合资本化条件的构成专利权的入账价值，不符合资本化条件的计入当期损益。

2.【答案】C

　　【解析】应计入当期利润总额的研发支出为 650 万元。

3.【答案】×

　　【解析】无形资产是指企业拥有或者控制的没有实物形态的可辨认非货币性资产，不具有可辨认性的商誉，不属于无形资产的范畴。

4.【答案】×

　　【解析】企业无法可靠区分研究阶段和开发阶段支出的，应将其所发生的研发支出全部费用化。

5.【答案】ABD

　　【解析】商誉不作为无形资产核算，无偿划拨取得的土地使用权作为无形资产进行核算。

6. 【答案】×

【解析】使用寿命有限的无形资产应进行摊销，而使用寿命不确定的无形资产不进行摊销。

7. 【答案】B

【解析】专利权账面价值 = 2 700+120−（2 700+120）/5=2 256（万元）。

8. 【答案】C

【解析】无形资产的摊销额应根据受益对象，记入不同的科目中。

9. 【答案】D

【解析】使用寿命有限的无形资产应自达到预定用途的当月起开始摊销，选项 A 错误；使用寿命不确定的无形资产不应摊销，选项 B 错误；无形资产摊销方法应当反映其经济利益的预期"消耗"方式，选项 C 错误。

10. 【答案】B

【解析】无形资产账面价值 = 1 600−1 600/10×5=800（万元），该专利技术计提的减值准备 = 800−750 = 50（万元）。

11. 【答案】B

【解析】无形资产按照历史成本计量，公允价值上升不影响账面价值。

12. 【答案】BD

【解析】对于使用寿命不确定的无形资产不应该摊销，所以不是所有无形资产均应确定预计使用年限并分期摊销；内部研发项目开发阶段的支出符合资本化条件的才确认为无形资产，不符合资本化条件的研发支出应该费用化计入当期损益。

13. 【答案】BD

【解析】应收款项、存货等流动资产计提的减值准备一般可以转回。

14. 【答案】D

【解析】商誉不具有可辨认性，不属于无形资产；无形资产减值损失一经计提，在以后期间不得转回；使用寿命不确定的无形资产不需要进行摊销。

15. 【答案】×

【解析】因出售无形资产产生的利得或损失，计入资产处置损益；报废无形资产产生的利得或损失计入营业外收支。

16. 【答案】D

【解析】甲公司转让专利权时应确认的净损益 =350−(450−450/10×4)=80（万元）。

17. 【答案】AC

【解析】计入长期待摊费用 = 50+18+52=120（万元），2022 年 12 月摊销额 = 120/10/12=1（万元）。

18. 【答案】×

【解析】企业以经营租赁方式租入的固定资产发生的改良支出，应计入长期待摊费用，分期计入当期损益。

19. 【答案】C

【解析】2022 年 11 月、12 月两个月摊销额 =（45+15）/5/12×2=2（万元）。

第 **5** 章

负 债

（★★☆）

本章主题

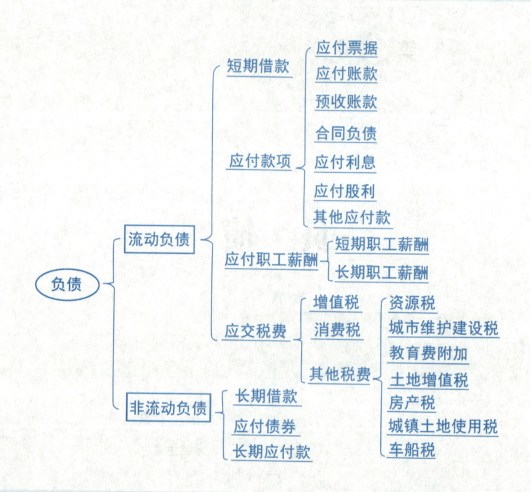

第一节 短期借款

考点 5-1： 短期借款计息（★★☆）

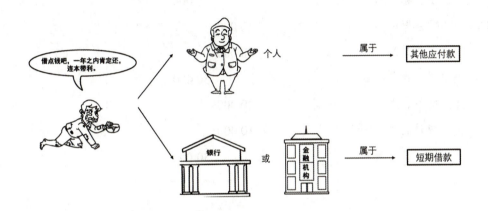

◆ 【考点母题——万变不离其宗】短期借款计息

【注意】计提短期借款利息时，应该使用"应付利息"科目，但最后一期的利息可以在实际支付时直接借记"财务费用"科目，贷记"银行存款"科目，不再通过"应付利息"科目。	
借入短期借款	借：银行存款 　　贷：短期借款
计提利息	借：财务费用 　　贷：应付利息
支付利息	借：财务费用（当月支付） 　　应付利息（之前计提的） 　　贷：银行存款
还本付息	借：短期借款 　　财务费用（最后一期利息） 　　贷：银行存款

♧ 【考点子题——真枪实练，有的放矢】

1.（判断题）企业短期借款利息一般采用月末预提的方式进行核算。计提时，借记"财务费用"科目，贷记"应付利息"科目；实际支付时，借记"应付利息"科目等，贷记"银行存款"科目。（　　）

2. （单选题）2019 年 4 月 1 日，某企业向银行借入一笔生产经营用短期借款 2 000 000 元，期限为 6 个月，年利率 6%，到期一次归还本金，利息按月计提、按季支付。不考虑其他因素，下列各项中，2019 年 6 月末，该企业有关短期借款利息的会计处理正确的是（   ）。

A. 借：财务费用   20 000
  贷：银行存款   20 000

B. 借：应付利息   10 000
  贷：银行存款   10 000

C. 借：财务费用   10 000
    应付利息   20 000
  贷：银行存款   30 000

D. 借：财务费用   20 000
    应付利息   10 000
  贷：银行存款   30 000

第二节　应付及预收账款

考点 5-2：应付票据（★★☆）

　　应付票据是指企业购买材料、商品和接受服务等而开出、承兑的商业汇票，包括商业承兑汇票和银行承兑汇票。

◆【考点母题——万变不离其宗】应付票据

> 下列关于应付票据的表述中，正确的有（　　）。
>
> A. 应付票据是因购买材料、商品和接受劳务等而开出、承兑的商业汇票
> B. 根据承兑人不同，商业汇票分为商业承兑汇票和银行承兑汇票
> C. 商业汇票的付款期限，最长不得超过 6 个月
> D. 企业申请使用银行承兑汇票时，应向其承兑银行按票面金额的万分之五交纳手续费
> E. 银行承兑汇票到期，企业无力支付票款，将应付票据转作短期借款
> F. 商业承兑汇票到期，企业无力支付票款，将应付票据转作应付账款

♣【考点子题——真枪实练，有的放矢】

1.（单选题）下列有关应付票据处理的表述中，不正确的是（　　）。

　　A. 企业开出并承兑商业汇票时，应按其票面金额贷记"应付票据"科目

　　B. 企业开具的商业汇票到期支付票据款时，应借记"应付票据"科目

　　C. 企业支付的银行承兑手续费，计入当期财务费用

　　D. 企业到期无力支付的银行承兑汇票，应按票面金额转入应付账款

2.（历年真题·单选题）企业开出并承兑的商业承兑汇票到期无力支付时，正确的会计处理是将该应付票据（　　）。

　　A. 转作短期借款　　B. 转作应付账款　　C. 转作其他应付款　　D. 仅做备查登记

3.（单选题）2021 年 10 月，某企业支付材料采购款 180 万元，其中以商业承兑汇票付款 125 万元，申请签发银行本票 25 万元、银行汇票 30 万元。不考虑其他因素，该企业

当月应记入"应付票据"科目贷方的金额是（　　）万元。

A. 55　　　　　　　B. 30　　　　　　　C. 25　　　　　　　D. 125

考点5-3：应付账款（★★☆）

应付账款是指企业因购买材料、商品或接受服务等经营活动而应付给供应单位的款项。

◆ 【考点母题——万变不离其宗】应付账款

影响应付账款入账价值	（1）下列各项中，影响应付账款入账价值的有（　　）。
	A.购买材料、商品或接受劳务的价款　　B.增值税 C.包装费、运输费等相关费用
【判断金句】（2）企业无法支付的应付账款应按其账面余额计入营业外收入。（　　）	

🖐 【考点子题——真枪实练，有的放矢】

4.（单选题）企业发生赊购商品业务，下列各项中不影响应付账款入账金额的是（　　）。

A. 商品价款　　　　　　　　　B. 销售方代垫运杂费

C. 采购人员的差旅费　　　　　D. 增值税进项税额

5.（多选题）下列关于应付账款的处理中，正确的有（　　）。

A. 货物与发票账单同时到达，待货物验收入库后，按发票账单登记入账

B. 货物已到，但至月末时发票账单还未到达，应在月份终了时暂估入账，下月初红字冲销

C. 应付账款一般按到期时应付金额的现值入账

D. 实务中，企业外购电力每月付款时先作暂付款借记"应付账款"科目

6. （单选题）甲企业为增值税一般纳税人。2022 年 3 月 1 日，从 A 公司购入一批材料，货款 100 000 元，增值税额 13 000 元，对方代垫运杂费 1 000 元，款项尚未支付。该项业务应付账款的入账价值是（　　）元。

A. 114 000　　　　B. 116 000　　　　C. 101 000　　　　D. 100 000

7. （历年真题·单选题）企业确实无法支付的应付账款，应按其账面余额转入（　　）。

A. 管理费用　　　B. 财务费用　　　C. 其他业务收入　　D. 营业外收入

考点 5-4：预收账款（★☆☆）

预收账款是指企业按照合同规定预收的款项。

◆【考点母题——万变不离其宗】预收账款

下列关于预收账款的表述中，正确的有（　　）。
A. 企业在预收账款业务不多时可用"应收账款"科目核算
B. 预收账款期末余额一般在贷方，如果预收账款出现借方余额，实际上相当于企业的应收账款
C. 在资产负债表中，应根据"应收账款"和"预收账款"明细账的贷方余额之和记入"预收款项"项目，根据明细账的借方余额之和记入"应收账款"项目

☁【考点子题——真枪实练，有的放矢】

8. （判断题）预收账款属于流动负债，因此，如果企业不单设预收账款，可以将预收账款并入"应付账款"科目核算。（　　）

9. （判断题）资产负债表中的"预收款项"项目应根据"预收账款"总账科目的期末余额进行填列。（　　）

10.（多选题）下列各项中，属于"预收账款"科目贷方登记的有（　　）。

A. 预收租金的数额　　　　　　B. 企业实现收入冲销的预收货款的数额

C. 收到客户补付货款的数额　　D. 退回客户多付货款的数额

考点 5-5：合同负债（★☆☆）

合同负债是指企业已收或应收客户对价而应向客户转让商品的义务。

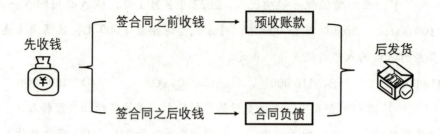

图中文字：
- 先收钱
- 签合同之前收钱 → 预收账款
- 签合同之后收钱 → 合同负债
- 后发货

◆【考点母题——万变不离其宗】合同负债

（1）下列关于合同负债的表述中，正确的有（　）。

A. 贷方登记企业在向客户转让商品之前，已经收到或已经取得无条件收取合同对价权利的金额
B. 借方登记企业向客户转让商品时冲销的金额
C. 在资产负债表中"合同负债"项目，应根据"合同负债"的相关明细科目期末余额分析填列

【判断金句】（2）合同负债是指企业已收或应收客户对价而应向客户转让商品的义务。（　）

♣【考点子题——真枪实练，有的放矢】

11.（判断题）预计负债是指企业已收或应收客户对价而应向客户转让商品的义务。（　）

考点 5-6： 应付利息和应付股利（★☆☆）

◆【考点母题——万变不离其宗】应付利息与应付股利的核算内容

通过"应付利息"科目核算	（1）下列各项中，通过"应付利息"科目进行核算的有（　）。
	A. 短期借款的计息　　　　B. 分期付息的长期借款或应付债券的计息 【注意】1年内应付利息
通过"应付股利"科目核算	（2）下列各项中，通过"应付股利"科目进行核算的是（　）。
	A. 应付投资人的现金股利或利润

【注意】
（1）董事会拟分配的现金股利或利润，无需账务处理，但需在附注披露；股东大会审议批准分配的现金股利或利润，通过"应付股利"科目核算。
（2）企业宣告发放的股票股利无需账务处理；实际发放的股票股利通过"股本"科目核算。

♣【考点子题——真枪实练，有的放矢】

12.（判断题）企业董事会或类似机构通过的利润分配方案中拟分配的现金股利或利润，应确认为应付股利。（　）

13.（判断题）企业宣告分派给投资者的股票股利不应通过"应付股利"科目核算。（　　）

14.（历年真题·多选题）下列各项中，应记入"应付利息"科目的有（　　）。

A. 计提的短期借款利息

B. 计提的一次还本付息的应付债券利息

C. 计提的分期付息到期还本的应付债券利息

D. 计提的分期付息到期还本的长期借款利息

考点 5-7：　其他应付款（★☆☆）

◆【考点母题——万变不离其宗】其他应付款的核算内容

下列各项中，属于其他应付款核算内容的有（　　）。

A.存入保证金（如押金等）　　B.应付租入包装物的租金

C.应付短期租赁固定资产租金　　D.应付、暂收所属单位、个人的款项等

◆【神奇母题提示】与其他应收款的区别

```
            应收的各种赔款、罚款              应付的低价值租赁资产、短期租赁固定资产的租金
            应收的出租包装物租金                    应付的租入包装物租金
其他应收款    存出保证金                              存入保证金               其他应付款
            应向职工收取的各项垫付款项          从职工工资中代扣的应由个人缴纳的社保和公积金
            其他各种应收、暂付款项                   其他各种应付、暂收款项
```

♧【考点子题——真枪实练，有的放矢】

15.（历年真题·单选题）下列各项中，不记入"其他应付款"科目的是（　　）。

A. 无力支付到期的银行承兑汇票　　B. 销售商品收取的包装物押金

C. 应付租入包装物的租金　　D. 应付经营租赁固定资产租金

16.（多选题）下列各项中，属于"其他应付款"科目核算内容的有（　　）。

A. 应付客户存入的保证金　　B. 应付供货商代垫的运费

C. 应付股东的股利　　D. 应付租入包装物的租金

17.（历年真题·多选题）下列各项中，应计入其他应付款的有（　　）。

A. 存入保证金　　B. 应付销货方代垫的运杂费

C. 应付租入包装物租金　　D. 到期无力支付的商业承兑汇票

第三节　应付职工薪酬

考点 5-8： 职工薪酬的内容（★☆☆）

◆ **【考点母题——万变不离其宗】职工的范围**

下列各项中，属于企业职工的有（　　）。
A. 与企业订立劳动合同的所有人员，含全职、兼职和临时职工
B. 未与企业订立劳动合同，但由企业正式任命的企业治理层和管理层人员，如董事会成员、监事会成员等
C. 在企业的计划和控制下，虽未与企业订立劳动合同和未由其正式任命，但向企业所提供服务与职工所提供服务类似的人员，如通过企业与劳务中介公司签订用工合同而向企业提供服务的人员

◆ **【考点母题——万变不离其宗】职工薪酬的内容**

	（1）下列各项中，应作为应付职工薪酬核算的有（　　）。
短期薪酬	（2）下列各项中，属于短期薪酬的有（　　）。
	A. 职工工资、奖金、津贴和补贴　　　　B. 职工福利费 C. 社会保险费（医疗保险费、工伤保险费等社会保险费） D. 住房公积金　　　　E. 工会经费和职工教育经费 F. 短期带薪缺勤　　　　G. 短期利润分享计划　　　　H. 其他短期薪酬

续表

离职后福利	（3）下列各项中，属于离职后福利的有（　　）。 A. 设定提存计划（养老保险费、失业保险费、向有关单位缴纳的补充养老保险费等） B. 设定受益计划
辞退福利	（4）下列各项中，属于辞退福利的有（　　）。 A. 因在职工劳动合同到期之前解除与职工的劳动关系而给予职工的补偿 B. 为鼓励职工自愿接受裁减而给予职工的补偿
其他长期职工福利	（5）下列各项中，属于其他长期职工福利的有（　　）。 A. 长期带薪缺勤　　　B. 长期残疾福利　　　C. 长期利润分享计划等
【判断金句】（6）企业提供给职工配偶、子女、受赡养人、已故员工遗属及其他受益人等的福利，也属于职工薪酬。（　　）	

【考点子题——真枪实练，有的放矢】

1.（单选题）下列各项中，属于离职后福利的是（　　）。

   A. 企业为职工缴纳的失业保险费

   B. 为鼓励职工自愿授受裁减而给予职工的补偿

   C. 企业为职工缴纳的医疗保险费

   D. 长期残疾福利

2.（判断题）企业提供给职工配偶、子女、受赡养人、已故员工遗属及其他受益人等的福利，不属于企业的职工薪酬。（　　）

3.（多选题）下列各项中，属于企业应付职工薪酬核算内容的有（　　）。

   A. 支付给职工的工资、奖金和补贴

   B. 支付给未签订劳动合同、但经企业正式任命的独立董事津贴

   C. 支付给提前离职职工的一次性补偿款项

   D. 支付给职工的防暑降温费

4.（历年真题·判断题）企业为职工缴纳的基本养老保险金、补充养老保险费，以及为职工购买的商业养老保险，均属于企业提供的职工薪酬。（　　）

考点 5-9： 货币性职工薪酬的核算（★★★）

【考点母题——万变不离其宗】货币性职工薪酬的核算

"应付职工薪酬"科目借方核算内容	（1）下列各项中，属于"应付职工薪酬"科目借方核算内容的有（　　）。
	A. 实际发放职工薪酬的数额　　B. 从应付职工薪酬中代扣的各种款项
"应付职工薪酬"科目贷方核算内容	（2）下列各项中，属于"应付职工薪酬"科目贷方核算内容的是（　　）。
	A. 企业按照规定分配计入有关成本费用项目的职工薪酬的数额
货币性职工薪酬的账务处理	借：生产成本/制造费用/管理费用/销售费用 　贷：应付职工薪酬——工资 　　　　　　　　　——职工福利费 　　　　　　　　　——工会经费 　　　　　　　　　——职工教育经费 　　　　　　　　　——带薪缺勤——短期带薪缺勤——累积带薪缺勤

【判断金句】
（3）对于累积带薪缺勤职工薪酬，企业应当在职工提供了服务从而增加了其未来享有的带薪缺勤权利时，确认与累积带薪缺勤相关的职工薪酬，并以累积未行使权利而增加的预期支付金额计量。（　　）
（4）对于非累积带薪缺勤职工薪酬，企业应当在职工实际发生缺勤的会计期间，确认与非累积带薪缺勤相关的职工薪酬。（　　）
（5）通常情况下，与非累积带薪缺勤相关的职工薪酬不必额外作相应的账务处理。（　　）

【考点子题——真枪实练，有的放矢】

5.（单选题）下列各项中，属于"应付职工薪酬"科目借方核算内容的是（　　）。

  A. 企业按照规定向职工支付工资、奖金、津贴、补贴等

  B. 企业按照规定计提的"五险一金"

  C. 企业按照规定计提的工会经费和职工教育经费

  D. 企业按照规定确认的累积带薪缺勤

6.（判断题）企业在资产负债表日为换取职工在会计期间提供的服务而应向单独主体缴存的提存金，确认为其他应付款。（　　）

7.（单选题）甲公司从应付职工工资中代扣的个人所得税，应借记的会计科目是（　　）。

  A. 应付职工薪酬　　B. 应交税费　　C. 其他应收款　　D. 其他应付款

8.（判断题）企业应当对累积带薪缺勤和非累积带薪缺勤分别进行会计处理，通常情况下，与非累积带薪缺勤相关的职工薪酬不必额外作相应的账务处理。（　　）

9.（历年真题·多选题）下列各项中，应作为职工薪酬计入相关资产成本的有（　　）。

A. 设备采购人员差旅费　　　　　　B. 公司总部管理人员的工资

C. 生产职工的伙食补贴　　　　　　D. 材料入库前挑选整理人员的工资

10.（历年真题·多选题）下列各项中，企业应当通过"应付职工薪酬"科目核算的有（　　）。

A. 支付给职工的生活困难补助　　　B. 为职工缴存的养老保险费

C. 为职工支付的业务培训费　　　　D. 支付为企业高管人员提供免费住房的房租

考点 5-10：非货币性职工薪酬的核算（★★★）

◆【考点母题——万变不离其宗】非货币性职工薪酬的核算

下列有关非货币性职工薪酬会计处理的表述中，正确的有（　　）。

A.企业以其自产产品作为非货币性福利发放给职工时，应当根据受益对象，按照该产品的含税公允价值计入相关资产成本或当期损益，确认应付职工薪酬（3笔账务处理）【视同销售】
①确认应付职工薪酬
借：生产成本、制造费用、管理费用等（自产产品价税和）
贷：应付职工薪酬——非货币性福利
②发放非货币职工薪酬
借：应付职工薪酬——非货币性福利（自产产品价税和）
贷：主营业务收入
应交税费——应交增值税（销项税额）
③结转自产产品成本
借：主营业务成本
贷：库存商品
B.企业将拥有或租赁的房屋等资产无偿提供给职工使用时，应当根据受益对象，将每期应提折旧或应付租金计入相关资产成本或当期损益，确认应付职工薪酬（2笔账务处理）
①确认应付职工薪酬
借：生产成本、制造费用、管理费用等
贷：应付职工薪酬——非货币性福利（应提折旧或应付租金）
②发放非货币职工薪酬
借：应付职工薪酬——非货币性福利
贷：累计折旧
银行存款
C.难以认定受益对象的非货币性福利，直接计入当期损益和应付职工薪酬

♣【考点子题——真枪实练，有的放矢】

11.（多选题）某纺织业企业为增值税一般纳税人，适用的增值税税率为13%。该企业以

其生产的服装作为福利发放给100名生产车间管理人员，每人一套。每套服装不含税售价为350元，成本为280元。不考虑其他因素，下列各项中，该企业关于非货币性福利的会计处理结果正确的有（ ）。

A. 确认应付职工薪酬39 550元   B. 确认管理费用39 550元

C. 确认主营业务收入39 550元   D. 确认主营业务成本为28 000元

12. （单选题）甲公司为增值税一般纳税人，适用的增值税税率为13%。2022年9月甲公司董事会决定将本公司生产的600件产品作为福利发放给本公司职工，其中生产工人500件，行政管理人员40件，专设销售机构人员60件，该商品每件市场价格为0.4万元（与计税价格一致），实际成本0.3万元。不考虑其他相关税费。甲公司在2022年因该项业务应计入管理费用的金额为（ ）万元。

A. 226   B. 18.08   C. 27.12   D. 271.2

13. （单选题）B公司2022年7月为生产工人100人提供免费住房，每月计提折旧合计为3万元。计提这些房屋折旧时，应编制的正确会计分录是（ ）。

A. 借记"累计折旧"科目，贷记"固定资产"科目

B. 借记"生产成本"科目，贷记"累计折旧"科目

C. 借记"生产成本"科目，贷记"应付职工薪酬"科目；同时，借记"应付职工薪酬"科目，贷记"累计折旧"科目

D. 借记"生产成本"科目，贷记"固定资产"科目；同时，借记"应付职工薪酬"科目，贷记"累计折旧"科目

14. （判断题）A公司2022年9月为6名副总裁以上高级管理人员每人租赁一套公寓免费使用，每套月租金为5万元，按月以银行存款支付。应编制的会计分录为借记"管理费用"科目30万元，贷记"银行存款"科目30万元。（ ）

15. （历年真题·单选题）某饮料生产企业为增值税一般纳税人，年末将本企业生产的一批饮料发放给职工作为福利。该饮料市场售价为12万元（不含增值税），增值税适用税率为16%，实际成本为10万元。假定不考虑其他因素，该企业应确认的应付职工薪酬为（ ）万元。

A. 10   B. 11.6   C. 12   D. 13.92

考点 5-11： 长期职工薪酬的核算（★☆☆）

◆【考点母题——万变不离其宗】长期职工薪酬的核算

离职后福利	（1）下列各项中，关于离职后福利表述正确的有（ ）。
	A. 在资产负债表日应向单独主体缴存的提存金确认应付职工薪酬 B. 借方根据收益对象借记"生产成本""管理费用"等
辞退福利	（2）下列各项中，关于辞退福利表述正确的有（ ）。
	A. 在"企业不能单方面撤回因解除劳动关系或裁减所提供的辞退福利时"和"企业确认涉及支付辞退福利的重组相关的成本或费用时"两者孰早日确认 B. 借记"管理费用"科目，贷记"应付职工薪酬——辞退福利"科目
长期残疾福利	（3）下列各项中，关于长期残疾福利表述正确的有（ ）。
	A. 与职工提供服务期间长短的，企业应在职工提供服务的期间确认应付长期残疾福利义务 B. 与职工提供服务期间长短无关的，企业应当在导致职工长期残疾的事件发生的当期确认应付长期残疾福利义务

♧【考点子题——真枪实练，有的放矢】

16. （多选题）下列各项中，关于长期职工薪酬表述正确的有（ ）。

　　A. 企业离职的当月一次性确认离职后福利

　　B. 企业销售人员的辞退福利计入"销售费用"

　　C. 与职工提供服务期间长短的，企业应在职工提供服务的期间确认应付长期残疾福利义务

　　D. 与职工提供服务期间长短无关的，企业应当在导致职工长期残疾的事件发生的当期确认应付长期残疾福利义务

第 5 章

第四节 应交税费

考点 5-12：应交税费概述（★★☆）

◆**【考点母题——万变不离其宗】应交税费的核算内容**

通过"应交税费"科目核算	（1）下列各项税费中，应通过"应交税费"科目核算的有（　　）。
	A. 房产税　　　　　B. 车船税　　　　　C. 城镇土地使用税
	D. 企业所得税　　　E. 个人所得税　　　F. 消费税
	G. 城市维护建设税　H. 资源税　　　　　I. 教育费附加
	J. 增值税　　　　　K. 土地增值税
不通过"应交税费"科目核算	（2）下列各项税费中，不通过"应交税费"科目核算的有（　　）。
	A. 印花税　　　　　B. 耕地占用税
	【注意】不需预计应交数的税费，不通过"应交税费"科目核算。

♣**【考点子题——真枪实练，有的放矢】**

1.（多选题）企业缴纳的下列税金，应通过"应交税费"科目核算的有（　　）。

　　A. 印花税　　　B. 车船税　　　C. 房产税　　　D. 土地增值税

2.（单选题）某企业为增值税一般纳税人，2022年实际应交纳税金情况如下：增值税
450万元，消费税250万元，城镇土地使用税80万元，耕地占用税30万元，车船税

0.5 万元，印花税 1.5 万元，所得税 60 万元。上述各项税金应记入 "应交税费" 科目借方的金额是（　　）万元。

　　A. 760.5　　　　　B. 840.5　　　　　C. 870.5　　　　　D. 872

3. （历年真题·单选题）下列各项中，应通过 "应交税费" 科目核算的是（　　）。

　　A. 一般纳税人进口商品缴纳的关税　　　B. 占用耕地缴纳的耕地占用税

　　C. 购买印花税票缴纳的印花税　　　　　D. 销售应税消费品缴纳的消费税

考点 5-13：应交增值税（★★★）

　　增值税是以商品（含应税劳务、应税行为）在流转过程中实现的增值额作为计税依据而征收的一种流转税。

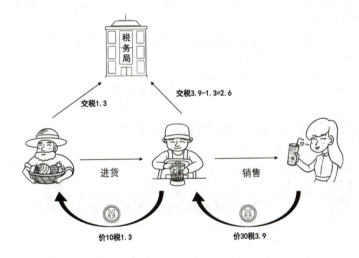

◆ 【考点母题——万变不离其宗】应交增值税的基础知识

（1）一般纳税人

　　应纳税额 = 当期销项税额 - 当期进项税额

　　当期销项税额 = 不含税销售额 × 适用税率（13%、9%、6%、0%）

　　当期进项税额：①发票上注明的按发票金额；

　　　　　　　　　②发票未注明的购入农产品按规定扣除率计算（9%、10%）

（2）小规模纳税人

　　应纳税额 = 不含税销售额 × 征收率（3%）

　　不含税销售额 = 销售额（含税）/（1+ 征收率）

◆【考点母题——万变不离其宗】进项税额转出（一般纳税人）

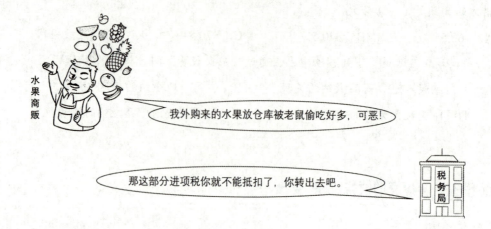

下列各项中，增值税一般纳税企业需要转出进项税额的有（   ）。

A. 购进货物改变用途（如用于简易计税方法计税项目、免征增值税项目、集体福利或个人消费等非增值税应税项目）

B. 发生非正常损失（因管理不善造成货物被盗、丢失、霉烂变质，以及因违反法律法规造成货物或不动产被依法没收、销毁、拆除的情形）

【注意】自然灾害造成的货物损失不需要转出进项税额。

◆【考点母题——万变不离其宗】视同销售（一般纳税人）

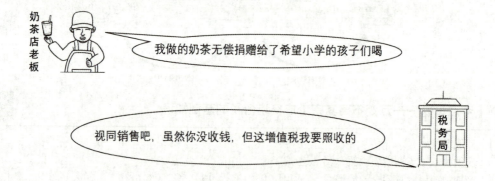

下列各项中，增值税一般纳税企业视同销售必须计算交纳增值税销项税额的有（   ）。

A. 企业将自产或委托加工的货物用于集体福利或个人消费

B. 企业将自产或委托加工的货物作为投资提供给其他单位或个体工商户

C. 企业将自产或委托加工的货物分配给股东或投资者

D. 企业将自产或委托加工的货物对外捐赠等

◆ **【考点题源】应交增值税的交纳**

（1）企业交纳当月应交的增值税

借：应交税费——应交增值税（已交税金）

贷：银行存款

（2）企业交纳以前期间未交的增值税

借：应交税费——未交增值税

贷：银行存款

【注意】期末"应交税费——应交增值税"科目无余额，其余额转入"应交税费——未交增值税"。

♧ **【考点子题——真枪实练，有的放矢】**

4.（单选题）某企业（一般纳税人）购进用于生产销售或委托加工13%税率货物的农产品一批，实际支付价款100 000元，按10%的税率扣除，应记入"应交税费——应交增值税（进项税额）"账户借方金额为（   ）元。

A. 0　　　　　B. 13 000　　　　　C. 10 000　　　　　D. 90 000

5.（多选题）下列各项中，增值税一般纳税企业需要转出进项税额的有（   ）。

A. 自制产成品用于职工福利

B. 自制产成品用于对外投资

C. 外购商品用于职工福利

D. 外购原材料发生非正常损失（由于管理不善造成）

6.（多选题）下列各项中，增值税一般纳税企业需要计算增值税销项税额的有（   ）。

A. 将自产产品用于集体福利

B. 购入小汽车作为企业高管人员福利

C. 将自产产品对外捐赠

D. 原材料由于管理不善被盗

7.（单选题）甲公司存货因管理不善发生火灾损失，其中原材料的成本为100万元，增值税额13万元；库存商品的实际成本800万元，经确认损失外购材料的增值税32万元。该企业的有关会计分录不正确的是（   ）。

A. 借记"待处理财产损溢"科目945万元

B. 贷记"原材料"科目100万元

C. 贷记"库存商品"科目800万元

D. 贷记"应交税费——应交增值税（进项税额转出）"科目13万元

8.（单选题）2022年乙公司发出原材料一批，成本为100万元，其购入时支付的增值税为 13 万元。其中所属的职工医院维修领用该材料 10 万元，生产设备的安装工程领用该材料 60 万元，厂房的建造工程领用该材料 30 万元。则该企业应记入"应交税费——应交增值税（进项税额转出）"科目的金额为（　　）万元。

    A. 9.1   B. 1.3   C. 5.2   D. 13

9. （单选题）A 公司交纳当月应交增值税，应使用的会计科目是（　　）。

    A. 应交税费——应交增值税（销项税额）

    B. 应交税费——未交增值税

    C. 应交税费——应交增值税（已交税金）

    D. 应交税费——应交增值税（销项税额转出）

10. （单选题）A 公司为增值税一般纳税企业，适用的增值税率为 13%，本月发生销项税额合计 3 200 万元，进项税额转出 48 万元，进项税额 2 400 万元。本月以银行存款交纳的增值税 600 万元。企业尚未交纳增值税为（　　）万元。

    A. 248   B. 296   C. 800   D. 848

11. （历年真题·判断题）某企业为小规模纳税人，销售产品一批，含税价格 82 400 元，增值税征收率 3%，该批产品应交增值税为 2 400 元。（　　）

考点 5-14：应交消费税（★★★）

消费税是指我国境内生产、委托加工和进口应税消费品的单位和个人，按其流转额交纳的一种税。

【考点母题——万变不离其宗】应交消费税

消费税的会计处理	（1）下列关于消费税的会计处理中，正确的有（　　）。	
	①企业销售应税消费品，应交消费税的会计处理正确的是（　　）。	
	借：税金及附加 　　贷：应交税费——应交消费税	
	②企业自产自用应税消费品，应交消费税的会计处理正确的有（　　）。	
	企业将生产的应税消费品用于在建工程等	借：在建工程等 　　贷：应交税费——应交消费税
	企业将生产的应税消费品用于职工补贴等	借：税金及附加 　　贷：应交税费——应交消费税
	③企业委托加工应税消费品，应交消费税的会计处理正确的有（　　）。	
	收回后直接用于对外销售	由受托方代收代缴的消费税计入委托加工物资成本 借：委托加工物资 　　贷：应付账款等
	收回后用于连续生产应税消费品	由受托方代收代缴的消费税计入应交税费的借方 借：应交税费——应交消费税 　　贷：银行存款等
	④企业进口应税消费品，应交消费税的会计处理正确的是（　　）。	
	借：在途物资、库存商品等 　　贷：银行存款等	

【考点子题——真枪实练，有的放矢】

12.（判断题）采取从量定额计征的消费税，以不含增值税的销售额为税基，按照税法规定的税率计算确定。（　　）

13.（判断题）企业只有在对外销售应税消费品时才计算交纳消费税。（　　）

14.（单选题）某企业将自产的一批应税消费品（非金银首饰）用于在建工程。该批消费品成本为 750 万元，计税价格为 1 250 万元，适用的增值税税率为 13%，消费税税率为 10%。计入在建工程成本的金额为（　　）万元。

　　A. 875　　　　　　B. 950　　　　　　C. 1 075　　　　　　D. 1 575

15.（单选题）某企业下设的职工食堂享受企业提供的补贴，本月领用自产产品一批，该产品的账面价值 40 000 元，市场价格 60 000 元（不含增值税），适用的消费税税率为 10%，增值税税率为 13%。该项业务应计入税金及附加的金额为（　　）元。

　　A. 6 000　　　　　B. 7 800　　　　　C. 4 000　　　　　D. 13 800

16. （单选题）应交消费税的委托加工物资，收回后如果用于连续生产应税消费品，由受托方代扣代缴的消费税，应记入的会计科目是（　　）。

　　A. 生产成本　　　B. 应交税费　　　C. 主营业务成本　　　D. 委托加工物资

17. （判断题）企业进口应税物资在进口环节应交的消费税，计入该项物资的成本。（　　）

考点 5-15：其他应交税费（★★☆）

其他应交税费是指除了增值税、消费税以外其他各种应上交国家的税费，包括资源税、城市维护建设税、土地增值税、所得税、房产税、土地使用税、车船税、教育费附加、环境保护税等。

◆ 【考点母题——万变不离其宗】其他应交税费

应交资源税	（1）下列关于应交资源税会计处理的表述中，正确的有（　　）。
	A. 销售应税矿产品应交资源税，应记入"税金及附加"科目 B. 自用应税矿产品应交资源税，应记入"生产成本"或"制造费用"科目
应交城市维护建设税和应交教育费附加	（2）下列关于应交城市维护建设税和应交教育费附加的表述中，正确的有（　　）。
	A. 应交城市维护建设税和应交教育费附加计算应纳税额的依据相同，只是适用的税率不同 B. 应交城建税和教育费附加应纳税额的计算 =（实际交纳的增值税 + 实际交纳的消费税）× 适用税率 C. 计算的应交城建税和教育费附加均应记入"税金及附加"科目

续表

	（3）下列关于应交土地增值税会计处理的表述中，正确的有（　）。
应交土地增值税	A. 销售房地产应交的土地增值税，应记入"税金及附加"科目
	B. 连同土地使用权一并清理的房屋建筑物应交的土地增值税，应记入"固定资产清理"科目
	C. 转让土地使用权应交的土地增值税，应记入"资产处置损益"科目
应交的房产税、城镇土地使用税、车船税	（4）企业应交的房产税、城镇土地使用税、车船税均应记入的会计科目是（　）。 A. 税金及附加
应交个人所得税	【判断金句】（5）应交个人所得税通常由单位代扣代缴，从应付职工薪酬中扣除。（　）

🍀【考点子题——真枪实练，有的放矢】

18.（判断题）企业自产自用的应税矿产品应交资源税，应记入"制造费用"或"生产成本"等科目，企业对外销售应税产品计算的应交资源税，应记入"税金及附加"科目。（　）

19.（判断题）企业按规定计算应交纳的教育费附加，应借记"税金及附加"科目，贷记"应交税费——应交教育费附加"科目。（　）

20.（单选题）某企业本期实际交纳增值税 200 000 元，消费税 300 000 元，土地增值税 100 000 元。该企业适用的城市维护建设税税率为 7%，则该企业应交的城市维护建设税为（　）元。

A. 21 000　　　　B. 35 000　　　　C. 42 000　　　　D. 28 000

21.（单选题）某企业为增值税一般纳税人，2019 年应交各种税金为：增值税 350 万元，消费税（销售应税消费品）150 万元，城市维护建设税 35 万元，房产税 10 万元，车船税 5 万元，所得税 250 万元。上述各项税金应计入税金及附加的金额为（　）万元。

A. 5　　　　B. 200　　　　C. 50　　　　D. 0

22.（多选题）企业核算应交土地增值税时，可能涉及的会计科目有（　）。

A. 税金及附加　　B. 固定资产清理　　C. 营业外收入　　D. 资产处置损益

23.（判断题）企业按规定代扣代缴的职工个人所得税，不影响企业的营业利润。（　）

🔷【考点母题——万变不离其宗】应交税费综合考核

	（1）下列各项税费中，应记入"税金及附加"科目的有（　）。
通过"应交税费"科目核算	A. 房产税　　B. 车船税　　C. 土地使用税　　D. 城市维护建设税 E. 教育费附加　　F. 消费税（销售应税消费品或用于职工福利） G. 对外销售应税产品交纳的资源税　　H. 销售房地产的土地增值税

续表

不通过"应交税费"科目核算	A. 印花税　　B. 耕地占用税（不计入税金及附加）

（2）下列各项税费中，应计入资产成本的有（　　）。

A. 自产自用应税产品应交的资源税（生产成本）
B. 进口商品应交的关税（库存商品）
C. 小规模纳税企业购入原材料应交的增值税（原材料）
D. 将自产的应税消费品用于在建工程应交的消费税（在建工程）
E. 材料委托加工后直接出售的应税消费品已缴的消费税（委托加工物资）
F. 企业进口应税物资在进口环节应交的消费税（原材料等）
G. 以产成品、原材料对外投资应交的增值税（长期股权投资）

【考点子题——真枪实练，有的放矢】

24.（多选题）下列各项税金中，应计入相关资产成本的有（　　）。

　　A. 对外销售应税产品交纳的资源税

　　B. 企业进口原材料缴纳的进口关税

　　C. 进口应税物资在进口环节应交的消费税

　　D. 一般纳税企业购进工程物资所支付的增值税

25.（历年真题·多选题）下列各项税金中，会对企业损益产生影响的有（　　）。

　　A. 自产自用应税产品应交纳的资源税

　　B. 企业签订加工承揽合同缴纳的印花税

　　C. 企业商务用车缴纳的车船税

　　D. 小规模纳税人购买商品支付的增值税

第五节　非流动负债

考点 5-16：长期借款（★★☆）

长期借款是指企业向银行或其他金融机构借入的期限在 1 年以上（不含 1 年）的各种借款，一般用于固定资产的构建、改扩建、大修理工程、对外投资以及为了保持长期经营能力等方面。

◆【考点母题——万变不离其宗】长期借款

取得	（1）下列各项中，关于长期借款的会计处理正确的有（ ）。 A. 企业借入长期借款，应按实际收到的金额，借记"银行存款"科目，贷记"长期借款——本金"科目；如存在差额，计入"长期借款——利息调整"科目
利息	B. 长期借款利息费用应当在资产负债表日按照实际利率法计算确定，实际利率与合同利率差异较小的，也可以采用合同利率计算确定利息费用 C. 属于筹建期间的利息费用，计入管理费用 D. 符合资本化条件的利息费用（资产完工前），计入在建工程等相关资产成本 E. 不符合资本化条件的利息费用，计入财务费用 F. 属于分期付息的利息，记入"应付利息"科目，属于到期一次还本付息的，记入"长期借款——应计利息"科目
归还	G. 借：长期借款——本金 　　　应付利息 / 长期借款——应计利息（以往利息） 　　　财务费用（当月利息） 　　贷：银行存款

【考点子题——真枪实练，有的放矢】

1. （多选题）下列各项中，关于长期借款的会计处理正确的有（　　）。

A. 企业借入长期借款，实际收到的金额与借款本金的差额计入"长期借款——利息调整"科目

B. 实际利率与合同利率差异较小的，长期借款利息费用可以采用合同利率计算

C. 长期借款筹建期间的利息费用，计入财务费用

D. 一次还本付息的长期借款利息，记入"长期借款——应计利息"科目

2. （判断题）企业向股东借入的期限在 1 年以上（不含 1 年）的借款通过长期借款核算。（　　）

考点 5-17： 应付债券

企业为筹集长期资金而发行的、期限在 1 年以上的债券为应付债券，构成了企业一项非流动负债。企业会在未来某一特定日期按债券所记载的利率、期限等约定还本付息。

◆ 【考点母题——万变不离其宗】应付债券

发行模式	（1）下列各项中，属于债券发行模式的有（　　）。
	A. 面值发行
	B. 溢价发行（后续利息低）
	C. 折价发行（后续利息高）
账务处理	取得时： 借：银行存款 　　贷：应付债券——面值 　　　　　　　　——利息调整（差额，或借方） 每期计提利息时： 借：在建工程 　　制造费用 　　财务费用 　　研发支出 　　贷：应付债券——应计利息（一次还本付息）/应付利息（分期付息） 到期还本付息时： 借：应付债券——面值 　　　　　　　——应计利息 　　贷：银行存款

考点 5-18： 长期应付款（★☆☆）

长期应付款是指企业除长期借款和应付债券以外的其他各种长期应付款项。

◆ 【考点母题——万变不离其宗】长期应付款

核算内容	（1）下列各项中，属于长期应付款核算的是（ ）。
	A. 以分期付款方式购入固定资产发生的应付款项
账务处理	（2）下列各项中，关于长期应付款的会计处理正确的有（ ）。
	A. 固定资产购买时 借：固定资产（现值） 　　未确认融资费用（差额） 　　贷：长期应付款（各期付款金额之和） B. 按照实际利率逐期分摊未确认融资费用和支付款项 借：财务费用 / 在建工程（实际利率） 　　贷：未确认融资费用 借：长期应付款 　　贷：银行存款

◆ 【考点子题——真枪实练，有的放矢】

3. （多选题）下列各项中，关于延期支付的购买价款超过正常信用条件实质上具有融资

性质的购入固定资产表述正确的有（ ）。

A. 各期付款额通过长期应付款核算

B. 按购买价款的现值确认固定资产的入账成本

C. 各期实际支付的价款之和与其现值之间的差额计入未确认融资费用

D. 各期实际支付的价款之和与其现值之间的差额，应当在信用期间内采用实际利率

法进行摊销

4.（判断题）延期支付的购买价款超过正常信用条件，实质上具有融资性质的，所购资产的成本以各期付款额之和确定。（ ）

5.（历年真题·判断题）在长期应付款中，各期实际支付的价款之和与购买价款的现值之间的差额应当在信用期间内采用实际利率法进行摊销，计入相关资产成本或当期损益。（ ）

本章答案与解析

［ 第一节考点子题答案与解析 ］

1.【答案】√

2.【答案】C

【解析】每月应计提的利息 =2 000 000 × 6% /12=10 000（元），2019 年 6 月末，应编制的季末付息的会计分录。由于 4 和 5 已预提利息 20 000 元，应借记"应付利息"20 000 元，本月利息为 10 000 元，应借记"财务费用"10 000 元，支付了本季度的利息，应贷记"银行存款"30 000 元。

［ 第二节考点子题答案与解析 ］

1.【答案】D

【解析】企业到期无力支付的银行承兑汇票，应按票面余额转入短期借款。

2.【答案】B

【解析】商业承兑汇票到期，如企业无力支付票款，债务人应将应付票据的账面金额转作应付账款。

3.【答案】D

【解析】商业承兑汇票属于应付票据，银行本票、银行汇票属于其他货币资金，选项 D 正确。

4.【答案】C

【解析】采购人员的差旅费计入管理费用。

5.【答案】ABD

【解析】应付账款一般按到期应付金额入账，不考虑货币的时间价值，不需要折现。

6.【答案】A

【解析】应付账款入账价值 = 100 000+13 000+1 000=114 000（元）。

7.【答案】D

【解析】应付账款确实无法支付，应按其账面余额转入营业外收入。

8.【答案】×

【解析】如果企业不单设预收账款，可以将预收账款并入"应收账款"科目核算。

9.【答案】×

【解析】资产负债表中的"预收款项"项目，应根据"预收账款"和"应收账款"明细账的贷方余额之和进行填列。

10.【答案】AC

【解析】企业实现收入后冲销的预收货款的数额和退回客户多付货款的数额属于"预收账款"科目借方登记的内容。

11.【答案】×

【解析】合同负债是指企业已收或应收客户对价而应向客户转让商品的义务。

12.【答案】×

【解析】企业董事会或类似机构通过的利润分配方案中拟分配的现金股利或利润不进行账务处理，但应在附注中披露。

13.【答案】√

【解析】企业宣告发放的股票股利不需要进行账务处理，实际分派时通过"股本"科目核算。

14.【答案】ACD

【解析】计提的一次还本付息的应付债券利息通过"应付债券"科目核算。

15.【答案】A

【解析】无力支付到期的银行承兑汇票应记入短期借款。

16.【答案】AD

【解析】应付供货商代垫的运费通过"应付账款"或"应付票据"科目核算；应付股东的股利通过"应付股利"科目核算。

17.【答案】AC

【解析】B 项计入"应付账款"或"应付票据"科目，D 项计入"应付账款"。

〔第三节考点子题答案与解析〕

1.【答案】A

【解析】为鼓励职工自愿接受裁减而给予职工的补偿属于辞退福利；企业为职工缴纳的医疗保险费属于短期薪酬；长期残疾福利属于其他长期职工福利。

2.【答案】×

【解析】企业提供给职工配偶、子女、受赡养人、已故员工遗属及其他受益人等的福利，属于企业的职工薪酬。

3.【答案】ABCD

4.【答案】√

【解析】属于职工薪酬中离职后的福利。

5.【答案】A

【解析】企业按照规定计提的"五险一金"、工会经费和职工教育经费，以及确认的累积带薪缺勤均属于"应付职工薪酬"科目贷方核算的内容。

6.【答案】×

【解析】企业在资产负债表日为换取职工在会计期间提供的服务而应向单独主体缴存的提存金，应确认为应付职工薪酬。

7.【答案】A

【解析】从应付职工工资中代扣的各种款项，应记入"应付职工薪酬"科目的借方。

8.【答案】√

9.【答案】CD

【解析】设备采购人员差旅费和公司总部管理人员的工资都应计入管理费用；生产职工的伙食补贴应计入生产成本；材料入库前挑选整理人员的工资应计入材料成本。

10.【答案】ABCD

11.【答案】AD

【解析】自产产品作为福利发放给职工时应编制如下会计分录：

借：制造费用（100×350×1.13）   39 550

    贷：应付职工薪酬——非货币性福利   39 550

借：应付职工薪酬——非货币性福利   39 550

    贷：主营业务收入   35 000

        应交税费——应交增值税（销项税额） 4 550

借：主营业务成本（100×280）   28 000

    贷：库存商品   28 000

12.【答案】B

【解析】应计入管理费用金额 =40×0.4×（1+13%）=18.08（万元）。

13.【答案】C

【解析】将企业拥有的房屋无偿提供给职工使用的，应当根据受益对象，将该住房每期应计提的折旧计入相关资产成本或当期损益，同时确认应付职工薪酬，借记"管理费用""生产成本""制造费用"等科目，贷记"应付职工薪酬——非货币性福利"科目，并且同时借记"应付职工薪酬——非货币性福利"科目，贷记"累计折旧"科目。

14.【答案】×

【解析】应编制的会计分录为借记"管理费用"科目 30 万元，贷记"应付职工薪酬"科目 30 万元，同时借记"应付职工薪酬"科目 30 万元，贷记"银行存款"科目 30 万元。

15.【答案】D

【解析】确认的应付职工薪酬 = 12 ×（1+16%）=13.92（万元）。

16.【答案】CD

【解析】选项 A，员工在职期间逐期确认离职后福利；选项 B，销售人员的辞职后福利计入管理费用。

［ 第四节考点子题答案与解析 ］

1.【答案】BCD

【解析】印花税是不需要预计应交数的税金，不通过"应交税费"科目核算。

2.【答案】B

【解析】应记入"应交税费"科目借方金额 =450+250+80+0.5+60 = 840.5（万元）。

3. 【答案】D

4. 【答案】C

【解析】应记入"应交税费——应交增值税（进项税额）"账户借方金额 =100 000×10%=10 000（元）。

5. 【答案】CD

【解析】自制产成品用于职工福利和自制产成品用于对外投资视同销售，应作为增值税销项税额处理；外购原材料发生非正常损失（由于管理不善造成），以及外购商品用于职工福利应作进项税额转出。

6. 【答案】AC

【解析】将自产产品用于集体福利和将自产产品对外捐赠视同销售，应作为增值税销项税额处理；购入小汽车作为企业高管人员福利和原材料由于管理不善被盗应作进项税额转出。

7. 【答案】D

【解析】贷记"应交税费——应交增值税（进项税额转出）"科目的金额应为 45 万元。

8. 【答案】B

【解析】应记入"应交税费——应交增值税（进项税额转出）"科目的金额 = 10×13% = 1.3（万元）。

9. 【答案】C

【解析】交纳本月应交增值税，应通过"应交税费——应交增值税（已交税金）"科目核算；交纳前期未交增值税，应通过"应交税费——未交增值税"科目核算。

10. 【答案】A

【解析】企业尚未交纳增值税（即本月"应交税费——应交增值税"科目的余额） = 3 200+48-2 400-600=248（万元）。

11. 【答案】√

【解析】该批产品应交增值税额 =82 400÷（1+3%）×3% = 2 400（元）。

12. 【答案】×

【解析】采取从量定额计征的消费税，应纳税额 = 应税数量 × 单位应税消费品应缴纳的消费税计算确定。

13. 【答案】×

【解析】自产自用应税消费品、委托加工应税消费品、进口应税消费品也会涉及应交纳消费税。

14. 【答案】A

【解析】计入在建工程成本的金额 = 750+（1 250×10%） = 875（万元）。

15. 【答案】A

【解析】计入税金及附加的金额 = 60 000×10% = 6 000（元）。

16. 【答案】B

【解析】委托加工物资收回后直接用于销售的，其所负担的消费税应计入委托加工物资成本；如果收回的委托加工物资用于连续生产的，应将所负担的消费税先记入"应交税费——应交消费税"科目的借方，按规定用以抵扣加工的消费品销售后所负担的消费税。

17. 【答案】√

18.【答案】√

19.【答案】√

【解析】企业按规定计算出应交纳的教育费附加和应交城市维护建设税，均应借记"税金及附加"科目，贷记"应交税费"科目。

20.【答案】B

【解析】该企业应交的城市维护建设税=（200 000+300 000）×7%=35 000（元）。

21.【答案】B

【解析】应计入税金及附加的金额=150+35+10+5=200（元）。

22.【答案】ABD

【解析】销售房地产应交土地增值税，应计入"税金及附加"科目；连同土地使用权一并清理房屋建筑物应交土地增值税，应计入"固定资产清理"科目；转让无形资产所有权应交土地增值税，应计入"资产处置损益"科目。

23.【答案】√

24.【答案】BC

【解析】对外销售应税产品交纳的资源税应计入"税金及附加"科目；企业进口原材料缴纳的进口关税应计入原材料成本；进口应税物资在进口环节应交的消费税应计入进口应税物资成本；一般纳税企业购进工程物资所支付的增值税应计入"应交税费——应交增值税（进项税额）"科目。

25.【答案】BC

【解析】自产自用应税产品应交纳的资源税应计入"制造费用"或"生产成本"等科目；企业签订加工承揽合同缴纳的印花税应计入"税金及附加"科目；企业商务用车缴纳的车船税应计入"税金及附加"科目；小规模纳税人购买商品支付的增值税计入所购货物成本。

〔第五节考点子题答案与解析〕

1.【答案】ABD

【解析】选项C，属于筹建期间的利息费用，计入管理费用。

2.【答案】×

【解析】长期借款是企业向银行或其他金融机构借入的期限在1年以上（不含1年）的各种借款。

3.【答案】ABCD

4.【答案】×

【解析】延期支付的购买价款超过正常信用条件，实质上具有融资性质的，所购资产的成本以各期付款额之和的现值确定。

5.【答案】√

第6章

所有者权益

（★★☆）

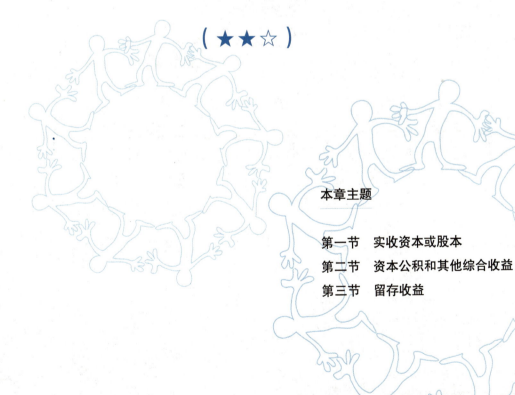

本章主题

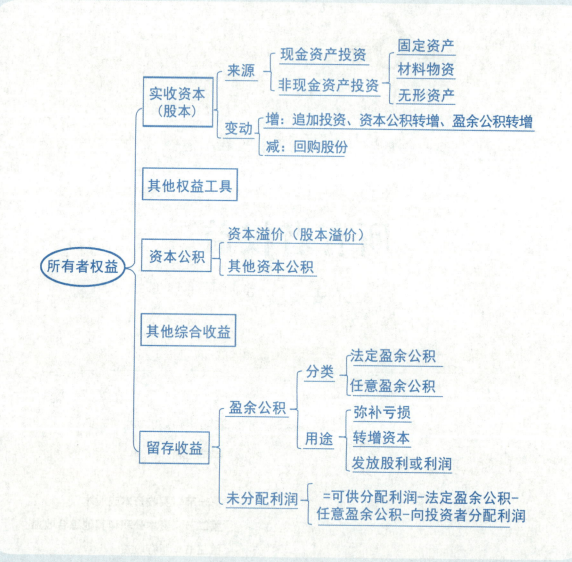

第一节　实收资本或股本

考点 6-1：实收资本或股本的账务处理（★★☆）

◆【考点母题——万变不离其宗】接受投资的账务处理

下列企业接受投资的会计处理中，正确的有（　　）。

A. 非股份有限公司接受现金资产投资

　　借：银行存款（实收价款）

　　　　贷：实收资本（在注册资本中所占份额的部分）

　　　　　　资本公积（两者之差）

B. 股份有限公司接受现金资产投资

　　借：银行存款（实收价款）

　　　　贷：股本（股票面值 × 股数）

　　　　　　资本公积（两者之差）

【注意】股份有限公司发行股票发生的手续费、佣金等交易费用，应从溢价中抵扣，冲减资本公积（股本溢价），金额不足，还应调整留存收益。

C. 接受非现金资产投资

　　借：×× 存货、固定资产、原材料、无形资产等【按投资合同或协议约定的价值（不公允的除外）作为非现金资产的入账价值】

　　　　　　应交税费——应交增值税（进项税额）（发票上注明）

　　　　贷：实收资本或股本（在注册资本或本中所占份额的部分）

　　　　　　资本公积（两者之差）

【考点母题——万变不离其宗】实收资本（或股本）增加的账务处理

下列各项中，属于实收资本或股本增加方式的有（　　）。

A. 接受投资者追加投资 借：银行存款等 　　贷：实收资本（股本）	B. 资本公积转增资本 借：资本公积 　　贷：实收资本（股本）	C. 盈余公积转增资本 借：盈余公积 　　贷：实收资本（股本）

【注意】（1）应按原投资者各自出资比例相应增加各投资者的出资额；
（2）资本公积转增资本和盈余公积转增资本属于所有者权益内部的转换，不影响所有者权益总额的变动。

【考点母题——万变不离其宗】股份有限公司收购本公司股票

下列关于股份有限公司收购本公司股票的会计处理中，正确的有（　　）。

A. 回购股票时
　　借：库存股（每股回购价 × 注销股数）
　　　　贷：银行存款
B. 注销股本时（每股回购价 > 每股面值）
　　借：股本（每股面值 × 注销股数）
　　　　资本公积——股本溢价、盈余公积、利润分配——未分配利润
　　　　贷：库存股
C. 注销股本时（每股回购价 < 每股面值）
　　借：股本（每股面值 × 注销股数）
　　　　贷：库存股
　　　　　　资本公积——股本溢价

【考点母题——万变不离其宗】有限责任公司和小企业发还投资

下列关于有限责任公司和小企业发还投资的会计处理中，正确的是（　　）。

A. 按照减少的注册资本金额减少实收资本
借：实收资本
　　资本公积
　　贷：银行存款

【考点母题——万变不离其宗】其他权益工具

其他权益工具是企业发行的除普通股以外的按照准则规定归为权益工具的各种金融工具。

（1）下列各项中，属于其他权益工具的有（　　）。

第6章

续表

A. 优先股：优先股股东对公司资产、利润分配有优先权，但无经营参与权 B. 永续债：没有到期日的债券
（2）下列有关其他权益工具账务处理的基本原则说法中，正确的有（　　）。
A. 对于归类为权益工具的金融工具，无论其名称中是否包含"债"，其利息支出或股利分配都应当作为发行企业的利润分配，其回购、注销等作为权益的变动处理 B. 对于归类为金融负债的金融工具，无论其名称中是否包含"股"，其利息支出或股利分配原则上按照借款费用进行处理，其回购或赎回产生的利得或损失等计入当期损益
（3）下列有关其他权益工具账务处理的说法中，正确的是（　　）。
发行时： 借：银行存款 　　贷：其他权益工具 存续期间分派股利时： 借：利润分配——应付优先股股利、应付永续债股利 　　贷：应付股利——优先股股利、永续债股利 赎回时： 借：库存股——其他权益工具 　　贷：银行存款 注销时： 借：其他权益工具 　　贷：库存股——其他权益工具

♣【考点子题——真枪实练，有的放矢】

1.（判断题）企业接受投资者以非现金资产投资时，应按该资产的账面价值入账。（　　）

2.（单选题）某股份有限公司按法定程序报经批准后采用收购本公司股票方式减资，购回股票支付价款低于股票面值总额的，所注销库存股账面余额与冲减股本的差额应计入（　　）。

　　A. 盈余公积　　　　B. 营业外收入　　　C. 资本公积　　　　D. 未分配利润

3.（单选题）某公司委托证券公司发行普通股400 000股，每股面值为1元，每股发行价格为16元。双方协议约定，证券公司按发行收入的2%收取佣金，并直接从发行收入中扣除。不考虑其他因素，该公司发行股票应计入资本公积的金额是（　　）元。

　　A. 6 272 000　　　B. 5 872 000　　　C. 6 000 000　　　D. 5 880 000

4.（多选题）蓝天公司期初的所有者权益为：股本5 000万元（面值为1元），资本公积1 000万元（其中股本溢价800万元），盈余公积500万元，未分配利润600万元。本期经董事会批准以每股7元的价格回购本公司股票200万股并按期注销。下列各项中，该公司回购并注销股票的相关科目会计处理结果正确的有（　　）。

A. 回购时,借记"库存股"科目 1 400 万元

B. 注销时,借记"股本"科目 1 400 万元

C. 注销时,借记"资本公积——股本溢价"科目 800 万元

D. 注销时,借记"盈余公积"科目 400 万元

5.（历年真题·判断题）除投资合同或协议约定价值不公允的以外,企业接受投资者作为资本投入的固定资产,应按投资合同或协议的约定价值确定其入账价值。( )

6.（历年真题·多选题）下列各项中,会导致企业实收资本增加的有（ ）。

A. 资本公积转增资本   B. 接受投资者追加投资

C. 盈余公积转增资本   D. 接受非流动资产捐赠

7.（单选题）甲股份有限公司回购股票 1 000 万股,股票每股面值 1 元,共支付回购款 4 050 万元。回购前,公司的股本为 11 000 万元,资本公积——股本溢价为 3 000 万元（均为该股票产生）,盈余公积为 450 万元,未分配利润为 550 万元。则回购并注销股票后甲股份有限公司的所有者权益总额为（ ）万元。

A. 15 000   B. 14 000   C. 11 950   D. 10 950

8.（历年真题·单选题）甲有限责任公司设立时收到乙投资者作为资本投入的库存商品一批,投资合同约定价值为 200 万元,增值税进项税额为 26 万元（由投资方支付税款,并开具增值税专用发票）,全部作为实收资本。合同约定的资产价值与公允价值相等,不考虑其他因素,甲公司计入实收资本的金额为（ ）万元。

A. 200   B. 226   C. 174   D. 212

9.（判断题）有限责任公司和小企业按法定程序报经批准减少注册资本的,按减少的注册资本金额减少实收资本。( )

10.（历年真题·单选题）甲公司接受投资者投入一台需要安装的设备,合同约定的设备价款为 200 万元（与公允价值相符）,增值税进项税额为 26 万元（由投资方支付税款并提供增值税专用发票）,计入实收资本的金额为 180 万元,该项导致资本公积增加的金额为（ ）万元。

A. 24   B. 20   C. 50   D. 46

第二节　资本公积和其他综合收益

考点 6-2：资本公积概述（★☆☆）

资本公积是企业收到投资者出资额超出其在注册资本（或股本）中所占份额的部分，以及其他资本公积等。资本公积包括资本溢价（或股本溢价）和其他资本公积。

◆【考点母题——万变不离其宗】资本公积概述

资本公积内容	（1）下列各项中，属于资本公积内容的有（　　）。 A.资本溢价（或股本溢价）　　B.其他资本公积
其他资本公积	（2）下列各项中，属于其他资本公积内容的有（　　）。 A.长期股权投资采用权益法核算时，因被投资单位除净损益、其他综合收益以及利润分配以外的所有者权益的其他变动 B.以权益结算的股份支付确认的当期取得服务 C.企业集团内发生的股份支付交易

♧【考点子题——真枪实练，有的放矢】

1.（判断题）资本公积包括企业收到投资者出资额超出其在注册资本或股本中所占份额的部分，以及其他资本公积等。（　　）

2.（判断题）资本公积是所有者投入资本的构成部分，直接表明所有者对企业的基本产权关系，应按投资者出资比例进行明细核算。（　　）

3.（判断题）资本公积的用途主要是用来转增资本，不能用于派发股利。（　　）

4.（历年真题·单选题）下列各项中，属于资本公积来源的是（　　）。

A. 盈余公积转增资本 　　　B. 留存在企业中的收益

C. 资本溢价或股本溢价 　　D. 从企业实现的净利润提取

考点 6-3： 资本公积的账务处理（★★☆）

◆【考点母题——万变不离其宗】资本公积的账务处理

（1）下列项目中，会引起资本公积变动的有（　　）。	
A. 企业接受投资者投入的资本	企业收到投资者出资额超出其在注册资本或股本中所占份额的部分， 借：银行存款等 　　贷：实收资本（股本） 　　　　资本公积——资本溢价（股本溢价）
B. 支付与发行权益性证券直接相关的手续费、佣金等交易费用	支付与发行权益性证券直接相关的手续费、佣金等交易费用，借记"资本公积——股本溢价"科目，贷记"银行存款"科目；如果"资本公积——股本溢价"金额不足，还应调整留存收益
C. 资本公积转增资本	经股东大会或类似机构决议，用资本公积转增资本时，应冲减资本公积，同时按照转增前的实收资本（或股本）的结构或比例，将转增的金额记入"实收资本"（或"股本"）科目下各所有者权益的明细分类科目。 借：资本公积 　　贷：实收资本（股本）
D. 企业以高于（或低于）股票面值的价格回购股票以注销股本	股份公司以收购本企业股票方式减资的，按注销股票的面值总额减少股本，如果回购股票支付的价款低于面值总额的，所注销库存股的账面余额与所冲减股本的差额作为增加资本公积——股本溢价处理；如果回购股票支付的价款超过面值总额的部分，依次冲减资本公积、盈余公积和未分配利润
E. 其他资本公积	①长期股权投资 借：长期股权投资——其他权益变动 　　贷：资本公积——其他资本公积 ②权益结算股份支付 确认时： 借：管理费用 　　贷：资本公积——其他资本公积 行权日： 借：资本公积——其他资本公积 　　贷：实收资本（股本） 　　　　资本公积——资本溢价（股本溢价）（差额，或借方）

续表

（2）下列项目中，不会引起资本公积变动的有（　　）。
A. 接受现金或非现金捐赠　　　B. 转销无法支付的应付账款
C. 利润分配　　　　　　　　　D. 权益法下长期股权投资在被投资方实现盈亏时的相应调整

🍀【考点子题——真枪实练，有的放矢】

5. （单选题）A有限责任公司由两位投资者投资200万元设立，每人各出资100万元。一年后，为扩大经营规模，经批准，A有限责任公司注册资本增加到300万元，并引入第三位投资者加入。按照投资协议，新投资者需缴入现金110万元，同时享有该公司1/3的股份。A有限责任公司已收到该现金投资。假定不考虑其他因素，A有限责任公司记入"资本公积——资本溢价"的金额是（　　）万元。

    A. 10　　　　　　　　B. 20　　　　　　　　C. 100　　　　　　　　D. 110

6. （单选题）某上市公司发行普通股1 000万股，每股面值1元，每股发行价格5元，支付手续费20万元，支付咨询费60万元。该公司发行普通股计入资本公积的金额是（　　）万元。

    A. 1 000　　　　　　B. 3 920　　　　　　C. 4 920　　　　　　D. 5 000

7. （多选题）甲有限责任公司收到乙公司作为资本投入的一项非专利技术。该非专利技术投资合同约定价值为100 000元，增值税进项税额为6 000元（由投资方支付税款，并提供增值税专用发票）。甲公司接受乙公司投资后注册资本总额为900 000元，投资合同约定乙公司投入无形资产在甲公司注册资本中所占份额为10%。假定合同约定的资产价值与公允价值相符，相关增值税专用发票已通过认证，不考虑其他因素，下列各项中，甲公司接受无形资产投资的会计处理结果正确的有（　　）。

    A. 无形资产增加100 000元　　　　　　B. 实收资本增加900 000元

    C. 资本公积增加16 000元　　　　　　D. 长期待摊费用增加6 000元

8. （多选题）下列项目中，会引起资本公积变动的有（　　）。

    A. 与发行权益性证券直接相关的手续费、佣金等交易费用

    B. 资本或股本溢价

    C. 用资本公积转增资本

    D. 接受非关联方非现金捐赠

9. （判断题）股份公司委托其他单位发行股票的手续费和佣金等费用，先从发行股票的溢价收入中抵销，发行股票的溢价不足冲减或无溢价，应计入当期损益。（　　）

10. （历年真题·判断题）股份有限公司溢价发行股票时，按面值计入股本，溢价收入扣除发行手续费、佣金等发行费用后的金额计入资本公积。（　　）

考点 6-4： 其他综合收益

其他综合收益，是指企业根据其他会计准则规定未在当期损益中确认的各项利得和损失。包括以后会计期间不能重分类进损益的其他综合收益和以后会计期间满足规定条件时将重分类进损益的其他综合收益两类。

◆【考点母题——万变不离其宗】其他综合收益

（1）下列项目中，属于以后会计期间不能重分类进损益的其他综合收益的有（　　）。
A.重新计量设定受益计划净负债或净资产变动导致的变动 B.按权益法核算因被投资单位重新计量设定受益计划净负债或净资产变动导致的权益变动 C.在初始确认时，企业可以将非交易性权益工具指定为以公允价值计量且其变动计入其他综合收益的金融资产，该指定后不得撤销
（2）下列项目中，属于以后会计期间满足规定条件时将重分类进损益的其他综合收益的有（　　）。
A.符合金融工具准则规定，同时符合以下两个条件的金融资产应当分类为以公允价值计量且其变动计入其他综合收益：①企业管理该金融资产的业务模式既以收取合同现金流量为目标又以出售该金融资产为目标；②该金融资产的合同条款规定，在特定日期产生的现金流量，仅为对本金和以未偿付本金金额为基础的利息的支付 B.按照金融工具准则规定，将以公允价值计量且其变动计入其他综合收益的债务工具投资重分类为以摊余成本计量的金融资产的或重分类为以公允价值计量且其变动计入当期损益的金融资产的 C.采用权益法核算的长期股权投资，按照被投资单位实现其他综合收益以及持股比例计算应分享或分担的金额，调整长期股权投资的账面价值，同时增加或减少其他综合收益 D.自用房地产或存货转换为采用公允价值模式计量的投资性房地产，转换日的公允价值大于原账面价值的，其差额作为其他综合收益核算

11. （多选题）下列项目中，会引起其他综合收益变动的有（　　）。

　　A. 自用房地产转换为公允价值模式计量的投资性房地产，转换日公允价值大于账面价值时

　　B. 自用房地产转换为公允价值模式计量的投资性房地产，转换日公允价值小于账面价值时

　　C. 重新计量设定受益计划净负债或净资产变动导致的变动

　　D. 资本溢价

第三节　留存收益

考点 6-5：　留存收益概述（★☆☆）

留存收益是企业从历年实现的利润中提取或形成的留存于企业的内部积累，包括盈余公积和未分配利润。

◆【考点母题——万变不离其宗】留存收益概述

（1）下列关于留存收益的表述中，正确的有（　　）。

A. 留存收益 = 盈余公积 + 未分配利润

B. 盈余公积是按当年净利润（减弥补以前年度亏损）一定比例提取

C. 盈余公积可以用于弥补亏损、转增资本、发放现金股利或利润

D. 可供分配利润 = 当年实现的净利润（或净亏损）+ 年初未分配利润（或 − 年初未弥补亏损）+ 其他转入（盈余公积补亏）

E. 利润分配的顺序（补亏后的净利润）

　　① 提取法定盈余公积

　　② 提取任意盈余公积

　　③ 向投资者分配利润

F. 可供投资人分配的利润 = 可供分配利润 − 提取的盈余公积

续表

影响企业未分配利润	（2）下列各项中，会影响企业未分配利润的有（　　）。
	A. 当年实现的净利润 + B. 年初未分配利润 +（或 – 年初未弥补亏损） C. 其他转入（即盈余公积补亏）+ D. 提取的法定盈余公积 – E. 提取的任意盈余公积 – F. 向投资者分配的利润 –
不影响企业未分配利润	（3）下列各项中，不会影响企业未分配利润的有（　　）。
	A. 资本公积转增资本 B. 盈余公积转增资本 C. 用盈余公积发放现金股利或利润 D. 接受投资者追加投资

🍀【考点子题——真枪实练，有的放矢】

1.（判断题）公司制企业应按当年净利润（减弥补以前年度亏损）的 10% 提取法定盈余公积，法定盈余公积累计额已达注册资本 50% 时可不再提取。（　　）

2.（单选题）甲企业 2022 年年初未分配利润借方余额为 200 万元，本年实现净利润为 1 200 万元，按 10% 计提法定盈余公积，按 5% 计提任意盈余公积，宣告发放现金股利为 80 万元。假定不考虑其他因素，该企业 2022 年年末未分配利润是（　　）万元。

    A. 1 000　　　　　　B. 850　　　　　　C. 770　　　　　　D. 874

3.（单选题）甲上市公司 2022 年 1 月 1 日所有者权益构成情况如下：股本 1500 万元，资本公积 100 万元，盈余公积 300 万元，未分配利润 400 万元。2022 年度实现利润总额为 200 万元，按 10% 和 5% 分别提取法定盈余公积和任意盈余公积，企业所得税税率为 25%。假定不考虑其他因素，该企业 2022 年 12 月 31 日可供投资者分配的利润是（　　）万元。

    A. 550　　　　　　B. 527.5　　　　　　C. 535　　　　　　D. 542.5

考点 6-6：　留存收益的账务处理（★★★）

◆【考点母题——万变不离其宗】留存收益的账务处理

以下各项业务，对所有者权益和留存收益的影响有（　　）。

事　项		账务处理方法	所有者权益增减	留存收益增减
A. 提取盈余公积		借：利润分配——提取法定盈余公积 　　　　　　——提取任意盈余公积 　　贷：盈余公积——法定盈余公积 　　　　　　——任意盈余公积	所有者权益类科目一增一减，所有者权益总额不变	不会引起留存收益总额变动
B. 宣告分派现金股利		借：利润分配——应付现金股利或利润 　　贷：应付股利	负债增加，所有者权益减少	负债增加，留存收益减少
C. 发放股票股利		借：利润分配——转作股本的股利 　　贷：股本	所有者权益结构变动，总额不变	引起留存收益总额变动（减少）
D. 盈余公积补亏		借：盈余公积 　　贷：利润分配——盈余公积补亏	不会引起所有者权益总额变动	不会引起留存收益总额变动
E. 结转本年度未分配利润	①结转本年净利润	借：本年利润 　　贷：利润分配——未分配利润	不会引起所有者权益总额变动	不会引起留存收益总额变动
	②结转利润分配明细账	借：利润分配——未分配利润 　　贷：利润分配 　　　　　——提取法定盈余公积 　　　　　——应付现金股利或利润 　　　　　——转作股本的股利 借：利润分配——盈余公积补亏 　　贷：利润分配——未分配利润	不会引起所有者权益总额变动	不会引起留存收益总额变动
F. 以当年净利润弥补以前年度亏损（无需做专门的账务处理，当年实现的利润转入利润分配时，自然做了弥补）			不影响所有者权益总额发生变动	不会影响留存收益总额发生变动
G. 盈余公积转增资本		借：盈余公积 　　贷：股本（实收资本）	不影响所有者权益总额发生变动	留存收益减少
H. 用盈余公积发放现金股利或利润		借：盈余公积 　　贷：应付股利（应付利润）	负债增加，所有者权益减少	负债增加，留存收益减少
I. 支付已宣告的现金股利		借：应付股利 　　贷：银行存款	不影响所有者权益变动	不影响留存收益变动
J. 资本公积转增资本		借：资本公积 　　贷：股本（实收资本）	不影响所有者权益总额发生变动	不影响留存收益变动
K. 接受投资者追加投资		借：银行存款等 　　贷：股本（实收资本）	资产增加，所有者权益增加	不会引起留存收益变动

🌸【考点子题——真枪实练，有的放矢】

4.（判断题）企业计提法定盈余公积是按当年实现的净利润（减弥补以前年度亏损）作为基数计提的，该基数不应包括企业年初未分配利润贷方余额。（　　）

5.（判断题）企业不能用盈余公积分配现金股利。（　　）

6.（判断题）支付已宣告的现金股利时所有者权益减少。（　　）

7.（单选题）某企业盈余公积年初余额为 50 万元，本年利润总额为 600 万元，所得税费用为 150 万元，按 10% 提取法定盈余公积，并将盈余公积 10 万元转增资本。该企业盈余公积年末余额是（　　）万元。

　　A. 40　　　　　　　　　　　　B. 85

　　C. 95　　　　　　　　　　　　D. 110

8.（单选题）下列各项中，会导致留存收益总额发生增减变动的是（　　）。

　　A. 资本公积转增资本　　　　　　B. 盈余公积补亏

　　C. 盈余公积转增资本　　　　　　D. 以当年净利润弥补以前年度亏损

9.（单选题）某公司 2022 年初所有者权益总额为 1 360 万元，当年实现净利润 450 万元，提取盈余公积 45 万元，向投资者分配现金股利 200 万元，本年内以资本公积转增资本 50 万元，投资者追加现金投资 30 万元。该公司年末所有者权益总额是（　　）万元。

　　A. 1 565　　　　　　　　　　　B. 1 595

　　C. 1 640　　　　　　　　　　　D. 1 795

10.（历年真题·单选题）2022 年年初，某企业"利润分配——未分配利润"科目借方余额 20 万元，2022 年度该企业实现净利润为 160 万元，按 10% 提取盈余公积，2022 年年末该企业未分配利润的金额是（　　）万元。

　　A. 126　　　　　　　　　　　　B. 124

　　C. 140　　　　　　　　　　　　D. 160

11.（历年真题·多选题）下列各项中，不会引起留存收益总额变动的有（　　）。

　　A. 盈余公积补亏　　　　　　　　B. 计提法定盈余公积

　　C. 盈余公积转增资本　　　　　　D. 计提任意盈余公积

12.（历年真题·多选题）下列各项中，年度终了需要转入"利润分配——未分配利润"科目的有（　　）。

　　A. 本年利润　　　　　　　　　　B. 利润分配——应付现金股利

　　C. 利润分配——盈余公积补亏　　D. 利润分配——提取法定盈余公积

13.（历年真题·判断题）企业股东大会审议批准的利润分配方案中应分配的现金股利，

在支付前不作账务处理，但应在报表附注中披露。（　　）

14.（历年真题·判断题）年度终了，除"未分配利润"明细科目外，"利润分配"科目下的其他明细科目应当无余额。（　　）

15.（历年真题·单选题）下列各项中，会引起留存收益总额发生增减变动的是（　　）。

A. 资本公积转增资本　　　　　B. 用盈余公积发放现金股利

C. 盈余公积弥补亏损　　　　　D. 税后利润弥补亏损

16.（历年真题·多选题）下列各项中，关于盈余公积的用途表述正确的有（　　）。

A. 以盈余公积转增实收资本　　B. 以盈余公积转增资本公积

C. 以盈余公积弥补亏损　　　　D. 以盈余公积发放现金股利

本章答案与解析

［第一节考点子题答案与解析］

1.【答案】×

【解析】企业接受投资者以非现金资产投资时，应按投资合同或协议约定的价值（不公允的除外）作为非现金资产的入账价值。

2.【答案】C

【解析】股份有限公司以收购本企业股票方式减资的，按注销股票的面值总额减少股本，如果购回股票支付的价款低于面值总额的部分，应计入资本公积。

3.【答案】B

【解析】应计入资本公积的金额 $=400\,000 \times 16 \times (1-2\%) - 400\,000 \times 1 = 5\,872\,000$（元）。

4.【答案】ACD

【解析】该公司回购股票的会计分录：

借：库存股　　　　　　　　1 400（7×200）

　　贷：银行存款　　　　　　　　1 400

该公司注销股票的会计分录：

借：股本　　　　　　　　　200

　　资本公积　　　　　　　800

　　盈余公积　　　　　　　400

　　贷：库存股　　　　　　　　　1 400

5.【答案】√

6.【答案】ABC

【解析】接受非流动资产捐赠计入营业外收入，不会导致企业实收资本增加。

7. 【答案】D

【解析】回购股票后所有者权益 =（11 000+3 000+450+550）−4 050=10 950（万元）。

8. 【答案】B

【解析】甲公司计入实收资本的金额 =200+26=226（万元）。

9. 【答案】√

10. 【答案】D

【解析】借：固定资产　　　　　　　　　　　　　　200

　　　　　应交税费——应交增值税（进项税额）　 26

　　　　　　贷：实收资本　　　　　　　　　　　　　180

　　　　　　　　资本公积　　　　　　　　　　　　　46

［第二节考点子题答案与解析］

1. 【答案】√

2. 【答案】×

【解析】资本公积不直接表明所有者对企业的基本产权关系。

3. 【答案】√

4. 【答案】C

【解析】盈余公积转增资本，不转入资本公积；从企业实现的净利润中提取，应计入盈余公积。

5. 【答案】A

【解析】新投资者缴入现金 110 万元，享有该公司 1/3 的股份即 100 万元，其差额计入资本公积——资本溢价。

6. 【答案】B

【解析】计入资本公积的金额 = 1 000×5−1 000−20−60 = 3 920（万元）。

7. 【答案】AC

【解析】甲公司接受乙公司无形资产投资的会计分录：

　　　　借：无形资产　　　　　　　　　　　　　　100 000

　　　　　　应交税费——应交增值税（进项税额）　 6 000

　　　　　　贷：实收资本　　　　　　　　　　　　　90 000（900 000×10%）

　　　　　　　　资本公积　　　　　　　　　　　　　16 000

8. 【答案】ABC

【解析】接受非关联方非现金捐赠会影响营业外收入，不会引起资本公积变动。

9. 【答案】×

【解析】发行股票的溢价不足冲减或无溢价，依次冲减盈余公积和未分配利润。

10. 【答案】√

11. 【答案】AC

【解析】自用房地产转换为公允价值模式计量的投资性房地产，转换日公允价值小于账面价值时计入当期损益；资本溢价应当计入资本公积。

[第三节考点子题答案与解析]

1. 【答案】√

2. 【答案】C

   【解析】年末未分配利润 =-200+1200-（1200-200）×（10%+5%）-80 = 770（万元）。

3. 【答案】B

   【解析】可供分配利润 =400+200×（1-25%）=550（万元）；可供投资者分配利润 =550-200×（1-25%）×（10%+5%）=527.5（万元）。

4. 【答案】√

5. 【答案】×

   【解析】企业可以用盈余公积分配现金股利。

6. 【答案】×

   【解析】企业宣告发放现金股利时会使得所有者权益减少，支付已宣告的现金股利时不会对所有者权益产生影响。

7. 【答案】B

   【解析】盈余公积年末余额 =50+（600-150）×10%-10=85（万元）。

8. 【答案】C

   【解析】资本公积转增资本不涉及留存收益；盈余公积补亏属于留存收益内部一增一减总额不发生变化；盈余公积转增资本使留存收益总额减少；以当年净利润弥补以前年度亏损留存收益总额不发生变化。

9. 【答案】C

   【解析】年末所有者权益总额 =1 360+450-200+30=1 640（万元）。

10. 【答案】A

    【解析】未分配利润 =-20+160-（-20+160）×10%=126（万元）。

11. 【答案】ABD

    【解析】盈余公积转增资本会使得留存收益减少。

12. 【答案】ABCD

    【解析】年度终了"本年利润"账户及"利润分配"明细账户的余额均应转入"利润分配——未分配利润"账户。

13. 【答案】×

    【解析】股东大会审议批准的利润分配方案中应分配的现金股利必须做账务处理。

14. 【答案】√

15. 【答案】B

    【解析】资本公积转增资本不涉及留存收益；用盈余公积发放现金股利使留存收益总额减少；盈

余公积弥补亏损留存收益内部一增一减总额不发生变化；税后利润弥补亏损留存收益总额不发生变化。

16.【答案】ACD

【解析】盈余公积主要用途是弥补亏损、转增资本、分配股利。

第 **7** 章

收入、费用和利润

（★★★）

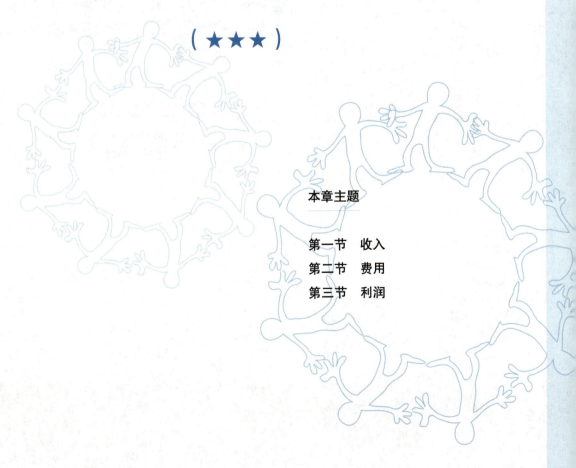

本章主题

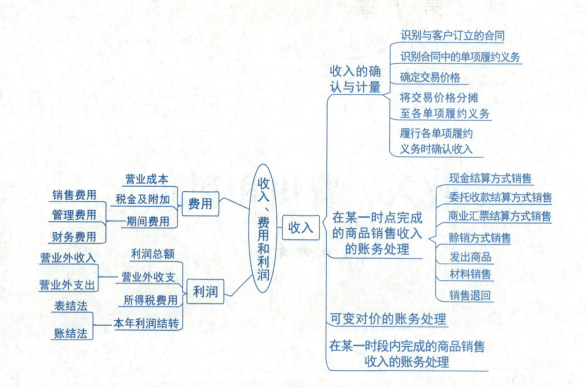

第一节 收入

考点 7-1: 收入的确认和计量（★★★）

◆ **【考点母题——万变不离其宗】收入确认和计量的原则**

（1）下列关于收入确认和计量原则的表述中，正确的有（　　）。	
A.确认收入的方式应当反映其向客户转让商品或提供劳务的模式 B.收入的金额应当反映企业因转让商品或提供劳务而预期有权收取的对价金额 C.企业应当在履行了合同中的履约义务，即在客户取得相关商品控制权时确认收入（收入确认的时点）	
（2）取得控制权的三要素包括（　　）。	
控制权转移的判断	A.客户必须拥有现时权利 B.客户有能力主导该商品的使用 C.客户能够获得商品几乎全部的经济利益

👥【考点子题——真枪实练，有的放矢】

1.（单选题）下列各项中，企业确认销售收入的时点正确的是（ ）。

  A. 与客户订立商品销售合同时   B. 开出商品出库单并向客户发出商品时

  C. 收到客户支付的货款并登记入账时   D. 客户取得商品控制权时

◆【考点母题——万变不离其宗】收入确认和计量的步骤

（1）下列各项中，属于收入确认和计量的步骤有（ ）。	
A. 识别与客户订立的合同 B. 识别合同中的单项履约义务 C. 确定交易价格 D. 将交易价格分摊至各单项履约义务 E. 履行各单项履约义务时确认收入	
（2）在收入确认和计量的五步骤中，主要与收入确认有关的有（ ）。	
与收入确认有关	A. 识别与客户订立的合同 B. 识别合同中的单项履约义务 C. 履行各单项履约义务时确认收入
（3）在收入确认和计量的五步骤中，主要与收入计量有关的有（ ）。	
与收入计量有关	D. 确定交易价格 E. 将交易价格分摊至各单项履约义务
【判断金句】（4）一般而言，确认和计量任何一项合同收入应考虑全部的五个步骤，但履行某些合同义务确认收入不一定都经过五个步骤。（ ）	

◆【考点母题——万变不离其宗】各步骤的相关要点

（1）下列关于识别与客户订立合同的表述中，正确的有（ ）。	
识别与客户 订立合同	A. 合同是指双方或多方之间订立有法律约束力的权利义务的协议 B. 合同有书面形式、口头形式以及其他形式 C. 合同的存在是企业确认客户合同收入的前提 D. 企业与客户之间的合同一经签订，企业即享有从客户取得与转移商品和服务对价的权利，同时负有向客户转移商品和服务的履约义务
（2）下列关于识别合同中的单项履约义务的表述中，正确的有（ ）。	
识别合同中的 单项履约义务	A. 履约义务是指合同中企业向客户转让可明确区分商品或服务的承诺 B. 企业应当将向客户转让可明确区分商品（或者商品的组合）的承诺以及向客户转让一系列实质相同且转让模式相同的、可明确区分商品的承诺作为单项履约义务
（3）下列关于确定交易价格的表述中，正确的有（ ）。	

确定交易价格	A.交易价格是指企业因向客户转让商品而预期有权收取的对价金额 B.交易价格不包括企业代第三方收取的款项（如增值税）以及企业预期将退还给客户的款项 C.合同条款所承诺的对价，可能是固定金额、可变金额或两者兼有
（4）下列关于将交易价格分摊至各单项履约义务的表述中，正确的有（　　）。	
将交易价格分摊至各单项履约义务	A.当合同中包含两项或多项履约义务时，需要将交易价格分摊至各单项履约义务 B.分摊的方法是在合同开始日，按照各单项履约义务所承诺商品的单独售价（企业向客户单独销售商品的价格）的相对比例，将交易价格分摊至各单项履约义务
（5）下列关于履行各单项履约义务时确认收入的表述中，正确的有（　　）。	
履行各单项履约义务时确认收入	A.当企业将商品转移给客户，客户取得了相关商品的控制权，意味着企业履行了合同履约义务，此时，企业应确认收入 B.企业将商品控制权转移给客户，可能是在某一时段内（即履行履约义务的过程中）发生，也可能在某一时点（即履约义务完成时）发生 C.企业应当根据实际情况，首先判断履约义务是否满足在某一时段内履行的条件，如不满足，则该履约义务属于在某一时点履行的履约义务

【考点子题——真枪实练，有的放矢】

2.（多选题）下列关于收入确认和计量原则的表述中，正确的有（　　）。

A. 确认收入的方式应当反映其向客户转让商品的模式

B. 收入的金额应当反映企业因转让商品而预期有权收取的对价金额

C. 企业应当在履行了合同中的履约义务，即在客户取得相关商品控制权时确认收入

D. 企业收入的确认不一定以合同为前提

3.（多选题）下列关于确认收入时，客户取得相关商品控制权的判断，表述正确的有（　　）。

A. 客户必须拥有该商品的现时权利

B. 客户有能力主导该商品的使用

C. 客户能够获得该商品几乎全部的经济利益

D. 客户取得该商品的所有权

4.（多选题）下列各项中，属于企业与客户之间收入确认的合同应满足的条件有（　　）。

A. 合同各方已批准该合同并承诺将履行各自义务

B. 企业因向客户转让商品而有权取得的对价很可能收回

C. 合同有明确的与所转让的商品相关的支付条款

D. 合同具有商业实质

5.（判断题）履约义务是指合同中企业向客户转让可明确区分商品的承诺。（　　）

6. （判断题）企业不应将实质相同且转让模式相同的一系列商品作为单项履约义务，即使这些商品可明确区分。（   ）

7. （判断题）收入确认时企业与客户之间的合同必须是书面合同。（   ）

8. （判断题）企业应当根据实际情况，首先判断履约义务是否满足在某一时段内履行的条件，如不满足，则该履约义务属于在某一时点履行的履约义务。（   ）

9. （判断题）企业代第三方收取的款项以及企业预期将退还给客户的款项，也应当计入交易价格。（   ）

10. （多选题）下列各项中，影响可变对价的有（   ）。

　　A. 折扣　　　　　　B. 价格折让　　　　C. 奖励积分　　　D. 退款

11. （单选题）合同中包含两项或多项履约义务时，企业应当在合同开始日，将交易价格分摊至各单项履约义务，其分摊的标准是（   ）。

　　A. 各单项履约义务所承诺商品的单独成本

　　B. 各单项履约义务所承诺商品的单独售价

　　C. 各单项履约义务所承诺商品的账面原值

　　D. 各单项履约义务所承诺商品的账面价值

12. （多选题）下列各项中，与收入计量相关的步骤有（   ）。

　　A. 识别合同中的单项履约义务

　　B. 确定交易价格

　　C. 将交易价格分摊至各单项履约义务

　　D. 履行各单项履约义务时确认收入

13. （判断题）一般而言，确认和计量任何一项合同收入应考虑全部的五个步骤，但履行某些合同义务确认收入不一定都经过五个步骤。（   ）

14. （判断题）交易价格就是合同标价。（   ）

15. （判断题）企业与客户签订合同，向其销售商品并提供安装服务。若该安装服务复杂且商品需要按客户定制要求修改，则合同中销售商品和提供安装服务为两项履约义务。（   ）

16. （单选题）甲公司为其客户建造一栋厂房，合同约定的价款为100万元，当甲公司不能在合同签订之日起的120天内竣工时，需支付10万元罚款，该罚款从合同价款中扣除，甲公司对合同结果的估计如下：工程按时完工的概率为5%。工程延期的概率为95%。甲公司按照最可能发生金额预计其有权获取的对价金额。甲公司应确定的交易价格为（   ）万元。

　　A. 100　　　　　　B. 90　　　　　　　C. 110　　　　　　D. 91

17. （多选题）A 公司与客户签订合同，向其销售甲、乙、丙三件产品，合同价款为 10 000 元，甲产品的账面价值为 4 500 元、单独售价为 5 000 元；乙产品账面价值为 3 000 元、单独售价为 2 500 元；丙产品的账面价值为 6 500 元、单独售价为 7 500 元。下列关于交易价格分摊的金额（保留整数）正确的有（　　）。

A. 甲产品分摊 3 333 元
B. 乙产品分摊 2 143 元
C. 丙产品分摊 5 000 元
D. 丙产品分摊 4 643 元

18. （历年真题·判断题）企业和客户签订的合同如果既有商品销售又有提供劳务服务时，如果商品销售和提供劳务具有高度关联，则二者应分别作为单项履约义务处理。（　　）

考点 7-2： 收入核算应设置的会计科目（★★☆）

◆【考点母题——万变不离其宗】收入核算应设置的会计科目

收入类科目	（1）下列各项中，属于收入核算应设置的会计科目有（　　）。
	A.主营业务收入　　　　　B.其他业务收入
	（2）下列各项中，属于主营业务收入的有（　　）。
	A.制造企业产品销售收入　　B.商业银行利息收入
	（3）下列各项中，属于其他业务收入的有（　　）。
	A.出租固定资产、出租无形资产的收入 B.出租包装物和商品收入 C.出租销售材料收入
损益类科目	A.主营业务成本　　　　　B.其他业务成本
资产类科目	A.合同取得成本　　　　　B.合同履约成本 C.合同资产　　　　　　　D.合同取得成本减值准备 E.合同履约成本减值准备　F.合同资产减值准备
负债类科目	A.合同负债

♧【考点子题——真枪实练，有的放矢】

19. （单选题）2021 年 3 月，某制造业企业发生的部分经济业务如下：对外捐赠产品的成本为 120 万元，出售原材料的成本为 15 万元，行政管理部门领用低值易耗品的摊销额为 3 万元。该企业当月应计入其他业务成本的金额为（　　）万元。

A. 15　　　　　　B. 18　　　　　　C. 123　　　　　　D. 138

20.（判断题）企业取得随同商品出售而单独计价的包装物收入，应确认为其他业务收入。（ ）

21.（多选题）下列各项中，属于收入核算会涉及的会计科目有（ ）。

A. 合同资产
B. 合同资产减值准备
C. 合同负债
D. 合同负债减值准备

22.（判断题）合同履约成本是核算企业取得合同发生的、预计能够收回的增量成本。（ ）

23.（单选题）核算企业已向客户转让商品而有权收取对价的权利，且该权利取决于时间流逝之外的其他因素的会计科目是（ ）。

A. 合同负债   B. 应收账款   C. 预收账款   D. 合同资产

24.（判断题）合同取得成本和合同履约成本均属于成本类科目，不需设置相应的减值准备科目。（ ）

25.（判断题）合同负债科目核算企业已收或应收客户对价而向客户转让商品的义务。（ ）

26.（判断题）合同资产代表的是无条件收取合同对价的权利，即企业仅仅随着时间的流逝即可收款。（ ）

考点 7-3： 在某一时点完成的商品销售收入的账务处理（★★★）

◆【考点母题——万变不离其宗】在某一时点履行履约义务确认收入

【判断金句】（1）企业一般商品销售属于在某一时点履行的履约义务。对于在某一时点履行的履约义务，企业应在客户取得相关商品控制权时点确认收入。（ ）
（2）在判断客户是否已取得商品控制权时，应当考虑的迹象有（ ）。
A.企业就该商品享有现时收款权利，即客户就该商品负有现时付款义务 B.企业已将该商品的法定所有权转移给客户，即客户已拥有该商品的法定所有权 C.企业已将该商品实物转移给客户，即客户已占有该商品实物 D.企业已将该商品所有权上的主要风险和报酬转移给客户，即客户已取得该商品所有权上的主要风险和报酬 E.客户已接受该商品 F.其他表明客户已取得商品控制权的迹象

◆ 【考点母题——万变不离其宗】确认商品销售收入的时点

下列各项中，有关收入确认时点表述正确的有（ ）。		
①采用现金结算方式销售商品，确认销售收入的时点通常是（ ）。	A. 开出发票账单收到货款时	借：库存现金 / 银行存款 / 应收账款 / 应收票据 / 合同资产 贷：主营业务收入 应交税费——应交增值税（销项税额）
②采用委托收款结算方式销售商品，确认销售收入的时点通常是（ ）。	B. 办妥托收手续时	
③企业采用收取商业汇票方式销售商品，确认销售收入的时点通常是（ ）。	C. 收到商业汇票并开出发票时	
④企业采用支付手续费方式委托代销商品，委托方确认销售收入的时点是（ ）。	D. 收到代销清单时	
⑤企业采用赊销方式销售商品，确认销售收入的时点是（ ）。	E. 取得相关商品控制权时	

◆ 【考点母题——万变不离其宗】发出商品业务的账务处理

采用支付手续费代销方式下，下列会计处理正确的有（ ）。
A. 委托方在发出商品时，通常不应确认销售商品收入，而应在收到受托方开出的代销清单时确认销售商品收入，同时将应支付的代销手续费计入销售费用
B. 受托方收到代销商品不确认库存商品，即不作为购进处理；对外销售时不确认收入，也不结转商品成本，按合同或协议约定的方法计算确定代销手续费，确认劳务收入

◆ 【考点母题——万变不离其宗】材料销售业务的账务处理

关于企业对外销售不需用的原材料、包装物等存货，下列会计处理正确的有（ ）。	
确认收入	A. 借：银行存款 贷：其他业务收入 应交税费——应交增值税（销项税额）
结转成本	B. 借：其他业务成本 贷：原材料

◆ 【考点母题——万变不离其宗】销售退回业务的账务处理

（1）下列各项中，关于已确认收入商品发生销售退回业务的账务处理正确的有（ ）。	
确认收入时	A. 借：银行存款等 贷：主营业务收入 应交税费——应交增值税（销项税额） 借：主营业务成本 贷：库存商品

第7章

续表

| 退回时 | B借：主营业务收入
　　应交税费——应交增值税（销项税额）
　　　贷：银行存款等
借：库存商品
　　　贷：主营业务成本 |

（2）下列各项中，关于未确认收入商品发生销售退回业务的账务处理正确的是（　　）。

| A. 借：库存商品
　　　贷：发出商品 |

【考点母题——万变不离其宗】可变对价的账务处理

可变对价的 影响因素	（1）下列各项中，影响可变对价的是（　　）。
	A. 折扣、价格折让、返利、退款、奖励积分、激励措施、业绩奖金、索赔等
可变对价的 会计处理	（2）下列各项中，关于可变对价的表述正确的有（　　）。
	A. 企业应当按照期望值或最可能发生金额确定可变对价的最佳估计数，企业不能在两种方法之间随意进行选择 B. 包含可变对价的交易价格，应当不超过在相关不确定性消除时，累计已确认的收入极可能不会发生重大转回的金额

【考点子题——真枪实练，有的放矢】

27.（多选题）对于在某一时点履行的履约义务，在判断客户是否已取得商品控制权时应当考虑的迹象有（　　）。

A. 客户就该商品负有现时付款义务

B. 客户能够控制企业履约过程中在建的商品

C. 客户已占有该商品实物

D. 客户已取得该商品所有权上的主要风险和报酬

28.（判断题）客户占有某项商品实物意味着其一定取得该商品的控制权。（　　）

29.（判断题）企业对于发出的商品，不符合收入确认条件的，应按其实际成本，借记"主营业务成本"科目，贷记"发出商品"科目。（　　）

30.（多选题）下列各项中，不影响商品销售收入确认金额的有（　　）。

A. 客户极可能获得的现金折扣　　　B. 应收取增值税销项税额

C. 实际发生的商业折扣　　　D. 应收取的代垫运杂费

31.（判断题）已发出商品但尚未确认销售收入，不需要结转销售成本。如果已确认销售收入但尚未发出商品，则需要结转销售成本。（　　）

32. （判断题）商业折扣是企业为促进商品销售而在商品标价上给予的价格扣除，应当按照扣除商业折扣后的金额确定销售商品收入金额。（　　）

33. （多选题）下列各项中，属于确认收入中的可变对价的有（　　）。

A. 价格折让　　　B. 现金折扣　　　C. 奖励积分　　　D. 销售返利

34. （判断题）企业确认商品销售收入时，应该扣除极可能发生的现金折扣。（　　）

35. （单选题）甲公司为增值税一般纳税人，适用的增值税税率为 13%。2022 年 12 月 1 日，甲公司采用委托收款结算方式向 A 公司销售一批商品，售价为 500 万元，商品已经发出，并已向银行办妥托收手续，该批商品的成本为 350 万元。企业为购货方提供的现金折扣条件为 2/10、1/20、n/30，并代垫运杂费 5 万元，其成本在确认收入时逐笔结转，不考虑其他因素。假定 A 公司于 2022 年 12 月 15 日付清货款，计算现金折扣时不考虑增值税，甲公司实际收到的金额为（　　）万元。

A. 500　　　　　B. 505　　　　　C. 565　　　　　D. 564.35

36. （单选题）某企业某月销售商品收入 250 万元，销售退回 45 万元。则该企业应计入当月主营业务收入的金额为（　　）万元。

A. 225　　　　　B. 250　　　　　C. 205　　　　　D. 235

37. （多选题）甲公司在 2022 年 11 月 28 日向乙公司销售一批商品，开出的增值税专用发票上注明的销售价格为 1 000 000 元，增值税额为 130 000 元，该批商品成本为 520 000 元。乙公司在 2022 年 12 月 5 日支付货款，2022 年 12 月 20 日，该批商品因质量问题被乙公司全部退回，甲公司当日支付有关款项。假定甲公司已取得税务机关开具的红字增值税专用发票。甲公司正确的会计处理有（　　）。

A. 冲减销售收入 1 000 000 元

B. 冲减库存商品 520 000 元

C. 冲减银行存款 1 130 000 元

D. 冲减应交税费——应交增值税（销项税额）130 000 元

38. （判断题）已经发出但尚未确认收入的商品反映在"发出商品"科目中，期末在资产负债表的"存货"项目中反映。（　　）

39. （判断题）企业只要发出商品，无论是否已确认销售收入，期末均不应作为企业的存货。（　　）

40. （单选题）甲公司本年度委托乙商店代销一批零配件，代销价款 300 万元，实际成本为 180 万元。本年度收到乙商店交来的代销清单，代销清单列明已销售代销零配件的 50%。甲公司收到代销清单时向乙商店开具增值税发票，乙商店按代销价款的 5%

收取手续费。甲公司本年度因此项业务应确认的销售收入为（　　）万元。

A. 300　　　　　　　B. 180　　　　　　　C. 150　　　　　　　D. 90

41.（多选题）甲上市公司为增值税一般纳税人，2022年10月销售一批原材料，开出的增值税专用发票上注明的售价为100万元，增值税税额为13万元，款项已由银行收妥。该批原材料的实际成本为90万元，下列各项中正确的有（　　）。

A. 确认其他业务收入100万元　　　　B. 确认主营业务收入100万元

C. 确认其他业务成本90万元　　　　　D. 确认主营业务成本90万元

42.（单选题）甲公司和丙公司均为增值税一般纳税人。甲公司2022年度委托丙公司销售商品200件，商品已经发出，每件成本为60元。合同约定丙公司应按每件100元对外销售，甲公司按不含增值税的销售价格的10%向丙公司支付手续费。本年度丙公司对外实际销售100件，款项已经收到。甲公司收到丙公司开具的代销清单时，向丙公司开出的增值税专用发票上注明的销售价格为10 000元，增值税税额为1 300元。另外，丙公司收到代销手续费时，向甲公司开具一张增值税专用发票，增值税专用发票上注明的价款为1 000元，增值税税额为60元。假定不考虑其他因素，该项业务对甲公司2022年度利润总额的影响金额为（　　）元。

A. 3 000　　　　　　B. 4 000　　　　　　C. 5 000　　　　　　D. 1 000

43.（历年真题·单选题）下列各项中，关于收入确认表述正确的是（　　）。

A. 采用预收货款方式销售商品，应在收到货款时确认收入

B. 采用委托收款方式销售商品，应在收到货款时确认收入

C. 采用现金结算方式销售商品，应在开出发票收到货款时确认收入

D. 采用支付手续费委托代销方式销售商品，应在发出商品时确认收入

44.（判断题）包含可变对价的交易价格，应当不超过在相关不确定性消除时，累计已确认的收入可能不会发生重大转回的金额。（　　）

45.（历年真题·多选题）下列各项中，关于采用支付手续费方式委托代销商品会计处理表述正确的有（　　）。

A. 委托方通常在收到受托方开出的代销清单时确认销售商品收入

B. 委托方发出商品时应按约定的售价记入"发出商品"科目

C. 受托方应在代销商品销售后按照双方约定的手续费确认劳务收入

D. 委托方应在代销商品销售后按照双方约定的手续费确认销售费用

46.（单选题）某企业为增值税一般纳税人，适用的增值税税率为13%。2022年7月1日，该企业向某客户销售商品20 000件，单位售价为20元，单位成本为10元，给

予客户10%的商业折扣，当日发出商品并确认收入。销售合同约定的现金折扣条件为1/20、N/30，计算现金折扣时不考虑增值税。基于对客户的了解，预计客户20天内付款的概率为94%，20天后付款的概率为6%，假定不考虑其他因素，该企业确认的收入金额为（　　）元。

A. 356 400　　　　B. 400 000　　　　C. 360 000　　　　D. 338 400

47.（历年真题·单选题）甲乙公司均为增值税一般纳税人，适用的增值税税率为13%。3月2日，甲公司向乙公司赊销商品一批，商品标价总额为200万元（不含增值税）。由于成批销售，乙公司应享受10%的商业折扣，销售合同规定的现金折扣条件为2/20，N/30。甲公司基于对乙公司的了解，预计乙公司20天内付款的概率为90%，20天后付款的概率为10%。对于现金折扣，甲公司认为按照最可能发生金额能够更好地预测其有权获取的对价金额。假定计算现金折扣时不考虑增值税。乙公司于3月19日时付清货款，甲公司收到的款项为（　　）万元。

A. 226　　　　B. 203.4　　　　C. 211　　　　D. 199.8

48.（历年真题·单选题）某企业为增值税一般纳税人，适用的增值税税率为13%。2021年6月1日，该企业向某客户销售商品20000件，单位售价为20元（不含增值税），单位成本为10元，给予客户10%的商业折扣，当日发出商品，并符合收入确认条件。销售合同约定的现金折扣条件为2/10，1/20，N/30。根据该企业对客户的了解，客户在10天内付款的可能性为90%，10天后付款的可能性为10%。该项销售业务属于单项履约义务且属于在某一时点履行的履约义务，假定不考虑其他因素，该企业6月1日应确认收入（　　）元。

A. 320 000　　　　B. 352 800　　　　C. 360 000　　　　D. 400 000

◆◆◆【考点母题——万变不离其宗】在某一时段内履行履约义务确认收入

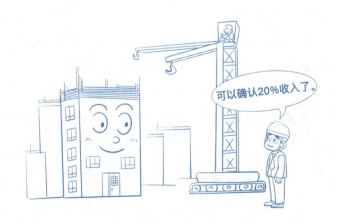

可以确认20%收入了。

【判断金句】

（1）对于在某一时段内履行的履约义务，企业应在该段时间内按照履约进度确认收入，但是履约进度不能合理确定的除外。（ ）

（2）当履约进度不能合理确定时，企业已经发生的成本预计能够得到补偿的，应当按照已经发生的成本金额确认收入，直到履约进度能够合理确定为止。（ ）

（3）下列各项中，属于在某一时段内履行履约义务的有（ ）。

A. 客户在企业履约的同时即取得并消耗企业履约所带来的经济利益

B. 客户能够控制企业履约过程中在建的商品

C. 企业履约过程中所产出的商品具有不可替代用途，且该企业在整个合同期间内有权就累计至今已完成的履约部分收取款项

（4）下列关于履约进度确定的表述中，正确的有（ ）。

A. 企业应当考虑商品的性质，采用实际测量的完工进度、评估已实现的结果、时间进度、已完工或交付的产品等产出指标确定恰当的履约进度

B. 企业也可以采用投入的材料数量、花费的人工工时、机器工时、发生的成本和时间进度等投入指标确定恰当的履约进度

C. 在确定履约进度时，应当扣除那些控制权尚未转移给客户的商品和服务

【判断金句】（5）资产负债表日，企业按照合同的交易价格总额乘以履约进度扣除以前会计期间累计已确认的收入后的金额，确认当期收入。（ ）

当期收入 = 合同的交易价格总额 × 资产负债表日履约进度 – 以前会计期间累计已确认的收入

【考点子题——真枪实练，有的放矢】

49.（多选题）下列各项中，属于在某一时段内履行履约义务的有（ ）。

A. 客户在企业履约的同时即取得并消耗企业履约所带来的经济利益

B. 客户能够控制企业履约过程中在建的商品

C. 企业履约过程中所产出的商品具有不可替代用途，且该企业在整个合同期间内有权就累计至今已完成的履约部分收取款项

D. 企业向客户销售商品

50.（多选题）采用产出指标确定恰当的履约进度时，应考虑的因素有（ ）。

A. 实际测量的完工进度　　　　B. 评估已实现的结果

C. 时间进度　　　　　　　　　D. 发生的成本

51.（判断题）履约进度不能合理确定时，尽管企业已经发生的成本预计能够得到补偿，也不应确认收入。（ ）

52. （多选题）采用投入指标确定恰当的履约进度时，应考虑的因素有（　　）。

    A. 实际测量的完工进度　　　　　　B. 花费的人工工时

    C. 发生的成本　　　　　　　　　　D. 花费的机器工时

53. （判断题）对于在某一时段内履行的履约义务，企业应当在该段时间内按照履约进度确认收入，但是履约进度不能合理确定的除外。（　　）

54. （单选题）甲公司经营一家健身俱乐部。2022 年 7 月 1 日，某客户与甲公司签订合同，成为甲公司的会员，并向甲公司支付会员费 3 600 元（不含税价），可在未来的 12 个月内在该俱乐部健身，且没有次数的限制。该业务适用的增值税税率为 6%。假定不考虑其他因素，该项业务对甲公司 2022 年 7 月营业利润的影响数为（　　）元。

    A. 300　　　　　　B. 318　　　　　　C. 3 600　　　　　　D. 3 816

55. （单选题）某企业 2022 年 10 月承接一项装修服务，合同约定的装修价款为 200 万元，装修价款每月按完工进度收取。2022 年 12 月前已确认劳务收入 80 万元，截至 2022 年 12 月 31 日，该劳务的累计完工程度为 60%。2022 年 12 月该企业应确认的劳务收入为（　　）万元。

    A. 36　　　　　　B. 40　　　　　　C. 72　　　　　　D. 120

56. （单选题）甲公司为增值税一般纳税人。2022 年 12 月 1 日与乙公司签订了一项为期 9 个月的设备安装任务，属于在某一时段内履行的履约义务。合同不含税总价款为 60 000 元，当日收到总价款的 30%。截至年末，甲公司累计发生安装费用 3 000 元，估计还将发生安装费用 17 000 元，假定甲公司按照已发生的成本占估计总成本的比例确定安装的履约进度。不考虑其他因素，2022 年 12 月 31 日甲公司应确认该项设备的安装收入为（　　）元。

    A. 6 000　　　　　B. 9 000　　　　　C. 18 000　　　　　D. 40 000

57. （多选题）甲公司为增值税一般纳税人，安装服务适用的增值税税率为 9%。2022 年 12 月 1 日甲公司接受一项设备安装任务，安装期为 3 个月，合同总价款为 600 000 元，安装价款每月按完工进度收取。2022 年 12 月 31 日，经专业测量师测量后，确定该项劳务的完工程度为 70%。至年底甲公司已实际发生安装费用为 280 000 元（假定均为安装人员薪酬），估计还会发生安装费用 120 000 元。甲公司 2022 年 12 月 31 日应编制的会计分录有（　　）。

    A. 借：合同履约成本　　　　　　　　　　　　280 000

    　　贷：应付职工薪酬　　　　　　　　　　　　　280 000

B. 借：银行存款 457 800

　　贷：主营业务收入 420 000

　　　　应交税费—应交增值税（销项税额） 37 800

C. 借：主营业务成本 280 000

　　贷：合同履约成本 280 000

D. 借：合同履约成本 120 000

　　贷：应付职工薪酬 120 000

58.（单选题）2022 年 11 月 1 日甲公司对外提供一项为期 5 个月的安装劳务，合同总价款为 580 万元。2022 年共发生劳务成本 230 万元，但履约进度不能合理确定。若预计已发生的劳务成本能得到补偿的金额为 150 万元，则甲公司 2022 年度因该项业务应确认的收入为（　）万元。

A. 80　　　　B. 150　　　　C. 230　　　　D. 290

59.（多选题）2022 年 12 月 1 日甲公司与乙公司签订一项为期 5 个月的安装劳务，合同不含税总价款为 150 000 元，2022 年共发生劳务成本 20 000 元，估计还将发生劳务成本 80 000 元。甲公司按照已经发生的成本占估计总成本的比例确认合同的履约进度，并作为某一时段内履行的履约义务确认收入。假定不考虑其他因素，下列各项中，关于甲公司 2022 年 12 月 31 日的会计处理结果正确的有（　）。

A. 履约进度为 20%　　　　　　　B. 确认劳务收入 60 000 元

C. 结转劳务成本 100 000 元　　　D. 对营业利润的影响额为 10 000 元

60.（历年真题·单选题）2020 年 9 月，某企业与客户签订一项装修服务合同，合同收入总额为 300 万元，预计合同成本总额为 240 万元，全部合同已收款。该企业在合同期间按照履约进度确认收入。2020 年已确认收入 80 万元，截止 2021 年 12 月 31 日履约进度已达到 60%，不考虑其他因素，该企业 2021 年应确认的收入为（　）万元。

A. 64　　　　B. 100　　　　C. 150　　　　D. 160

考点 7-4：合同成本与合同负债（★★☆）

❖【考点母题——万变不离其宗】合同取得成本

合同取得成本是企业取得合同、预计能够收回的增量成本。

（1）下列关于合同取得成本的表述中，正确的有（　　）。

A. 企业为取得合同发生的增量成本预期能够收回的，应作为合同取得成本确认为一项资产（销售佣金等）

B. 企业取得合同发生的增量成本已经确认为资产的，应当采用与该资产相关的商品收入确认相同的基础进行摊销，计入当期损益。为简化实务操作，该资产摊销期限不超过一年的，可以在发生时计入当期损益

C. 企业为取得合同发生的差旅费、投标费、为准备投标资料发生的相关费用等，应在发生时计入当期损益

D. 合同取得成本发生减值时，需要计提相应的减值准备

（2）下列关于合同取得成本的会计处理中，表述正确的有（　　）。

A. 企业发生合同取得成本时	B. 企业摊销合同取得成本时
借：合同取得成本	借：销售费用等
贷：银行存款	贷：合同取得成本
应付职工薪酬等	

◆【考点母题——万变不离其宗】合同履约成本

合同履约成本是企业履行当前或预期取得的合同所发生的、不属于其他会计准则规范范围且按照收入准则应当确认为一项资产的成本。

第7章

（1）下列各项中，确认为合同履约成本应当满足的条件有（　　）。

A. 该成本与一份当前或预期取得的合同直接相关

B. 该成本增加了企业未来用于履行（包括持续履行）履约义务的资源

C. 该成本预期能够收回

（2）下列合同履行过程中发生的支出，应计入当期损益的有（　　）。

A. 管理费用

B. 非正常消耗的直接材料、直接人工和制造费用

C. 与履约义务中已履行（包括已全部履行或部分履行）部分相关的支出

D. 无法在尚未履行的与已履行（或已部分履行）的履约义务之间区分的相关支出

（3）下列关于合同履约成本的会计处理中，表述正确的有（　　）。

A. 企业发生合同履约成本时 　借：合同履约成本 　　　贷：银行存款 　　　　　应付职工薪酬 　　　　　原材料等	B. 企业摊销合同履约成本时 　借：主营业务成本 　　　其他业务成本等 　　　贷：合同履约成本	C. 合同履约成本发生减值时，需要计提相应的减值准备

◆【考点母题——万变不离其宗】合同负债

　　合同负债是企业已收或应收客户对价而应向客户转让商品的义务。

（1）下列各项中，关于合同负债的会计处理正确的有（　　）。
A. 收到预收款 　借：银行存款 　　　贷：合同负债 　　　　　应交税费——待转销项税额 B. 确认收入 　借：合同负债 　　　应交税费——待转销项税额 　　　贷：主营业务收入 　　　　　应交税费——应交增值税（销项税额）
【判断金句】（2）对于尚未向客户履行转让商品的义务而已收或应收客户对价中的增值税部分，不应确认为合同负债。（　　）

♧【考点子题——真枪实练，有的放矢】

61.（单选题）下列与合同取得相关的支出中，属于合同取得成本的是（　　）。

　　A. 销售佣金　　　B. 差旅费　　　C. 投标费　　　D. 准备投标资料的费用

62.（判断题）合同取得成本和合同履约成本均应采用与该资产相关的商品收入确认相同

的基础进行摊销，计入当期损益。（　　）

63.（多选题）下列各项中，应当作为合同履约成本的有（　　）。

A. 为履行合同消耗的原材料　　　　　B. 非正常消耗的原材料

C. 履约义务中已履行部分相关的支出　D. 支付给为客户提供劳务人员的薪酬

64.（判断题）合同取得成本是一项资产。（　　）

65.（多选题）下列合同履行过程中发生的支出，应计入当期损益的有（　　）。

A. 管理费用

B. 非正常消耗的直接材料、直接人工和制造费用

C. 与履约义务中已履行（包括已全部履行或部分履行）部分相关的支出

D. 无法在尚未履行的与已履行（或已部分履行）的履约义务之间区分的相关支出

66.（单选题）2021 年 12 月 25 日甲乙公司签订合同，甲公司接受乙公司委托，为其培训一批学员，培训期为 6 个月，2022 年 1 月 1 日开学。合同约定，乙公司应向甲公司支付的培训费总额为 60 000 元，分三次等额支付，第一次在开学时预付，第二次在 2022 年 3 月 1 日支付，第三次在培训结束时支付。2022 年 1 月 1 日，乙公司预付了第一次培训费。假定不考虑相关税费，甲公司收到第一次培训费时，应贷记的会计科目为（　　）。

A. 合同负债　　　B. 应收账款　　　C. 预付账款　　　D. 预收账款

67.（多选题）甲公司经营一家酒店，该酒店是甲公司的自有资产。2022 年 12 月甲公司计提与酒店经营直接相关的酒店、客房以及客房内的设备家具等折旧 120 000 元、酒店土地使用权摊销费用 65 000 元。经计算，当月确认房费、餐饮等服务含税收入 424 000 元，全部存入银行，该酒店适用增值税税率为 6%。假定不考虑其他因素，甲公司 2022 年 12 月应编制的会计分录有（　　）。

A. 借：管理费用　　　　　　　　　　185 000

　　贷：累计折旧　　　　　　　　　　　　　　120 000

　　　　累计摊销　　　　　　　　　　　　　　 65 000

B. 借：合同履约成本　　　　　　　　185 000

　　贷：累计折旧　　　　　　　　　　　　　　120 000

　　　　累计摊销　　　　　　　　　　　　　　 65 000

C. 借：银行存款　　　　　　　　　　424 000

　　贷：主营业务收入　　　　　　　　　　　　400 000

　　　　应交税费——应交增值税（销项税额）　24 000

D. 借：主营业务成本   185 000

      贷：合同履约成本   185 000

68. （判断题）对于尚未向客户履行转让商品的义务而已收或应收客户对价中的增值税部分，应确认为合同负债。（   ）

69. （历年真题·单选题）甲公司为一家咨询服务提供商，近期中标一个向客户提供咨询服务的项目。甲公司为取得合同而发生的成本如下：①尽职调查的外部律师费7万元；②提交标书的差旅费8万元（客户不承担）；③销售人员佣金4万元。假定不考虑其他因素，甲公司应确认的合同取得成本为（   ）万元。

    A. 12   B. 15   C. 4   D. 19

第二节 费用

考点 7-5：营业成本（★★☆）

企业为生产产品、提供劳务等发生的**可归属**于产品成本、劳务成本等的费用。应当在确认销售商品收入、提供劳务收入等时，将已销售商品、已提供劳务的成本确认为营业成本。

◆**【考点母题——万变不离其宗】**营业成本

下列各项中，应列入利润表"营业成本"项目的有（ ）。	
主营业务成本	A. 销售商品结转的商品成本 B. 提供劳务结转的劳务成本（属主营业务）
其他业务成本	A. 销售材料结转的材料成本　　B. 出租固定资产计提的折旧费 C. 出租的无形资产的摊销额　　D. 出租包装物的成本或摊销额 E. 出租专用设备的修理费　　　F. 出租无形资产支付的服务费 G. 随同商品出售且单独计价的包装物成本

♣**【考点子题——真枪实练，有的放矢】**

1. (单选题)2022 年 9 月 2 日，甲公司向乙公司销售一批商品，开出的增值税专用发票上注明的销售价格为 30 000 元，增值税税额为 3 900 元，款项尚未收到，这批商品的成本为 20 000 元。乙公司收到商品后，经过验收发现，该批商品存在一定的质量问题，外观存在一定的瑕疵，但基本上不影响使用，因此，乙公司要求甲公司在价格上给予一定的折让，折让率 10%，甲公司表示同意。假定甲公司已经确认收入，与销售折让有关的增值税税额税务机关允许扣减，销售折让也不属于资产负债表日后事项。该笔业务甲公司应确认的营业利润为（ ）元。

　A. 3 480　　　　B. 4 800　　　　C. 5 000　　　　D. 7 000

2. (单选题) 下列各项中，应计入其他业务成本的是（   ）。

  A. 库存商品盘亏净损失   B. 短期租出固定资产折旧

  C. 向灾区捐赠的商品成本   D. 火灾导致原材料毁损净损失

3. (多选题) 下列各项中，属于营业成本的有（   ）。

  A. 销售商品结转的商品成本   B. 出售固定资产产生的净损失

  C. 出租固定资产计提的折旧费   D. 因违约支付的赔偿款

4. (历年真题·多选题) 下列各项中，工业企业应计入其他业务成本的有（   ）。

  A. 销售材料的成本   B. 出售单独计价包装物的成本

  C. 出租包装物的摊销额   D. 出租设备计提的折旧

5. (历年真题·单选题) 下列各项中，应计入产品成本的是（   ）。

  A. 固定资产报废净损失   B. 支付的印花税

  C. 预计产品质量保证损失   D. 基本生产车间设备计提的折旧费

考点 7-6： 税金及附加（★★☆）

◆【考点母题——万变不离其宗】税金及附加

下列各项税费中，应记入"税金及附加"的有（   ）。
A. 房产税   B. 车船税   C. 城镇土地使用税   D. 城市维护建设税 E. 教育费附加   F. 消费税（销售应税消费品或用于职工福利） G. 对外销售应税产品交纳的资源税   H. 销售房地产的土地增值税   I. 印花税

♧【考点子题——真枪实练，有的放矢】

6. (多选题) 企业销售商品交纳的下列各项税费，记入"税金及附加"科目的有（   ）。

  A. 消费税   B. 增值税   C. 教育费附加   D. 城市维护建设税

7. (多选题) 下列税金中，应计入存货成本的有（   ）。

  A. 由受托方代收代缴的委托加工直接用于对外销售的商品负担的消费税

  B. 由受托方代收代缴的委托加工继续用于生产应纳消费税的商品负担的消费税

  C. 进口原材料交纳的进口关税

  D. 一般纳税人进口原材料交纳的增值税

8. (历年真题·单选题) 企业按规定计算缴纳的下列税金，能够计入"固定资产清理"的是（   ）。

  A. 房产税   B. 城镇土地使用税

C. 城市维护建设税　　　　　　　　D. 土地增值税

9. （历年真题·多选题）下列各项中，应记入"税金及附加"的有（　　）。

　A. 制造企业转让自用房产应交纳的土地增值税

　B. 交通运输企业提供运输服务应交纳的增值税

　C. 天然气企业对外出售天然气应交纳的资源税

　D. 拥有并使用车船的制造企业应交纳的车船税

考点 7-7： 期间费用（★★★）

◆【考点母题——万变不离其宗】期间费用

	（1）下列各项中，应列入利润表"期间费用"项目的有（　　）。		
销售费用	（2）下列销售商品过程中发生的各项支出中，应计入"销售费用"的有（　　）。		
	A. 保险费	B. 包装费	C. 展览费
	D. 广告费	E. 商品维修费	F. 预计产品质量保证损失
	G. 运输费	H. 装卸费	
	I. 随同商品出售而不单独计价的包装物成本		
	J. 委托代销商品支付的手续费	K. 出借包装物的摊销修理费	
	L. 专设销售机构的人员工资	M. 业务费	
	N. 固定资产修理费（如房屋的修理费）		
	O. 固定资产的折旧费　　P. 无形资产摊销		
财务费用	（3）下列各项中，应计入"财务费用"的有（　　）。		
	A. 利息收支	B. 汇兑损益	C. 支付的银行承兑汇票手续费
	D. 带息应付票据的应计利息	E. 带息应收票据的应计利息	

管理费用	（4）下列各项中，应计入"管理费用"的有（　　）。
	A. 工会经费
	B. 公司经费（包括行政管理部门职工薪酬、物料消耗、低值易耗品摊销、办公费和差旅费等）
	C. 咨询费（含顾问费）　　D. 董事会费（包括董事会成员津贴、会议费和差旅费等）
	E. 聘请中介机构费　　F. 诉讼费　　G. 业务招待费　　H. 技术转让费
	I. 研究费用　　J. 行政管理部门发生的固定资产修理费用
	K. 辞退福利　　L. 总部办公楼折旧
	M. 筹建期间的开办费　　N. 管理不善造成的存货盘亏净损失
	O. 盘盈存货的净收益（冲减管理费用）　　P. 无法查明原因的现金盘亏

【考点子题——真枪实练，有的放矢】

10.（单选题）下列各项中，企业筹建期间发生的不符合资本化条件的长期借款利息应记入的会计科目是（　　）。

　　A. 财务费用　　　　B. 管理费用　　　　C. 营业外支出　　　　D. 长期待摊费用

11.（单选题）下列各项中，企业采购材料申请银行承兑汇票支付的银行手续费应记入的会计科目是（　　）。

　　A. 财务费用　　　　B. 管理费用　　　　C. 其他业务成本　　　　D. 营业外支出

12.（判断题）预计产品质量保证损失应计入销售费用。（　　）

13.（多选题）下列各项中，属于期间费用的有（　　）。

　　A. 管理部门机器设备的折旧费用　　　　B. 出借包装物的摊销修理费

　　C. 因违约支付的赔偿款　　　　D. 汇兑损益

14.（多选题）企业发生的下列各项支出，应计入财务费用的有（　　）。

　　A. 支付的银行承兑汇票手续费　　　　B. 发生的商业折扣

　　C. 短期借款的利息　　　　D. 企业取得交易性金融资产时支付的相关税费

15.（单选题）某产品制造企业2022年7月份发生的业务有：发生生产车间管理人员工资80万元，发生行政管理人员工资60万元，计提车间用固定资产折旧10万元，支付行政部门固定资产维修费10万元，支付的违约罚款5万元，支付广告费用40万元，预提短期借款利息40万元，支付印花税10万元。则该企业当期的管理费用总额为（　　）万元。

　　A. 70　　　　B. 80　　　　C. 90　　　　D. 120

16.（历年真题·多选题）下列各项中，应计入财务费用的有（　　）。

　　A. 银行承兑汇票手续费　　　　B. 购买交易性金融资产手续费

　　C. 外币应收账款汇兑损失　　　　D. 银行承兑汇票贴现发生的贴现息

17.（历年真题·单选题）下列各项中，应列入利润表"管理费用"项目的是（　　）。

A. 计提的坏账准备
B. 出租无形资产的摊销额
C. 支付中介机构的咨询费
D. 处置固定资产的净损失

18.（历年真题·单选题）下列各项中，不应计入销售费用的是（　　）。

A. 已售商品预计保修费用

B. 为推广新产品而发生的广告费用

C. 随同商品出售且单独计价的包装物成本

D. 随同商品出售而不单独计价的包装物成本

19.（历年真题·多选题）下列各项中，应计入销售费用的有（　　）。

A. 销售商品发生的销售退回
B. 销售商品发生的售后服务费
C. 销售商品发生的商业折扣
D. 委托代销商品支付的手续费

20.（历年真题·单选题）下列各项中，应计入期间费用的是（　　）。

A. 计提车间管理用固定资产的折旧费

B. 预计产品质量保证损失

C. 车间管理人员的工资费用

D. 发生的销售折让

21.（历年真题·多选题）下列关于管理费用的会计处理中，表述正确的有（　　）。

A. 无法查明原因的现金短缺应计入管理费用

B. 转销确实无法支付的应付账款应冲减管理费用

C. 行政管理部门负担的工会经费应计入管理费用

D. 转销盘盈的存货应计入管理费用

第三节　利润

考点 7-8：利润的构成（★★☆）

◆【考点题源】利润的构成

> **营业利润** = 营业收入 − 营业成本 − 税金及附加 − 销售费用 − 管理费用 − 研发费用 − 财务费用 + 其他收益 + 投资收益（- 投资损失）+ 净敞口套期收益（- 净敞口套期损失）+ 公允价值变动收益（- 公允价值变动损失）− 信用减值损失 − 资产减值损失 + 资产处置收益（- 资产处置损失）
> **利润总额** = 营业利润 + 营业外收入 − 营业外支出
> **净利润** = 利润总额 − 所得税费用

◆【考点母题——万变不离其宗】影响营业利润的因素

（1）下列各项中，属于"营业收入"的项目有（　　）。	
主营业务收入	A. 销售商品收入　　　　　　　　　　B. 提供劳务收入
其他业务收入	A. 出售原材料（包装物）收入　　　　B. 对外出租包装物收入 C. 对外出租商品收入　　　　　　　　D. 对外出租固定资产收入 E. 对外转让无形资产使用权取得的收入 F. 受托代销方取得的代销手续费收入
（2）下列各项中，属于"研发费用"项目的有（　　）。	
研发费用	A. 研究与开发过程中发生的费用化支出 B. 计入管理费用的自行开发无形资产的摊销
（3）下列各项中，应列入利润表减值损失项目的有（　　）。	
信用减值损失	A. 计提的坏账准备
资产减值损失	A. 计提的存货跌价准备　　　　　　　B. 计提的固定资产减值准备 C. 计提的无形资产减值准备　　　　　D. 计提的长期股权投资减值准备 E. 计提的投资性房地产减值准备等
（4）下列各项中，属于"公允价值变动收益"项目的有（　　）。	
公允价值变动收益	A. 期末交易性金融资产公允价值变动额 B. 采用公允价值后续计量模式投资性房地产公允价值变动额

续表

（5）下列项目中，属于"投资收益"项目内容的有（　　）。	
投资收益	A. 购买交易性金融资产所支付的相关费用 B. 企业持有交易性金融资产期间被投资单位宣告发放的现金股利 C. 企业持有交易性金融资产期间被投资单位在资产负债表日分期付息 D. 转让交易性金融资产所得损益（包括转让金融商品应交增值税） E. 采用成本法核算长期股权投资时，被投资单位宣告分派现金股利 F. 采用权益法核算长期股权投资时，被投资单位实现净利润或发生亏损 G. 转让长期股权投资所得损益
（6）下列各项中，属于"资产处置收益"项目内容的有（　　）。	
资产处置收益	A. 因出售转让固定资产产生的利得或损失 B. 因出售转让无形资产产生的利得或损失
（7）下列各项中，属于"其他收益"项目的有（　　）。	
其他收益	A. 与企业日常活动相关，除冲减相关成本费用以外的政府补助 B. 其他应计入其他收益的内容

🔮【考点子题——真枪实练，有的放矢】

1. （单选题）某企业本期主营业务收入800万元，主营业务成本650万元，其他业务收入200万元，其他业务成本150万元，税金及附加55万元，销售费用20万元，研发费用5万元，管理费用为10万元，财务费用为5万元，信用减值损失5万元，资产减值损失30万元，公允价值变动收益为12万元，投资收益为30万元，资产处置收益5万元，营业外收入5万元，营业外支出5万元，所得税费用为30万元。该企业本期净利润为（　　）万元。

   A. 13　　　　　　B. 15　　　　　　C. 117　　　　　　D. 87

2. （单选题）下列各项中，影响当期利润表中利润总额的是（　　）。

   A. 转销无法查明原因现金盘盈　　　　B. 确认所得税费用

   C. 转销固定资产盘盈　　　　　　　　D. 代扣代缴的个人所得税

3. （多选题）下列各项中，影响企业营业利润的有（　　）。

   A. 研发费用　　　B. 所得税费用　　　C. 营业外支出　　　D. 资产处置损益

4. （历年真题·单选题）下列各项中，不影响营业利润的是（　　）。

   A. 购买交易性金融资产支付的交易费用

   B. 自然灾害处置固定资产净收益

   C. 计提坏账准备

   D. 管理用无形资产摊销

5. （历年真题·多选题）下列各项中，影响企业营业利润的有（   ）。

A. 出售原材料损失

B. 计提无形资产减值准备

C. 公益性捐赠支出

D. 出售交易性金融资产损失

6. （历年真题·多选题）下列各项中，影响企业营业利润的有（   ）。

A. 出售无形资产净收益

B. 出租包装物取得的收入

C. 接受公益性捐赠利得

D. 出租固定资产的折旧额

7. （历年真题·多选题）下列各项中，应列入利润表"营业成本"项目的有（   ）。

A. 出售商品的成本

B. 销售材料的成本

C. 出租非专利技术的摊销额

D. 出租设备计提的折旧额

8. （历年真题·单选题）某工业企业 2020 年度的营业利润为 4 100 万元，主营业务收入为 3 000 万元，主营业务成本为 1 200 万元，公允价值变动损益为 80 万元（收益），财务费用为 20 万元，营业外收入为 60 万元，营业外支出为 20 万元，所得税税率为 25%。假定不考虑其他因素，该企业 2020 年度的净利润应为（   ）万元。

A. 5 340

B. 3 090

C. 3 075

D. 3 105

9. （历年真题·单选题）影响企业营业利润结果的业务是（   ）。

A. 确认无形资产减值损失

B. 确认所得税费用

C. 捐赠支出

D. 接受捐赠利得

考点 7-9：营业外收支（★★☆）

营业外收入是指企业确认的与其日常活动无直接关系的各项利得。营业外支出是指企业发生的与其日常活动无直接关系的各项损失。

【考点母题——万变不离其宗】营业外收支的内容

"营业外收入"项目	（1）下列各项中，属于"营业外收入"项目的有（　　）。 A. 非流动资产毁损报废净收益 B. 与企业日常活动无关的政府补助 C. 现金盘盈（无法查明原因的现金溢余） D. 接受捐赠利得 E. 罚没收入、罚款收入、违约金收入 F. 转销确实无法支付的应付账款
"营业外支出"项目	（2）下列各项中，属于"营业外支出"项目的有（　　）。 A. 非流动资产毁损报废净损失 B. 固定资产盘亏净损失 C. 捐赠支出 D. 罚款支出 E. 非常损失（因自然灾害等非常原因造成财产毁损）

【考点子题——真枪实练，有的放矢】

10. （判断题）营业外支出是指企业发生的与其日常活动无直接关系的各项损失，它需要与营业外收入进行配比。（　　）

11. （历年真题·单选题）下列各项中，应确认为营业外收入的是（　　）。

A. 无法查明原因的现金溢余　　　　B. 固定资产出租收入

C. 固定资产盘盈　　　　　　　　　D. 存货盘盈

12. （单选题）甲公司为增值税的一般纳税人，适用的增值税税率为13%。2022年5月甲公司将其自产的一批产品捐赠给希望中学，该批产品的成本为20 000元，不含税售价为25 000元。应计入营业外支出的金额为（　　）元。

A. 20 000　　　B. 25 000　　　C. 23 250　　　D. 22 600

13. （单选题）某企业为增值税一般纳税人，增值税税率为13%。本期在财产清查中发现盘亏材料270 000元，经查属于一般经营损失，经批准应计入当期损益的金额为（　　）元。

A. 270 000　　　B. 305 100　　　C. 234 900　　　D. 45 900

14. （历年真题·单选题）下列各项中，报经批准后应计入营业外支出的是（　　）。

A. 结转售出材料的成本　　　　　B. 采购原材料运输途中合理损耗

C. 管理不善导致的原材料盘亏　　D. 自然灾害导致的原材料损失

15. （单选题）鸿天公司为增值税一般纳税人，适用的增值税税率为13%。本月因雷电造

第7章

成公司财产损失共计 250 万元，其中流动资产 100 万元，非流动资产 150 万元，获得保险公司赔偿 80 万元，应计入营业外支出的金额为（   ）万元。

  A. 250   B. 170   C. 150   D. 282.5

16. （历年真题·单选题）2021 年 9 月，某企业发生公益性捐赠支出 8 万元，对外出售非专利技术净损失 20 万元，违反税法规定支付罚款 3 万元。不考虑其他因素，该企业 2021 年 9 月计入营业外支出为（   ）万元。

  A. 31   B. 11   C. 15   D. 23

考点 7-10：所得税费用（★★☆）

◆ 【考点母题——万变不离其宗】影响应纳税所得额的因素

（1）下列各项中，影响应纳税所得额的有（ ）。		
	税前会计利润	营业收入 - 营业成本 - 税金及附加 - 销售费用 - 管理费用 - 研发费用 - 财务费用 - 信用减值损失 - 资产减值损失 + 公允价值变动收益（- 损失）+ 投资收益（- 损失）+ 资产处置收益（- 损失）+ 其他收益 + 营业外收入 - 营业外支出
	（2）下列各项中，需要进行纳税调整的项目有（ ）。	
应纳税所得额	+ 纳税调整增加数	（3）下列各项中，需要进行纳税调增的项目有（ ）。
		超过税法规定标准的支出： A. 超过税法规定标准的职工福利费 B. 超过税法规定标准的工会经费 C. 超过税法规定标准的职工教育经费 D. 超过税法规定标准的业务招待费 E. 超过税法规定标准的公益性捐赠支出 F. 超过税法规定标准的广告费和业务宣传费等 税法规定不允许扣除项目金额： A. 税收滞纳金 B. 各种罚款、罚金

续表

应纳税所 得额	− 纳税调整 减少数	（4）下列各项中，需要进行纳税调减的项目有（ ）。
		A. 前五年内未弥补的亏损
		B. 国债利息收入
		C. 符合条件的居民企业之间的股息、红利等权益性投资收益等

◆ 【考点母题——万变不离其宗】影响所得税费用的因素

当期所得税 +递延所得税	（1）下列各项中，影响利润表"所得税费用"项目金额的有（ ）。
	当期所得税 = 当期应交所得税 = 应纳税所得额 × 所得税税率
	递延所得税 =（递延所得税负债期末余额 − 递延所得税负债期初余额）−（递延所得税资产期末余额 − 递延所得税资产期初余额）

	（2）下列各项中，会增加（或减少）所得税费用的有（ ）。
增加所得税费用	A. 递延所得税资产贷方发生额 B. 递延所得税负债贷方发生额
减少所得税费用	A. 递延所得税资产借方发生额 B. 递延所得税负债借方发生额

♣ 【考点子题——真枪实练，有的放矢】

17.（判断题）企业计算所得税费用时，应该用当期所得税加上递延所得税资产本期增加额，减去递延所得税负债本期增加额。（ ）

18.（单选题）下列各项中，在计算应纳税所得额时，需要做纳税调减的是（ ）。

A. 超标的广告费支出　　　　　　　　B. 超过税法规定标准的职工薪酬

C. 国库券利息收入　　　　　　　　　D. 税收滞纳金支出

19.（单选题）某企业2022年度利润总额为1 800万元，其中本年度国债利息收入200万元，已计入营业外支出的税收滞纳金6万元；企业所得税税率为25%。假定不考虑其他因素，该企业2022年度所得税费用为（ ）万元。

A. 400　　　　　　B. 401.5　　　　　　C. 450　　　　　　D. 498.5

20.（单选题）2022年度某企业利润总额为900万元，应纳税所得额为800万元，本年递延所得税负债增加80万元，递延所得税资产减少40万元，适用的所得税税率为25%。不考虑其他因素，该企业2022年度所得税费用的金额应为（ ）万元。

A. 160　　　　　　B. 200　　　　　　C. 240　　　　　　D. 320

21.（历年真题·单选题）下列各项中，不影响利润表"所得税费用"项目金额的是（ ）。

A. 当期应交所得税　　　　　　　　　B. 递延所得税资产

C. 递延所得税负债　　　　　　　　　D. 代扣代缴个人所得税

22. （历年真题·多选题）下列各项中，计算应纳税所得额需要进行纳税调整的项目有（   ）。

    A. 税收滞纳金
    B. 超过税法规定标准的业务招待费
    C. 国债利息收入
    D. 超过税法规定标准的职工福利费

23. （历年真题·判断题）企业当期的所得税费用应根据当期应交所得税和递延所得税计算确定。（   ）

考点 7-11：本年利润（★☆☆）

◆ 【考点题源】会计期末结转本年利润的方法

账结法	表结法
（1）每月末均需编制转账凭证，将在账上结计出的各损益类科目的余额结转入"本年利润"科目。 （2）结转后"本年利润"科目的本月余额反映当月实现的利润或发生的亏损，"本年利润"科目的本年余额反映本年累计实现的利润或发生的亏损。	（1）各损益类科目每月末只需结计出本月发生额和月末累计余额，不结转到"本年利润"科目，只有在年末时才将全年累计余额结转入"本年利润"科目。 （2）每月末要将损益类科目的本月发生额合计数填入利润表的本月数栏，同时将本月末累计余额填入利润表的本年累计数栏，通过利润表计算反映各期的利润（或亏损）。

结转本年利润的会计处理	【判断金句】（3）会计期末，应将"所得税费用"科目的余额转入"本年利润"科目。（ ） （4）年度终了，企业应将"本年利润"科目的本年累计余额转入"利润分配——未分配利润"科目。（ ）

♣ 【考点子题——真枪实练，有的放矢】

24. （判断题）企业采用"表结法"结转本年利润的，年度内每月月末损益类科目发生额合计数和月末累计余额无需转入"本年利润"科目，但要将其填入利润表，在年末时将损益类科目全年累计余额转入"本年利润"科目。（   ）

25. （判断题）年度终了，只有在企业盈利的情况下，才应将"本年利润"科目的本年累计余额转入"利润分配——未分配利润"科目。（   ）

26. （多选题）下列各项中，关于期末结转本年利润"账结法"的表述正确的有（   ）。

    A. 每月月末需要编制结转损益凭证
    B. 与"表结法"相比，减少了转账环节和相应的工作量
    C. 每月月末将各损益类科目的余额转入"本年利润"科目
    D. "本年利润"科目可以提供当月及本年累计的利润（或亏损）额

27. （判断题）企业弥补以前年度的亏损，不需要进行专门的账务处理。（　　）

28. （历年真题·多选题）企业采用账结法结转本年利润，月末应将其本期发生额结转至本年利润科目的有（　　）。

A. 财务费用　　　　B. 制造费用　　　　C. 管理费用　　　　D. 销售费用

本章答案与解析

〔第一节考点子题答案与解析〕

1. 【答案】D

【解析】客户取得商品控制权时确认收入，选项D正确。

2. 【答案】ABC

【解析】企业收入的确认是以与客户订立的合同为基础的。

3. 【答案】ABC

【解析】客户取得该商品的所有权不属于商品控制权判断的要素。

4. 【答案】ABCD

5. 【答案】√

6. 【答案】×

【解析】企业应当将向客户转让可明确区分商品（或者商品的组合）的承诺以及向客户转让一系列实质相同且转让模式相同的、可明确区分商品的承诺作为单项履约义务。

7. 【答案】×

【解析】企业与客户之间的合同可以是书面的，也可以是口头形式以及其他形式的。

8. 【答案】√

9. 【答案】×

【解析】企业代第三方收取的款项以及企业预期将退还给客户的款项，应当作为负债进行会计处理，不计入交易价格。

10. 【答案】ABCD

【解析】企业与客户的合同中约定的对价金额可能会因折扣、价格折让、返利、退款、奖励积分、激励措施、业绩奖金、索赔等因素而变化。

11. 【答案】B

【解析】当合同中包含两项或多项履约义务时，需要将交易价格分摊至各单项履约义务。分摊的方法是在合同开始日，按照各单项履约义务所承诺商品的单独售价（企业向客户单独销售商品的价格）的相对比例，将交易价格分摊至各单项履约义务。

12. 【答案】BC

第7章

【解析】在收入确认和计量的五步骤中，识别与客户订立的合同，识别合同中的单项履约义务，以及履行各单项履约义务时确认收入是与收入确认相关的步骤；确定交易价格和将交易价格分摊至各单项履约义务是与收入计量相关的步骤。

13.【答案】√

【解析】符合收入确认和计量的相关要求。如某项合同中仅有一项履约义务，则不需要经过将交易价格分摊至各单项履约义务这个步骤。

14.【答案】×

【解析】合同条款所承诺的对价可能是固定金额、可变金额或两者兼有，企业应当根据合同条款并结合以往的习惯做法等确定交易价格。

15.【答案】×

【解析】企业与客户签订合同，向其销售商品并提供安装服务，若该安装服务复杂且商品需要按客户定制要求修改，则合同中销售商品和提供安装服务合并为单项履约义务。

16.【答案】B

【解析】最可能发生的情况是工程延期，因此甲公司确定交易价格时应从合同价款中扣除10万元罚款，故选项B正确。

17.【答案】AC

【解析】甲产品分摊额=10 000/（5 000+2 500+7 500）×5000=3 333（元）；乙产品分摊额=10 000/（5 000+2 500+7 500）×2 500=1 667（元）；丙产品分摊额=10 000/（5 000+2 500+7 500）×7 500=5 000（元）。

18.【答案】×

【解析】二者应作为一项单项履约义务处理。

19.【答案】A

【解析】

①对外捐赠

借：营业外支出　　　　　　120

　　贷：库存商品　　　　　　　　120

②出售原材料

借：其他业务成本　　　　　15

　　贷：原材料　　　　　　　　　15

③行政管理部门领用低值易耗品

借：管理费用　　　　　　　3

　　贷：周转材料——低值易耗品　　3

20.【答案】√

21.【答案】ABC

【解析】负债类科目不涉及减值准备。

22.【答案】×

【解析】合同取得成本是核算企业取得合同发生的、预计能够收回的增量成本。

23.【答案】D

　　【解析】企业已向客户转让商品而有权收取对价的权利，仅仅取决于时间流逝因素，则为无条件收款权，即企业仅仅随着时间的流逝即可收款，应确认为应收账款，应收账款仅承担到期可能收不回来的信用风险。企业已向客户转让商品而有权收取对价的权利，取决于时间流逝之外的其他因素，即不是无条件收款权，该权利除了时间流逝之外，还取决于其他条件，应确认为合同资产，合同资产除信用风险之外，还可能承担如履约风险等其他风险。

24.【答案】×

　　【解析】成本类科目本质上也是资产类科目，也需要设置相应的减值准备科目。

25.【答案】√

26.【答案】×

　　【解析】应收账款代表的是无条件收取合同对价的权利，即企业仅仅随着时间的流逝即可收款。

27.【答案】ACD

　　【解析】在判断客户是否已取得商品控制权时应当考虑的迹象包括：企业就该商品享有现时收款权利，即客户就该商品负有现时付款义务；企业已将该商品的法定所有权转移给客户，即客户已拥有该商品的法定所有权；企业已将该商品实物转移给客户，即客户已占有该商品实物；企业已将该商品所有权上的主要风险和报酬转移给客户，即客户已取得该商品所有权上的主要风险和报酬；客户已接受该商品；其他表明客户已取得商品控制权的迹象。

28.【答案】×

　　【解析】客户占有某项商品实物不一定意味着其一定取得该商品的控制权。

29.【答案】×

　　【解析】企业对于发出的商品，不符合收入确认条件的，应按其实际成本，借记"发出商品"科目，贷记"库存商品"科目。

30.【答案】BD

　　【解析】选项 A，客户极可能获得的现金折扣属于可变对价，极可能发生应从收入中扣除。选项 C，企业销售商品涉及商业折扣的，应当按照扣除商业折扣后的金额确定销售商品收入金额。

31.【答案】√

32.【答案】√

33.【答案】ABCD

34.【答案】√

35.【答案】C

　　【解析】收款金额 = 500×（1+13%）+5−500×1% = 565（万元）。

36.【答案】C

　　【解析】当期主营业务收入金额 =250−45=205（万元）。

37.【答案】ACD

　　【解析】2022 年 12 月 20 日发生销售退回，取得红字增值税专用发票，甲公司的账务处理如下：

借：主营业务收入　　　　　　　　　　　1 000 000

　　应交税费——应交增值税（销项税额）　　130 000

　　　贷：银行存款　　　　　　　　　　　　　　　1 130 000

借：库存商品　　　　　　　　　　　　　520 000

　　　贷：主营业务成本　　　　　　　　　　　　　520 000

38.【答案】√

39.【答案】×

【解析】企业未确认销售收入的发出商品，期末仍属于企业的存货。

40.【答案】C

【解析】甲公司此项业务应确认的销售收入 =300×50%=150（万元）。

41.【答案】AC

【解析】甲公司销售原材料的账务处理如下：

借：银行存款　　　　　　　　　　　　　113

　　　贷：其他业务收入　　　　　　　　　　　　　100

　　　　　应交税费——应交增值税（销项税额）　　13

借：其他业务成本　　　　　　　　　　　90

　　　贷：原材料　　　　　　　　　　　　　　　　90

42.【答案】A

【解析】该项业务对甲公司 2022 年度利润总额的影响金额 =100×（100-60）-100×100×10%=3 000（元）。

43.【答案】C

【解析】采用预收货款方式销售商品，应在发出商品时确认收入；采用委托收款方式销售商品，应在办妥托收手续时确认收入；采用支付手续费委托代销方式销售商品，应在收到代销清单时确认收入。

44.【答案】×

【解析】包含可变对价的交易价格，应当不超过在相关不确定性消除时，累计已确认的收入极可能不会发生重大转回的金额。

45.【答案】ACD

【解析】委托方发出商品时，应按照发出商品的成本记入"发出商品"科目。

46.【答案】A

【解析】收入金额 =20 000×20×（1-10%）×（1-1%）=356 400（元）。

47.【答案】D

【解析】因为甲公司给予了 10% 的商业折扣，2% 的现金折扣，所以应确认的主营业务收入 =200×（1-10%）×（1-2%）=176.4（万元）。增值税 =200×（1-10%）×13%=23.4（万元），乙公司在 20 日内付款，因此甲公司收到的款项 =176.4+23.4=199.8（万元）。

48.【答案】B

【解析】该企业 6 月 1 日应确认收入 =20 000×20×（1-10%）×（1-2%）=352 800（元）。

49.【答案】ABC

【解析】企业向客户销售商品不属于在某一时段内履行履约义务确认收入的条件。

50.【答案】ABC

【解析】发生的成本是采用投入指标确定恰当的履约进度时应考虑的因素。

51.【答案】×

【解析】履约进度不能合理确定时，企业已经发生的成本预计能够得到补偿的，应当按照已经发生的成本金额确认收入。

52.【答案】BCD

【解析】企业可以采用投入的材料数量、花费的人工工时、机器工时、发生的成本和时间进度等投入指标确定恰当的履约进度。实际测量的完工进度是采用产出指标确定恰当的履约进度时应考虑的因素。

53.【答案】√

54.【答案】A

【解析】由于与客户签订的合同可在未来的 12 个月内在该俱乐部健身，且没有次数的限制。因此，甲公司应按月确认收入，即每月收入为 300 元（3 600/12）元。

55.【答案】B

【解析】2022 年 12 月该企业应确认的劳务收入 = 200×60%-80 = 40（万元）。

56.【答案】B

【解析】履约进度 =3 000/（3 000+17 000）=15%；2022 年 12 月 31 日甲公司应确认该项设备的安装收入 =60 000×15%=9 000（元）。

57.【答案】BC

【解析】2022 年 12 月 31 日甲公司应编制确认劳务收入并结转劳务成本的会计分录。2022 年 12 月 31 日甲公司确认的劳务收入 =600 000×70%=420 000（元）。编制会计分录如下：

借：银行存款　　　　　　　　　　　457 800
　　贷：主营业务收入　　　　　　　　　　420 000
　　　　应交税费——应交增值税（销项税额）　37 800
借：主营业务成本　　　　　　　　　280 000
　　贷：合同履约成本　　　　　　　　　　280 000

58.【答案】B

【解析】当履约进度不能合理确定时，企业已经发生的成本预计能够得到补偿的，应当按照已经发生的成本金额确认收入。

59.【答案】AD

【解析】履约进度 =20 000/（20 000+80 000）=20%；劳务收入 =150 000×20%=30 000（元），对营业利润的影响 =30 000-20 000=10 000（元）。

60.【答案】B

【解析】对于在某一时段内履行的履约义务，企业应当在该段时间内按照履约进度确认收入，2021 年应确认的收入 = 合同交易价格总额 × 履约进度 - 以前会计期间累计已确认的收入 =300×60%-

80=100（万元）。

61.【答案】A

【解析】取得合同支付的差旅费、投标费、准备投标资料的费用发生时应计入当期损益。

62.【答案】√

63.【答案】AD

【解析】非正常消耗的原材料，以及履约义务中已履行部分相关的支出，不应作为合同履约成本，应当计入当期损益。

64.【答案】√

65.【答案】ABCD

【解析】企业应当在下列支出发生时，将其计入当期损益：管理费用，除非这些费用明确由客户承担；非正常消耗的直接材料、直接人工和制造费用（或类似费用），这些支出为履行合同发生，但未反映在合同价格中；与履约义务中已履行（包括已全部履行或部分履行）部分相关的支出，即该支出与企业过去的履约活动相关；无法在尚未履行的与已履行（或部分履行）的履约义务之间区分的相关支出。

66.【答案】A

【解析】按照新收入准则的要求，企业在向客户转让商品或提供劳务之前，已经收到或已经取得无条件收取合同对价权利的金额，应记入合同负债的贷方。

67.【答案】BCD

【解析】甲公司 2022 年 12 月应编制的会计分录如下：

（1）确认 12 月的折旧和摊销费

借：合同履约成本	185 000	
贷：累计折旧		120 000
累计摊销		65 000

（2）确认 12 月的收入

不含税收入 =424 000/（1+6%）=400 000（元）

借：银行存款	424 000	
贷：主营业务收入		400 000
应交税费——应交增值税（销项税额）		24 000
借：主营业务成本	185 000	
贷：合同履约成本		185 000

68.【答案】×

【解析】对于尚未向客户履行转让商品的义务而已收或应收客户对价中的增值税部分，不应确认为合同负债。

69.【答案】C

【解析】销售佣金等预期可通过未来的相关服务收入予以补偿（即增量成本），应在发生时确认为一项资产，即合同取得成本。

[第二节考点子题答案与解析]

1. 【答案】D

   【解析】甲公司应确认的营业利润 =30 000×（1-10%）-20 000=7 000（元）。

2. 【答案】B

   【解析】库存商品盘亏净损失和火灾导致原材料毁损净损失，如果是管理不善造成的，应计入管理费用；如果是自然灾害造成的，应计入营业外支出。向灾区捐赠的商品成本应计入营业外支出。

3. 【答案】AC

   【解析】出售固定资产产生的净损失应计入资产处置损益，因违约支付的赔偿款应计入营业外支出。

4. 【答案】ABCD

5. 【答案】D

   【解析】固定资产报废净损失应计入营业外支出，支付的印花税应计入税金及附加，预计产品质量保证损失应计入销售费用。

6. 【答案】ACD

   【解析】增值税不计入"税金及附加"科目。

7. 【答案】AC

   【解析】由受托方代收代缴的委托加工继续用于生产应纳消费税的商品负担的消费税，应计入"应交税费——应交消费税"科目，一般纳税人进口原材料交纳的增值税，应计入"应交税费——应交增值税（进项税额）"科目。

8. 【答案】D

   【解析】房产税、城镇土地使用税和城市维护建设税均应计入"税金及附加"科目，连同土地使用权一并清理的房屋建筑物应交的土地增值税，应记入"固定资产清理"科目。

9. 【答案】CD

   【解析】制造企业转让自用房产应交纳的土地增值税应计入"固定资产清理"，交通运输企业提供运输服务应交纳的增值税应计入"应交税费——应交增值税"。

10. 【答案】B

    【解析】企业筹建期间发生的不符合资本化条件的长期借款利息计入管理费用，选项 B 正确。

11. 【答案】A

    【解析】银行承兑汇票支付的银行手续费计入财务费用，选项 A 正确。

12. 【答案】√

13. 【答案】ABD

    【解析】管理部门机器设备的折旧费用计入管理费用，出借包装物的摊销修理费用计入销售费用，汇兑损益计入财务费用，因违约支付的赔偿款计入营业外支出。

14. 【答案】AC

    【解析】发生的商业折扣直接冲减入账价值，企业取得交易性金融资产时支付的相关税费计入投资收益。

15. 【答案】A

【解析】该企业当期的管理费用总额 = 60+10 = 70（万元）。

16.【答案】ACD

【解析】购买交易性金融资产手续费应计入投资收益。

17.【答案】C

【解析】计提的坏账准备计入信用减值损失，出租无形资产的摊销额计入其他业务成本，处置固定资产的净损失计入资产处置损益或营业外支出。

18.【答案】C

【解析】随同商品出售且单独计价的包装物成本计入其他业务成本。

19.【答案】BD

【解析】销售商品发生的销售退回直接冲减退回当月的收入及成本等，销售商品发生的商业折扣冲减商品销售收入。

20.【答案】B

【解析】计提车间管理用固定资产的折旧费和车间管理人员的工资费用应计入制造费用，发生的销售折让应冲减主营业务收入。

21.【答案】ACD

【解析】转销确实无法支付的应付账款应计入营业外收入。

〔第三节考点子题答案与解析〕

1.【答案】D

【解析】本期净利润 =800−650+200−150−55−20−5−10−5−5−30+12+30+5+5−5−30=87（万元）。

2.【答案】A

【解析】确认所得税费用影响净利润不影响利润总额；固定资产盘盈批准前计入以前年度损益调整，批准后调整留存收益，不影响利润总额；代扣代缴的个人所得税从应付职工薪酬中扣减，不影响利润总额。

3.【答案】AD

【解析】所得税费用影响净利润不影响营业利润；营业外支出影响利润总额不影响营业利润。

4.【答案】B

【解析】自然灾害处置固定资产净收益应计入营业外收入。

5.【答案】ABD

【解析】公益性捐赠支出应计入营业外支出。

6.【答案】ABD

【解析】接受公益性捐赠利得应计入营业外收入。

7.【答案】ABCD

【解析】出售商品的成本计入主营业务成本，销售材料的成本、出租非专利技术的摊销额和出租设备计提的折旧额应计入其他业务成本。

8.【答案】D

【解析】净利润 =（4 100+60−20）×（1−25%）=3 105（万元）。

9. 【答案】A

【解析】营业利润 = 营业收入 − 营业成本 − 税金及附加 − 销售费用 − 管理费用 − 研发费用 − 财务费用 + 其他收益 + 投资收益（- 投资损失）+ 净敞口套期收益（- 净敞口套期损失）+ 公允价值变动收益（- 公允价值变动损失）− 信用减值损失 − 资产减值损失 + 资产处置收益（- 资产处置损失）

10. 【答案】×

【解析】营业外支出是企业发生的与其日常活动无直接关系的各项损失，它不需要与营业外收入进行配比。

11. 【答案】A

【解析】固定资产出租收入应计入其他业务收入；固定资产盘盈批准前计入以前年度损益调整，批准后调整留存收益；存货盘盈批准前计入待处理财产损溢，批准后冲减管理费用。

12. 【答案】C

【解析】将自产产品对外捐赠视同销售，因此应计入营业外支出的金额 =20 000+25 000 × 13% = 23 250（元）。

13. 【答案】B

【解析】盘亏材料若属于一般经营损失，应做进项税额转出，因此应计入当期损益的金额 =270 000 ×（1+13%）= 305 100（元）。

14. 【答案】D

【解析】结转售出材料的成本应计入其他业务成本；采购原材料运输途中合理损耗应计入原材料成本；管理不善导致的原材料盘亏应计入管理费用。

15. 【答案】B

【解析】因自然灾害造成的财产损失，不用做进项税额转出，因此应计入营业外支出的金额 =250−80=170（万元）。

16. 【答案】B

【解析】营业外支出反映企业发生的除营业利润以外的支出，主要包括公益性捐赠支出、非常损失、盘亏损失、非流动资产毁损报废损失等。出售非专利技术净损失 20 万元计入资产处置损益，则该企业 2021 年 9 月计入营业外支出的金额为 8+3=11（万元）。综上所述，选 B。

17. 【答案】×

【解析】所得税费用 = 当期所得税 +（递延所得税负债期末余额 - 递延所得税负债期初余额）−（递延所得税资产期末余额 − 递延所得税资产期初余额）。

18. 【答案】C

【解析】超标的广告费支出、超过税法规定标准的职工薪酬和税收滞纳金支出均需要做纳税调增。

19. 【答案】B

【解析】该企业 2022 年度所得税费用 =（1 800−200+6）×25% = 401.5（万元）。

20. 【答案】D

【解析】2022 年所得税费用金额 =800×25%+80−（-40）=320（万元）。

21. 【答案】D

【解析】代扣代缴个人所得税从应付职工薪酬中扣减，不影响利润表"所得税费用"项目金额。

22.【答案】ABCD

【解析】ABD 均需纳税调增，C 需纳税调减。

23.【答案】√

24.【答案】√

25.【答案】×

【解析】年度终了，无论企业盈利还是亏损均需将"本年利润"科目累计余额转入"利润分配——未分配利润"科目。

26.【答案】ACD

【解析】与"表结法"相比，"账结法"增加了转账环节和相应的工作量。

27.【答案】×

【解析】企业用税前或税后利润弥补以前年度的亏损，不需要进行专门的账务处理。如果企业用盈余公积补亏就需要进行相应的账务处理。

28.【答案】ACD

【解析】账结法下，每月月末均需编制转账凭证，将在账上结计出的各损益类科目的余额结转入"本年利润"科目，制造费用属于成本类。

第 8 章

财务报告

（★★☆）

本章主题

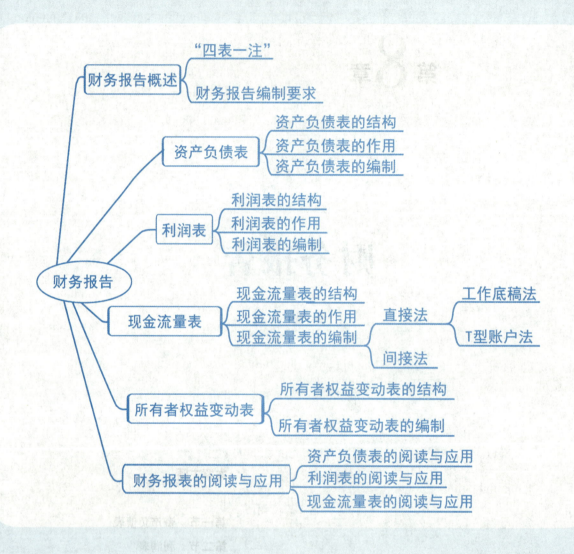

第8章

- 财务报告
  - 财务报告概述
    - "四表一注"
    - 财务报告编制要求
  - 资产负债表
    - 资产负债表的结构
    - 资产负债表的作用
    - 资产负债表的编制
  - 利润表
    - 利润表的结构
    - 利润表的作用
    - 利润表的编制
  - 现金流量表
    - 现金流量表的结构
    - 现金流量表的作用
    - 现金流量表的编制
      - 直接法
        - 工作底稿法
        - T型账户法
      - 间接法
  - 所有者权益变动表
    - 所有者权益变动表的结构
    - 所有者权益变动表的编制
  - 财务报表的阅读与应用
    - 资产负债表的阅读与应用
    - 利润表的阅读与应用
    - 现金流量表的阅读与应用

第一节 资产负债表

考点 8-1：资产负债表的结构（★★☆）

资产负债表是反映企业在某一特定日期的财务状况的报表，是对企业特定日期的资产、负债和所有者权益的结构性表述。它反映企业在某一特定日期所拥有或控制的经济资源、所承担的现时义务和所有者对净资产的要求权。

◆ 【考点题源】资产负债表及结构

反映内容：财务状况（资产、负债、所有者权益）

反映时间：特定日期（静态）

理论依据：资产 = 负债 + 所有者权益

报表格式：报告式和账户式，我国采用的是账户式结构

项目排列：按照流动性

特殊项目：高危行业企业如有按国家规定提取安全生产费的，应在所有者权益项下增设"专项储备"项目

资产负债表

编制单位：　　　　　　　　　年　月　日　　　　　　　　　单位：元

资产	期末余额	年初余额	负债和所有者权益（或股东权益）	期末余额	年初余额
流动资产：			流动负债：		
流动资产合计			**流动负债合计**		
非流动资产：			非流动负债：		
			非流动负债合计		
			负债合计		
			所有者权益（或股东权益）：		
非流动资产合计					
			所有者权益（或股东权益）合计		
资产总计			**负债和所有者权益（或股东权益）总计**		

【判断金句】（1）不管采用什么格式的资产负债表，资产各项目的合计一定等于负债和所有者权益各项目的合计。（　　）

🍀【考点子题——真枪实练，有的放矢】

1.（多选题）下列各项中，可以通过资产负债表反映的有（　　）。

　　A.某一时点的财务状况　　　　　　　B.某一时点的偿债能力

　　C.某一期间的经营成果　　　　　　　D.某一期间的获利能力

2.（判断题）资产负债表是总括反映企业特定期间资产、负债和所有者权益情况的动态报表。（　　）

3.（单选题）下列各项中，不属于资产负债表中非流动资产项目的是（　　）。

　　A.债权投资　　　　B.持有待售资产　　　C.开发支出　　　D.固定资产

4.（多选题）下列各项中，应列示在资产负债表中负债项目的有（　　）。

　　A.递延收益　　　　B.其他综合收益　　　C.预付款项　　　D.预收款项

5.（判断题）账户式资产负债表是上下结构，上半部分列示资产各项目，下半部分列示负债和所有者权益各项目。（　　）

6.（判断题）不管是账户式资产负债表还是报告式资产负债表，资产各项目的合计等于负债和所有者权益各项目的合计这一等式不变。（　　）

第8章

7.（单选题）资产负债表内各项目排列的依据是（ ）。

    A. 项目的货币性   B. 项目金额的大小   C. 项目的流动性   D. 相关法规

8.（单选题）高危行业企业如有按国家规定提取安全生产费的，应计入的报表项目是（ ）。

    A. 盈余公积   B. 专项储备   C. 其他综合收益   D. 其他应付款

9.（单选题）下列各项中，应列示在资产负债表中流动负债项目的是（ ）。

    A. 租赁负债   B. 衍生金融负债   C. 预付款项   D. 预计负债

10.（多选题）下列各项中，属于所有者权益项目的有（ ）。

    A. 其他权益工具   B. 专项储备   C. 其他综合收益   D. 其他权益工具投资

考点 8-2： 资产负债表的编制（★★★）

◆【考点母题——万变不离其宗】资产负债表的编制方法

（1）下列项目中，需要根据总账科目余额填列的有（ ）。
①根据总账科目余额直接填列的有（ ）。
A. 短期借款   B. 实收资本   C. 资本公积   D. 盈余公积等
②根据总账科目余额之和填列的有（ ）。
A. 货币资金【＝"库存现金"＋"银行存款"＋"其他货币资金"期末借方余额之和】 B. 其他应付款【＝"应付股利"＋"应付利息"＋"其他应付款"期末贷方余额之和】
（2）下列项目中，需根据明细账科目余额计算填列的有（ ）。
A. 应付账款【＝"应付账款"和"预付账款"所属明细科目期末贷方余额之和】 **B. 预付款项**【＝"应付账款"和"预付账款"所属明细科目期末借方余额之和－坏账准备】 **C. 应收账款**【＝"应收账款"和"预收账款"所属明细科目期末借方余额之和－坏账准备】 **D. 预收款项**【＝"应收账款"和"预收账款"所属明细科目期末贷方余额之和】 **E. 开发支出**【＝"研发支出"所属"资本化支出"明细科目期末余额计算】 **F. 应付职工薪酬**【＝"应付职工薪酬"所属明细科目期末余额计算】 **G. 一年内到期的非流动资产（非流动负债）**【＝根据有关非流动资产（非流动负债）项目的明细科目余额计算】
（3）下列项目中，需要根据总账科目和明细账科目余额分析计算填列的有（ ）。

续表

A. **长期借款**【＝"长期借款"总账余额扣除"长期借款"所属的明细账中将在一年内到期且企业不能自主地将清偿义务展期的长期借款后的金额计算列（一年内到期的非流动负债）】

B. **其他非流动资产（非流动负债）**【＝根据有关科目的期末余额减去将于一年内（含一年）收回数后（到期偿还数后）的金额计算填列（一年内到期的非流动资产或非流动负债）】

C. **交易性金融资产**【＝"交易性金融资产"总账余额扣除自资产负债表日起超过一年到期且预期持有超过一年的以公允价值计量且其变动计入当期损益的非流动金融资产的期末账面价值计算填列（其他非流动金融资产）】

D. **长期待摊费用**【＝"长期待摊费用"期末余额减去将于一年内（含一年）摊销的数额后的金额分析填列。但长期待摊费用的摊销年限只剩一年或不足一年的，或预计在一年内（含一年）进行摊销的部分，不得归类为流动资产，仍在各该非流动资产项目中填列，不转入"一年内到期的非流动资产"项目】

（4）下列项目中，需要根据有关科目余额减去其备抵科目余额后的净额填列的有（　　）。

A. **应收票据**【＝"应收票据"期末余额－坏账准备】

B. **其他应收款**【＝"应收股利""应收利息""其他应收款"期末借方余额之和－坏账准备】

C. **长期股权投资**【＝"长期股权投资"期末借方余额－"长期股权投资减值准备"期末贷方余额】

D. **固定资产**【＝"固定资产"期末借方余额－"累计折旧"和"固定资产减值准备"期末贷方余额±"固定资产清理"期末余额】

E. **在建工程**【＝"在建工程"期末借方余额－"在建工程减值准备"期末贷方余额＋"工程物资"期末借方余额－"工程物资减值准备"期末贷方余额】

F. **无形资产**【＝"无形资产"期末借方余额－"累计摊销"和"无形资产减值准备"期末贷方余额】

G. **投资性房地产（采用成本模式计量）**【＝"投资性房地产"期末借方余额－"投资性房地产累计折旧"和"投资性房地产减值准备"期末贷方余额】

（5）下列各项中，需要综合运用上述方法填列的是（　　）。

A. **存货**【＝"原材料""库存商品""委托加工物资""周转材料""材料采购""在途物资""发出商品""材料成本差异"等总账科目期末余额的分析汇总数，再减去"存货跌价准备"备抵科目余额后的净额填列（受托代销商品－受托代销商品款）】

【判断金句】（6）同一合同下的合同资产和合同负债应当以净额列示，其中净额为借方余额的，应当根据其流动性在"合同资产"或"其他非流动资产"项目中填列，已计提减值准备的，还应减去"合同资产减值准备"科目中相关的期末余额后的金额填列；其中净额为贷方余额的，应当根据其流动性在"合同负债"或"其他非流动负债"项目中填列。（　　）

♣【考点子题——举一反三，真枪实练】

11.（单选题）下列资产负债表项目中，可根据总账余额直接填列的是（　　）。

　　A. 交易性金融资产　　B. 短期借款　　C. 应收票据　　D. 长期借款

12.（判断题）资产负债表中的"无形资产"项目是根据"研发支出"科目中所属的资本化支出明细科目的期末余额计算填列的。（　　）

13. （单选题）某企业应收账款总账科目月末借方余额 800 万元，其中：应收 A 公司账款明细科目借方余额 900 万元，应收 B 公司账款明细科目借方余额 300 万元，应收 C 公司账款明细科目贷方余额 400 万元。预收账款总账科目月末贷方余额 4 000 万元，其中：预收甲公司账款明细科目贷方余额 6 000 万元，预收乙公司账款明细科目借方余额 2 000 万元。与应收账款有关的坏账准备明细科目贷方余额为 200 万元，与其他应收款有关的坏账准备明细科目贷方余额为 50 万元。该企业月末资产负债表中"应收账款"项目的金额为（　）万元。

A.2 600　　　　　B.1 200　　　　　C.3 000　　　　　D.2 950

14. （单选题）某企业 2020 年 4 月 1 日从银行借入期限为 3 年的长期借款 400 万元，2022 年 12 月 31 日编制资产负债表时，此项借款应填列的报表项目是（　）。

A. 短期借款　　　　　　　　　　B. 长期借款

C. 其他长期负债　　　　　　　　D. 一年内到期的非流动负债

15. （判断题）企业年末资产负债表中的"未分配利润"项目的金额一定等于"利润分配"科目的年末余额。（　）

16. （单选题）某企业期末"工程物资"科目的借方余额为 100 万元，"发出商品"科目的借方余额为 80 万元，"在建工程"科目的借方余额为 100 万元，"在建工程减值准备"科目的贷方余额为 10 万元，"存货跌价准备"科目贷方余额为 5 万元。假定不考虑其他因素，该企业资产负债表中"在建工程"项目的金额为（　）万元。

A.170　　　　　B.190　　　　　C.265　　　　　D.275

17. （多选题）下列会计科目的期末余额，应当列入资产负债表"存货"项目的有（　）。

A. 代修品　　　B. 发出商品　　　C. 存货跌价准备　　　D. 材料成本差异

18. （判断题）资产负债表中的"长期借款"项目，应根据"长期借款"总账科目余额直接填列。（　）

19. （单选题）某企业应付账款总账科目月末贷方余额 5 000 万元，其中：应付 A 公司账款明细科目贷方余额 8 000 万元，应付 B 公司账款明细科目借方余额 3 000 万元。预付账款总账科目月末借方余额 4 000 万元，其中：预付 C 公司账款明细科目借方余额 5 000 万元，预付 D 公司账款明细科目贷方余额 1 000 万元。与预付账款有关的坏账准备明细科目贷方余额为 500 万元。该企业月末资产负债表中"应付账款"项目的金额为（　）万元。

A.9 000　　　　　B.8 000　　　　　C.5 000　　　　　D.7 000

20.（单选题）2022 年 12 月 31 日，甲公司"固定资产"科目借方余额为 5 000 万元，"累计折旧"科目贷方余额为 2 000 万元，"固定资产减值准备"科目贷方余额为 500 万元，"固定资产清理"科目贷方余额为 500 万元，则 2022 年 12 月 31 日，甲公司资产负债表中"固定资产"项目的列报金额为（　）万元。

  A.5 000   B.2 000   C.2 500   D.3 000

21.（判断题）资产负债表中的"交易性金融资产"项目应根据其总账科目余额进行填列。（　）

22.（判断题）同一合同下的合同资产和合同负债应当以净额列示，其中净额为贷方余额的，应当根据其流动性在"合同负债"或"其他非流动负债"项目中填列。（　）

23.（历年真题·多选题）资产负债表下列各项目中，应根据有关科目余额减去备抵科目余额后的净额填列的有（　）。

  A.存货   B.无形资产   C.应收票据   D.长期股权投资

24.（历年真题·多选题）下列各项中，应在资产负债表"预付款项"项目列示的有（　）。

  A."应付账款"科目所属明细账科目的借方余额

  B."应付账款"科目所属明细账科目的贷方余额

  C."预付账款"科目所属明细账科目的借方余额

  D."预付账款"科目所属明细账科目的贷方余额

25.（历年真题·单选题）关于资产负债表"预收款项"项目的填列方法，下列表述正确的是（　）。

  A.根据"预收账款"科目的期末余额填列

  B.根据"预收账款"和"应收账款"科目所属各明细科目的期末贷方余额合计数填列

  C.根据"预收账款"和"预付账款"科目所属各明细科目的期末借方余额合计数填列

  D.根据"预收账款"和"应付账款"科目所属各明细科目的期末贷方余额合计数填列

第二节 利润表

考点8-3：利润表的结构（★★☆）

利润表，又称损益表，是反映企业在一定会计期间的经营成果的报表，是对企业一定会计期间经营业绩的系统总结。

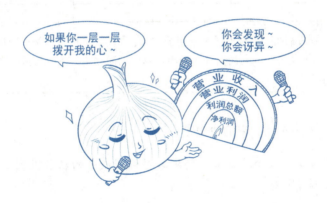

◆◆◆【考点题源】利润表及结构

反映内容：经营成果
反映时间：一定期间（动态）
理论依据：收入（广义）－费用（广义）＝利润
报表格式：单步式和多步式，我国采用的是多步式结构

续表

利润表

编制单位：　　　　　　　　　　　年　　　月　　　　　　　　单位：元

项目	本期金额	上期金额
一、营业收入		
减：营业成本		
……		
加：其他收益		
……		
二、营业利润（亏损以"－"号填列）		
加：营业外收入		
减：营业外支出		
三、利润总额（亏损总额以"－"号填列）		
减：所得税费用		
四、净利润（净亏损以"－"号填列）		
五、其他综合收益的税后净额		
六、综合收益总额		
七、每股收益		

【判断金句】（1）多步式利润表可以通过对当期的收入、费用、支出项目按性质加以归类，按利润形成的主要环节列示一些中间性利润指标，分步计算当期净损益，便于财务报表使用者理解企业经营成果的不同来源。（　　）

【考点子题——真枪实练，有的放矢】

1.（判断题）利润表是反映企业在某一特定日期经营成果的动态报表，其编制的原理是"收入－费用＝利润"的会计平衡公式。（　　）

2.（判断题）通过利润表，可以考核企业一定会计期间的经营成果，分析企业的盈利能力及未来发展趋势。（　　）

3.（判断题）单步式利润表可以通过对当期的收入、费用、支出项目按性质加以归类，按利润形成的主要环节列示一些中间性利润指标，分步计算当期净损益，便于财务报表使用者理解企业经营成果的不同来源。（　　）

4.（判断题）我国企业的利润表采用多步式格式。（　　）

考点 8-4： 利润表的编制（★★★）

◆【考点母题——万变不离其宗】利润表的编制方法

下列关于利润表编制的说法中，表述正确的有（　　）。
A. 利润表中"上期金额"栏应根据上年该期利润表的"本期金额"栏内所列数字填列 B. 利润表中"本期金额"栏除"基本每股收益"和"稀释每股收益"项目外，应当按照相关科目的发生额分析填列
【注意】 （1）"研发费用"项目应根据"管理费用"科目下的"研发费用"明细科目的发生额以及"管理费用"科目下"无形资产摊销"明细科目的发生额分析填列。 （2）企业作为个人所得税的扣缴义务人，根据个人所得税法规定，收到的扣缴税款手续费，应作为其他与日常活动相关的收益在"其他收益"项目中列报。

❀【考点子题——举一反三，真枪实练】

5.（单选题）某企业 2022 年主营业务收入科目贷方发生额是 1 000 万元，借方发生额为 50 万元（系 11 月份发生的购买方退货），发生现金折扣 50 万元，其他业务收入科目贷方发生额为 100 万元，其他业务成本科目借方发生额为 80 万元，则企业利润表中"营业收入"项目应填列的金额为（　　）万元。

　　A.1 000　　　　　　B.1 050　　　　　　C.1 100　　　　　　D.1 070

6.（单选题）下列各项中，不应在利润表"营业收入"项目列示的是（　　）。

　　A. 出售固定资产收入　　　　　　　B. 设备安装劳务收入

　　C. 代制品销售收入　　　　　　　　D. 固定资产出租收入

7.（多选题）下列各项中，应列入利润表"营业成本"项目的有（　　）。

　　A. 销售材料成本　　　　　　　　　B. 无形资产处置净损失

　　C. 固定资产盘亏净损失　　　　　　D. 出租固定资产折旧费

8.（多选题）下列各项中，影响企业营业利润的有（　　）。

　　A. 财务费用　　　B. 所得税费用　　　C. 营业外支出　　　D. 投资收益

9.（单选题）乙公司 2022 年度各项资产发生减值损失如下：存货减值损失合计 85 万元，坏账损失合计 15 万元，固定资产减值损失合计 174 万元，无形资产减值损失合计 26 万元，则乙公司 2022 年度利润表中"资产减值损失"项目的列报金额为（　　）万元。

　　A.100　　　　　　　B.274　　　　　　　C.285　　　　　　　D.300

10.（单选题）某企业 2022 年 2 月主营业务收入为 100 万元，主营业务成本为 80 万元，管理费用为 5 万元，资产减值损失为 2 万元，投资收益为 10 万元。假定不考虑其他因素，该企业当月的营业利润为（　　）万元。

A.13　　　　　　　　B.15　　　　　　　　C.18　　　　　　　　D.23

11.（判断题）利润表各项目均需填列"本期金额"和"上期金额"两栏。其中"上期金额"栏内各项数字，应根据上年该期利润表的"本期金额"栏内所列数字填列。"本期金额"栏内各期数字，除"基本每股收益"和"稀释每股收益"项目外，应当按照相关科目的发生额分析填列。（　　）

12.（判断题）利润表中的"研发费用"项目就是根据"管理费用"科目下的"研发费用"明细科目的发生额分析填列。（　　）

13.（判断题）企业作为个人所得税的扣缴义务人，根据个人所得税法规定，收到的扣缴税款手续费，应作为其他与日常活动相关的收益在"其他收益"项目中列报。（　　）

第三节 现金流量表

考点 8-5： 现金流量表概述（ ★☆☆ ）

现金流量表是指反映企业在一定会计期间现金和现金等价物的流入和流出的报表。

◆【考点母题——万变不离其宗】现金流量表概述

下列关于现金流量表的表述中，正确的有（ ）。		
现　金	A. 库存现金和可以随时用于支付的存款（不含不能随时支取的定期存款）	
现金等价物	A. 期限短、流动性强、易于转换为已知金额现金、价值变动风险很小的投资 B. 三个月内到期的债券投资	
经营活动现金流量	现金流入	A. 销售商品、提供劳务收到的现金 B. 收到的税费返还 C. 收到其他与经营活动有关的现金
	现金流出	A. 购买商品、接受劳务支付的现金 B. 支付给职工以及为职工支付的现金 C. 支付的各项税费 D. 支付其他与经营活动有关的现金
属于投资活动	现金流入	A. 收回投资收到的现金 B. 取得投资收益收到的现金 C. 处置子公司及其他营业单位收到的现金净额 D. 处置固定资产、无形资产和其他长期资产收回的现金净额 E. 收到其他与投资活动有关的现金

续表

属于投资活动	现金流出	A.购建固定资产、无形资产和其他长期资产支付的现金 B.投资支付的现金 C.取得子公司及其他营业单位支付的现金净额 D.支付的其他与投资活动有关的现金
属于筹资活动	现金流入	A.吸收投资收到的现金 B.取得借款收到的现金 C.收到的其他与筹资活动有关的现金
	现金流出	A.偿还债务支付的现金 B.分配股利、利润或偿付利息支付的现金 C.支付其他与筹资活动有关的现金

现金流量表

编制单位：　　　　　　　　　　年　　月　　　　　　　　　　单位：元

项目	本期金额	上期金额
一、经营活动产生的现金流量：		
经营活动现金流入小计		
经营活动现金流出小计		
经营活动产生的现金流量净额		
二、投资活动产生的现金流量		
投资活动现金流入小计		
投资活动现金流出小计		
投资活动产生的现金流量净额		
三、筹资活动产生的现金流量		
筹资活动现金流入小计		
筹资活动现金流出小计		
筹资活动产生的现金流量净额		
四、汇率变动对现金及现金等价物的影响		
五、现金及现金等价物净增加额		
六、期末现金及现金等价物余额		

【考点子题——真枪实练，有的放矢】

1.（多选题）制造企业发生的下列现金收支中，属于投资活动现金流量的有（　　）。

　　A.吸收投资收到的现金　　　　　　　B.支付的债券利息

　　C.转让债券投资收到的现金　　　　　D.收到的现金股利

2.（多选题）下列各项现金收支中，应作为企业经营活动现金流量进行列报的有（　　）。

　　A.销售产品收到的现金　　　　　　　B.购买原材料支付的现金

　　C.支付给生产工人的工资　　　　　　D.购买生产用设备支付的现金

3.（多选题）下列各项现金收支中，应作为企业筹资活动现金流量进行列报的有（　　）。

　　A.预收的商品销售款　　　　　　　　B.支付的现金股利

　　C.购买固定资产支付的现金　　　　　D.支付的借款利息

4. （多选题）下列各项现金收支中，属于工业企业经营活动现金流量的有（　　）。

A. 偿还银行借款　　B. 缴纳企业所得税　　C. 收到商品销售款　　D. 收到现金股利

5. （多选题）工业企业发生的下列现金收支中，属于筹资活动现金流量的有（　　）。

A. 向银行借款收到的现金　　　　　　B. 债券投资收到的利息

C. 发放现金股利　　　　　　　　　　D. 转让股票投资收到的现金

考点 8-6：　现金流量表补充资料（★★☆）

◆ 【考点题源】现金流量表补充资料

将净利润调节为经营活动现金流量，应在净利润的基础上调整的项目有（　　）。		
非付现经营费用 +	资产减值准备 +	
	信用损失准备 +	
	固定资产折旧、生产性生物资产折旧 +	
	无形资产的摊销 +	
	长期待摊费用摊销 +	
非经营活动的损失 +/ 收益 –	处置固定资产、无形资产和其他长期资产的损失 +/ 收益 -	
	固定资产报废损失 +/ 收益 -	
	公允价值变动损失 +/ 收益 -	
	财务费用 +/ 收益 -	
	投资损失 +/ 收益 -	
经营性项目的增减变动	递延所得税资产减少 +（增加 -）	
	递延所得税负债增加 +（减少 -）	
	存货减少 +（增加 -）	
	经营性应收项目的减少 +（增加 -）	
	经营性应付项目的增加 +（减少 -）	

♣【考点子题——举一反三，真枪实练】

6. （多选题）企业编制现金流量表将净利润调节为经营活动现金流量时，下列各项中，属于在净利润的基础上调整增加的项目有（　　）。

A. 无形资产摊销　　　　　　　　　　B. 存货的增加

C. 公允价值变动收益　　　　　　　　D. 资产减值损失

7.（单选题）甲公司为增值税一般纳税人，2022年度甲公司主营业务收入为1 000万元，增值税销项税额为130万元；应收账款期初借方余额100万元，期末借方余额150万元；预收账款期初贷方余额50万元，期末贷方余额90万元。不考虑其他因素，甲公司2022年度现金流量表中"销售商品、提供劳务收到的现金"项目的金额为（　　）万元。

A.1 120　　　　　　　B.1 160　　　　　　　C.1 140　　　　　　　D.1 260

8.（单选题）在采用间接法将净利润调节为经营活动现金流量时，下列各调整项目中，属于调减项目的是（　　）。

A.公允价值变动收益　　　　　　　B.递延所得税负债增加

C.固定资产报废损失　　　　　　　D.信用损失准备

9.（单选题）甲公司2022年度用银行存款购买原材料48 000万元；支付上年的应付账款12 000万元；购买原材料预付货款15 000万元；当期因购货退回现金6 000万元。不考虑其他因素，甲公司2022年度现金流量表中"购买商品、接受劳务支付的现金"项目的金额为（　　）万元。

A.63 000　　　　　　　B.69 000　　　　　　　C.75 000　　　　　　　D.57 000

第四节　所有者权益变动表

考点 8-7：所有者权益变动表的结构（★☆☆）

所有者权益变动表，是指反映构成所有者权益各组成部分当期增减变动情况的报表。

◆【考点题源】所有者权益变动表及结构

反映内容：所有者权益各组成项目增减变动结果及成因

反映时间：一定期间（动态）

报表格式：以矩阵形式列示（纵向：所有者权益变动的来源，横向：对所有者权益各组成项目影响的结果）

纵向结构：上年年末余额 + 会计政策变更、前期差错更正及其他变动 = 本年年初余额
本年年初余额 + 本年增减变动金额 = 本年年末余额

横向结构：实收资本（或股本）+ 其他权益工具 + 资本公积 - 库存股 + 其他综合收益 + 未分配利润 = 所有者权益合计

第 8 章

续表

所有者权益变动表

编制单位：　　　　　　　　　年　　月　　　　　　　　单位：元

项目	本年金额										上年金额
	实收资本	资本公积	减：库存股	其他综合收益	专项储备	盈余公积	未分配利润	分利	所有者益计	有权合	
一、上年年末余额											
加：会计政策变更											
前期差错更正											
二、本年年初余额											
三、本年增减变动金额											
四、本年年末余额											

◆ **【考点母题——万变不离其宗】所有者权益变动表单独列示的项目**

下列各项中，需要在所有者权益变动表中单独列示反映的项目有（　　）。

A. 综合收益总额

B. 会计政策变更和差错更正的累积影响金额

C. 所有者投入资本和向所有者分配利润等

D. 提取的盈余公积

E. 实收资本、其他权益工具、资本公积、其他综合收益、专项储备、盈余公积、未分配利润的期初和期末余额及其调节情况

【考点子题——真枪实练，有的放矢】

1.（判断题）我国企业的所有者权益变动表采用的结构与资产负债表一致，都属于账户式结构。（　　）

2.（多选题）下列各项中，在年末资产负债表和年度所有者权益变动表中均有项目反映并且年末金额相等的有（　　）。

　A. 净利润　　　　　　B. 资本公积　　　　　C. 盈余公积　　　　　D. 未分配利润

3.（历年真题·判断题）所有者权益变动表能够反映所有者权益各组成部分当期增减变动情况，有助于报表使用者理解所有者权益增减变动的原因。（　　）

4.（历年真题·多选题）下列各项中，属于所有者权益变动表单独列示的项目有（　　）。

　A. 提取盈余公积　　B. 综合收益总额　　C. 净利润　　　　　　D. 资本公积转增资本

5.（历年真题·单选题）所有者权益变动表中单独列示的项目是（　　）。

　A. 营业利润　　　　B. 净利润　　　　　C. 利润总额　　　　　D. 综合收益总额

考点8-8：所有者权益变动表的编制（★☆☆）

◆【考点母题——万变不离其宗】所有者权益变动表的编制方法

下列关于所有者权益变动表编制的说法中，表述正确的有（　）。

A. 所有者权益变动表中"上年金额"栏应根据上年度所有者权益变动表"本年金额"栏内所列数字填列。上年度所有者权益变动表规定的各个项目的名称和内容同本年度不一致的，应对上年度所有者权益变动表各项目的名称和数字按照本年度的规定进行调整，填入所有者权益变动表的"上年金额"栏内

B. 所有者权益变动表中"本年金额"栏应根据"实收资本（或股本）""其他权益工具""资本公积""库存股""其他综合收益""专项储备""盈余公积""利润分配""以前年度损益调整"科目的发生额分析填列

【注意】企业的净利润及其分配情况作为所有者权益变动的组成部分，不需要单独编制利润分配表列示。

♧【考点子题——举一反三，真枪实练】

6. （判断题）企业在编制年报时，所有者权益变动表"未分配利润"栏目的本年年末余额，应当与资产负债表"未分配利润"项目的年末余额相等。（　）

7. （判断题）所有者权益变动表中"综合收益总额"项目，反映企业净利润和其他综合收益所得税前金额相加后的合计金额。（　）

8. （判断题）对于上年度所有者权益变动表规定的各个项目的名称和内容同本年度不一致的，应对上年度所有者权益变动表各项目的名称和数字按照本年度的规定进行调整，调整后再填入所有者权益变动表的"上年金额"栏内。（　）

9. （判断题）所有者权益变动表中"所有者投入的普通股"项目，仅反映企业接受投资者投入形成的实收资本（或股本），并对应列在"实收资本（或股本）"栏。（　）

10. （多选题）下列科目中，所有者权益变动表"本年金额"栏内各项数字应根据其发生额分析填列的有（　）。

   A. 以前年度损益调整　　　B. 库存股　　　C. 盈余公积　　　D. 利润分配

11. （单选题）下列各项中，不在"所有者权益变动表"中单独列示的是（　）。

   A. 资本公积转增资本（或股本）　　　　B. 公允价值变动收益

   C. 盈余公积弥补亏损　　　　　　　　　D. 其他综合收益结转留存收益

12. （判断题）企业的净利润及其分配情况作为所有者权益变动的组成部分，不需要单独编制利润分配表列示。（　）

第五节　财务报表附注及财务报告信息披露要求

考点 8-9：附注及主要内容（★☆☆）

◆【考点题源】附注概述

反映内容：对资产负债表、利润表、现金流量表和所有者权益变动表等报表中列示项目的文字描述或明细资料，以及对未能在这些报表中列示项目的说明等
财务报表的组成：资产负债表、利润表、现金流量表、所有者权益变动表和附注
【判断金句】（1）附注是财务报表的重要组成部分。（　）

◆【考点母题——万变不离其宗】附注的主要内容

下列项目中，属于财务报表附注中披露内容的有（　）。

A. 企业简介和主要财务指标

B. 财务报表的编制基础

C. 遵循企业会计准则的声明

D. 重要会计政策和会计估计

E. 会计政策和会计估计变更以及差错更正的说明

F. 报表重要项目的说明

G. 或有事项和承诺事项、资产负债表日后非调整事项、关联方关系及其交易等需要说明的事项

H. 有助于财务报表使用者评价企业管理资本的目标、政策及程序的信息

🍀【考点子题——举一反三，真枪实练】

1.（判断题）企业必须对外提供资产负债表、利润表和现金流量表，但附注不属于企业必须对外提供的会计资料。（　）

2.（多选题）下列项目中，上市公司应在其财务报表附注中披露的有（　）。

　　A. 会计政策变更及影响　　　　　　B. 会计估计变更的原因

　　C. 财务报表的编制基础　　　　　　D. 关联方交易的定价政策

第8章

考点 8-10： 财务报告信息披露要求（ ★☆☆ ）

【考点母题——万变不离其宗】财务报告信息披露要求

下列项目中，属于财务报告信息披露要求的是（　　）。	
A.真实、准确、完整、及时、公平五个方面	
真实	A.披露的信息应当以客观事实或者具有事实基础的判断和意见为依据，如实反映客观情况，不得有虚假记载和不实陈述
准确	A.披露的信息应当使用明确、贴切的语言和简明扼要、通俗易懂的文字，不得含有任何宣传、广告、恭维或者夸大等性质的词句，不得有误导性陈述 B.公司披露预测性信息及其他涉及公司未来经营和财务状况等信息时，应当合理、谨慎、客观
完整	A.披露的信息应当内容完整、文件齐备，格式符合规定要求，不得有重大遗漏

【考点子题——举一反三，真枪实练】

3.（判断题）企业披露信息应当忠实、勤勉地履行职责，保证披露信息的真实、准确、完整、及时、公平。（　　）

4.（判断题）财务报告信息披露要求披露的信息应当以客观事实或者具有事实基础的判断和意见为依据，如实反映客观情况，不得有虚假记载和不实陈述。（　　）

第8章

第六节　财务报告的阅读与应用

考点 8-11：财务报告阅读与应用概述

◆【考点母题——万变不离其宗】财务报告的阅读与应用

	下列各项中，属于财务报告阅读与应用内容的有（　　）。
资产负债表	A. 资产的存在状态及其分布：企业拥有或控制的经济资源总量及配置状况的结构性信息 B. 负债及所有权益的构成状况：企业在一定时期内需要偿还的债务总量和债务状况的结构性信息，企业拥有或控制资产中运用负债获取资金的来源情况，企业股权融资和盈利累计资金的总量以及所有者权益状况的结构性信息，企业拥有或控制资产中运用股权融资和盈余积累获取资金来源的状况 C. 整体财务状况：企业整体财务状况的结构性信息
利润表	A. 盈利水平：企业经营成果和实现经济效益的信息 B. 利润的构成情况　C. 利润质量
现金流量表	A. 持有现金　　　B. 现金流量的构成情况　　　C. 经营活动及其财务成果质量

1. （判断题）资产负债表中，负债的构成情况特指企业在一定时期内需要偿还的债务总量和债务状况的结构性信息。（　　）

2. （多选题）投资者能够在利润表中获取的内容有（　　）。

   A. 企业一定会计期间的经营情况　　　B. 企业所持有的现金

   C. 企业利润的构成信息　　　　　　　D. 投资活动使用的资金

本章答案与解析

［第一节考点子题答案与解析］

1.【答案】AB

　【解析】某一期间的经营成果和获利能力可以通过利润表反映。

2. 【答案】×

【解析】资产负债表是总括反映企业特定日期资产、负债和所有者权益情况的静态报表。

3. 【答案】B

【解析】持有待售资产属于资产负债表中流动资产项目。

4. 【答案】AD

【解析】其他综合收益属于所有者权益项目；预付款项属于资产项目。

5. 【答案】×

【解析】账户式资产负债表是左右结构，左半部分列示资产各项目，右半部分列示负债和所有者权益各项目。

6. 【答案】√

7. 【答案】C

【解析】资产负债表内各项目排列的依据是项目的流动性。

8. 【答案】B

【解析】高危行业企业如有按国家规定提取安全生产费的，应当在资产负债表所有者权益项下增设"专项储备"项目。

9. 【答案】B

【解析】租赁负债和预计负债属于非流动负债，预付款项属于资产。

10. 【答案】ABC

【解析】其他权益工具投资属于非流动资产项目。

11. 【答案】B

【解析】交易性金融资产和长期借款需根据相关总账所属明细账户的期末余额分析填列；应收票据应根据期末余额扣除与其有关的坏账准备余额后的金额来填列。

12. 【答案】×

【解析】资产负债表中的"无形资产"项目是根据"无形资产"科目的借方余额减去"累计摊销"科目贷方余额，再减去"无形资产减值准备"科目的贷方余额计算填列的。

13. 【答案】C

【解析】月末资产负债表中"应收账款"项目金额 =（900+300）+2 000-200 = 3 000（万元）。

14. 【答案】D

【解析】2020 年 4 月 1 日从银行借入期限为 3 年的长期借款，2022 年 12 月 31 日编制资产负债表时已经不足一年，因此应填入"一年内到期的非流动负债"项目。

15. 【答案】√

【解析】年度终了"本年利润"账户及"利润分配"账户的余额均应转入"利润分配——未分配利润"账户，因此年末资产负债表中的"未分配利润"项目的金额一定等于"利润分配"科目的年末余额。

16. 【答案】B

【解析】资产负债表中"在建工程"项目的金额 =100+100-10=190（万元）。

17. 【答案】ABCD

18.【答案】×

【解析】"长期借款"项目需根据"长期借款"总账科目和明细账科目余额分析计算填列。

19.【答案】A

【解析】月末资产负债表中"应付账款"项目的金额 = 8 000+1 000 = 9 000（万元）。

20.【答案】B

【解析】固定资产 =5 000-2 000-500-500=2 000（万元）。

21.【答案】×

【解析】"交易性金融资产"项目应按照其总账余额扣除自资产负债表日起超过一年到期且预期持有超过一年的以公允价值计量且其变动计入当期损益的非流动金融资产的期末账面价值计算填列。

22.【答案】√

23.【答案】ABCD

24.【答案】AC

【解析】"应付账款"科目所属明细账科目的贷方余额，以及"预付账款"科目所属明细账科目的贷方余额应在资产负债表"应付账款"项目列示。

25.【答案】B

〔第二节考点子题答案与解析〕

1.【答案】×

【解析】利润表是反映企业在一定期间经营成果的动态报表。

2.【答案】√

3.【答案】×

【解析】题干描述的是多步式利润表。

4.【答案】√

5.【答案】B

【解析】利润表中"营业收入"项目应填列的金额 = 1 000-50+100 = 1 050（万元）。

6.【答案】A

【解析】出售固定资产收入应在利润表"资产处置收益"项目列示。

7.【答案】AD

【解析】无形资产处置净损失应在利润表"资产处置收益"或"营业外支出"项目列示；固定资产盘亏净损失应在利润表"营业外支出"项目列示。

8.【答案】AD

【解析】所得税费用影响企业净利润，营业外支出影响企业利润总额，均不影响企业营业利润。

9.【答案】C

【解析】资产减值损失 =85+174+26=285（万元）。

10.【答案】D

【解析】当月的营业利润 =100-80-5-2+10=23（万元）。

11.【答案】√

12.【答案】×

【解析】利润表中的"研发费用"项目应根据"管理费用"科目下的"研发费用"明细科目的发生额以及"管理费用"科目下"无形资产摊销"明细科目的发生额分析填列。

13.【答案】√

〔第三节考点子题答案与解析〕

1.【答案】CD

【解析】选项 A，吸收投资收到的现金属于筹资活动的现金流量；选项 B，支付债券利息属于筹资活动的现金流量。

2.【答案】ABC

【解析】选项 D 属于投资活动现金流出。

3.【答案】BD

【解析】选项 A，属于经营活动现金流量；选项 C，属于投资活动现金流量。

4.【答案】BC

【解析】选项 A，偿还银行借款属于筹资活动现金流量；选项 D，收到现金股利属于投资活动现金流量。

5.【答案】AC

【解析】选项 B 和 D 属于投资活动现金流量。

6.【答案】AD

【解析】存货增加，说明现金减少或经营性应付项目增加，属于在净利润的基础上调整减少的项目，选项 B 错误；公允价值变动收益一般属于投资活动，不属于经营活动，但增加了净利润，所以需要调减公允价值变动收益，选项 C 错误。

7.【答案】A

【解析】销售商品、提供劳务收到的现金 =1 000+130−50+40=1 120（万元）。

8.【答案】A

【解析】公允价值变动收益属于投资活动，不属于经营活动，应在净利润中扣减，选项 A 正确。递延所得税负债增加，增加所得税费用但不减少现金流，属于在净利润的基础上调整增加的项目，选项 B 错误；固定资产报废损失属于投资活动，不属于经营活动，应在净利润基础上调整增加，选项 C 错误；信用损失准备是减少净利润但不减少现金流的经营费用，应在净利润基础上调整增加，选项 D 错误。

9.【答案】B

【解析】购买商品、接受劳务支付的现金 =48 000+12 000+15 000−6 000=69 000（万元）。

〔第四节考点子题答案与解析〕

1.【答案】×

【解析】我国企业所有者权益变动表的结构是以矩阵的形式列示。

2.【答案】BCD

【解析】净利润项目应在年度利润表中反映，不在资产负债表中反映；资本公积、盈余公积、未分配利润在资产负债表和所有者权益变动表中都有反映，并且年末金额是相等的。

3. 【答案】√

4. 【答案】ABD

【解析】净利润包含在综合收益总额中，不单独列示。

5. 【答案】D

【解析】所有者权益变动表中单独列示的项目有综合收益总额，会计政策变更和前期差错更正的累积影响金额，所有者投入资本和向所有者分配利润等，提取的盈余公积，所有者权益各组成部分的期初和期末余额及其调节情况。

6. 【答案】√

7. 【答案】×

【解析】所有者权益变动表中"综合收益总额"项目，反映企业净利润和其他综合收益所得税后金额相加后的合计金额。

8. 【答案】√

9. 【答案】×

【解析】所有者权益变动表中"所有者投入的普通股"项目，反映企业接受投资者投入形成的实收资本（或股本）和资本溢价或股本溢价。

10. 【答案】ABCD

【解析】所有者权益变动表中"本年金额"栏应根据"实收资本（或股本）""其他权益工具""资本公积""库存股""其他综合收益""专项储备""盈余公积""利润分配""以前年度损益调整"科目的发生额分析填列。

11. 【答案】B

【解析】公允价值变动收益包含在综合收益总额中，不单独列示。

12. 【答案】√

[第五节考点子题答案与解析]

1. 【答案】×

【解析】附注是财务报表的重要组成部分，企业必须对外披露。

2. 【答案】ABCD

3. 【答案】√

4. 【答案】√

[第六节考点子题答案与解析]

1. 【答案】×

【解析】还应当包括企业拥有或控制资产中运用负债获取资金的来源情况。

2. 【答案】AC

【解析】BD 属于现金流量表中的内容。